本书系教育部人文社科重点研究基地
宁夏大学西夏学研究院重点科研项目
宁夏大学211重点学科项目
宁夏大学优秀学术著作出版基金项目

杨 浣 著

辽夏关系史

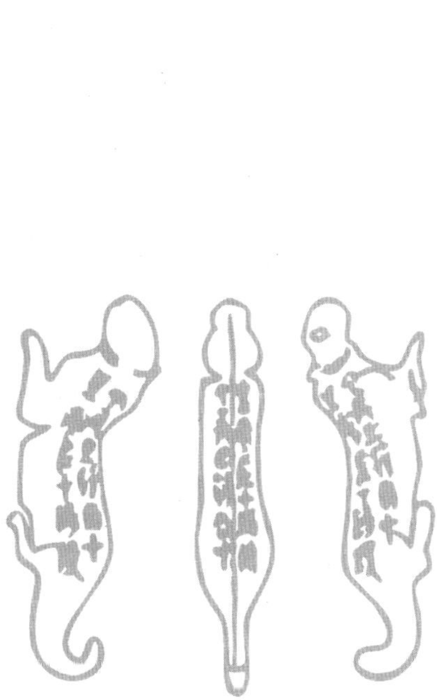

人 民 出 版 社

目　　录

序

杨浣博士初在宁夏大学读硕士研究生,即着意于西夏与周边民族政权的关系问题,毕业留校,继续研习之。后二年,考入复旦大学,从民族史家姚大力先生读博士研究生。杨生本好学深思,又得姚师指授,乃以“辽夏关系研究”为论文选题,恣情披览古今文献,攻治不缀,苦读积年。睿思积进,学力大增。于复旦取得博士学位后,仍回母校宁夏大学。尽管宁夏的研究条件、学术氛围,远逊于上海。一时间,稻米之谋,对于他颇多困扰。然而他思虑最多的是今后的学术路子如何走?缘于旧日师生之谊,隔些日子,他就到我这里闲聊一阵,话题常是如何把自己提升到较高层次的平台上,在一定的学术领域里获得话语权。(这里只是指学者个人的学术活动可能进入的境界;话语权的真正获得,还要取决于一定时期社会的价值取向。学术潮流及政府导向性的文化政策等非个人所能决定的诸多因素。)我们海阔天空地神聊,无边际终始。我退休在家,久已脱离工作岗位,坐井观天,卑之无甚高论,无非是些当日对研究生们说过的旧话:继续加固和扩充中国通史的基础,努力培养自己的通史才能;确定方向,关注前沿和最新成果;无论做什么项目,都要运用宏观与微观结合的方法,首先从总体上把握对象的时空环境。材料的积累和处理,须"博涉约取"。这就是古人所谓"取精用弘"。著书立说,必有宗旨,一部书的精、气、神全在这里面,无宗旨则无灵魂。用材料堆砌出来的著作,只是一具僵尸而已等等。还有读书不要心粗气浮,临文切忌率尔操觚。不竞一时之尚,勿羡骤得之名一类老生常谈。杨浣当日对我的这些不合时宜的说教并无特别的反应。他的习惯是勤学默识,偶有发问,便知其课下做的工夫并不比别人少。他完成博士学位论文答辩后,即携稿来访。我开卷便觉得其谋篇、立论、行文,气象迥异于当日旧貌。他回到宁夏大学后,于完成单位的工作任务之余,继续加工润色他的博士论文,并不时有题旨相关的新篇问世。今天,终于让我看到了一部史论兼备、胜义层出、内容扎实的书稿——《辽夏关系史》。屈指算来,杨浣入手这个课题到完成书稿,前后有十年光景。其间他所经历的生活之艰辛,困惑之状,豁然之喜,一得之乐,在周围人中,唯我知之最多。这可真是"十年磨一剑",果然出刃如霜,寒光熠熠。杨浣求序,我义不容辞。

读其书稿,我隐然感觉到,当年在课堂、课下对杨浣和他的同窗们讲过的那些大道理,他似乎在默然信守着。这令我兴奋和鼓舞。我一向主张的学术之路,虽知之而不能行之,如今竟然有年青学人能践履躬行,是足以快慰平生,吾道不穷矣!

辽夏关系问题,在10—13世纪中国民族关系研究中是相对薄弱的部分。近代以来,学者所论,杂陈于各类著论之中,视角、题旨、立论,虽各有独见,但相互重复或偏执一隅之得者也不在少数。时至今日,如何在这个领域里推陈出新,似乎成为困扰民族史学者的一个难题。这样的学术史背景,杨浣在书稿绪论中已有详说,他竟犯难而进,岂非勇者乎!

学术的生命在于推陈出新。然而关于宋时期民族关系史研究,今日学界颇以创新为难。欲打开这个瓶颈,首先要拓宽视野,改进方法。"胶柱鼓瑟",势必难度新曲。《辽夏关系史》恰是一部视野和方法都有新意的力作。是书对于辽夏关系演变过程中的总体把握,不但突破传统的"天下中国观"的巢臼,而且一改以往长期以来视辽、夏、宋时期的民族关系为"三角鼎立"格局的视角。"天下中国观"的主体内容是"王朝大一统"和"夷夏之辨"。秦汉以降,"正统论"亦渐行融入。这些思想观念一直牢笼着古代学人理解政权、民族间的关系,其影响至今未能消除。无怪乎近代以来学者们在讨论分裂时期各政权之间的关系时,总是要把它转换为"实现内部统一的征服和统治的关系"。(见本书《绪论》)笼统而粗疏的"三角关系说",往往把宋、辽、夏看作是"三分秋色"的均衡鼎立关系。而且多是分别治辽、宋、夏史者兼治此"三角关系"。各以所治政权为本位,辽自辽,宋自宋,夏自夏。说关系,只说"两造",不谈三角,与三角以外的其他部族政治势力,略无关涉。如此研究,纵有一隅之得,也不免扪烛揣龠之讥。杨浣的研究,打破了宋辽夏三足鼎立的"后三国模式"的成说,明确提出:"在宋、辽、夏的三角关系中,西夏始终都是辽宋的共同属国。唐朝的大一统政治格局在澶渊之盟后嬗变为以辽宋为中心的两极化格局。西夏的称帝建国,成为打破这种二元格局的一大威胁。为此,联合起来,反对来自西夏的挑战是宋辽共同的持续性方针。宋辽的联合,有效地遏止了西夏成为第三极的企图。"(见《绪论》)此段文字,相当明晰而确当地揭示着全书论旨,给以后各章的叙事和议论提供了前提和基础。它是这部专著的宏纲,也是作者所发明的胜义之一。

这个宏纲的提出,又是以全面系统地考察和把握该历史时期中国各族政权之间的政治关系史为基础的。这个基础的获得,观察高度的提升及其新视角的所下识断的坚决与明快,决不是轻而易举的。以杨浣之好学深思,默默耕耘多年,才有今日的收获。他的艰苦研究所得,除了表现于书稿正文外,还凝结在一系列表格中。全书有12种表格分布于相关各章节,其中有少部分所从史册或近人论著中摘取或析出的,大部分是依据文献资料设计制作的。篇幅最大为全书殿最的一幅是《辽夏通使年表》,表中辽宋夏三方交聘史实并列,全部征引辽、宋及清人文献,资料出处详明。还澄清了《西夏书事》卷4—卷33所载相关史事的史料来源,纠正了部分史实错误,补充了未载之事近20条;考出《辽史》未载之事近20余则;发现辽、宋及清人文献所这证有明显歧异的10余处,存疑若干。此表实即辽宋夏政治关系史大事纪年。是非通览全部相关文献,加以整理、纂辑、排比不能制成,在爬梳史料的同时,还要做大量的考订,勘误、补缺的史料学工作,才能有如上的创获。

史表的制作最能检验史家的史料学功夫和史料解读的能力。每表必有一题,按照题旨的要求,入表材料须纵横排列,或左右相联,或前后相顾,具内在的逻辑关系自然显现出来,从而表达了制表者对史事的识断。即使是仅仅为了节省篇幅,在主要事件冗长的叙述之外,副之以归纳统计性质的简表之类,仍然不能没有制表者对历史的理解力。所以史表的制作,虽然琐碎繁难,它却是史家才、学、识"三长"的综合表现。阅读《辽夏关系史》各类表格,自然会体察到作者的勤勉与匠心。

读书心细眼明是杨浣学业上的一个优点,也可以说是优势。

试看本书中数例:他可以从辽圣宗、辽道宗《哀册文》中读出夏对辽的属国地位和辽夏关系发展初期,辽经略河西和西域的成效;他从《辽史》、《长编》等大宗史料的细微之处,读出辽圣宗对和亲西夏的兴平公主之死的心理感受和行为反应;他从《西夏书事》的一则附记中,以注文的形式专门考察了辽圣宗时期皇太妃西征事。考出这次西征的对象是阻卜,不是党项,并引《武经总要》等宋人的著述证之。他又多方钩稽史料,论述了学界鲜有讨论的西辽和西夏的关系;考论了《辽史》中"唐古"与"党项"两种称谓的缘由和二称的微细区别;设专章(第七章)考述了辽朝对西夏的边防机构,考出《辽史·百官志二》所载"西南面详稳司"这一机构实际并不存在,"详稳"一词是对将领的一种称呼。又详细地讨论了辽代特有的一个职官称谓"五押",驳正了前人的误读误解等等。不胜枚举。

《辽夏关系史》也大量吸纳了近人和今人的研究成果。凡所称述,皆原原本本,绝布断章取义,更无掠人之美之嫌。对于和自己有异而十分重要的观点,他则两项对照,便于读者自行判断。如关于宋辽夏三角关系的分期有一种说法与自己不同,他就制表并列两种分期法,说明二者相异之处,并说明出现差异的原因。读者观表,可以互见二者长短。这样既表明了自己的客观态度,又借以彰显了自己的独见,实是比较方法的一种妙用。

本书是宏观与微观研究相结合的成功尝试。全书各章,皆有提纲携领的宏观概述,又各有深入细致的考证和论析。立说宏阔而不空泛;考论精微而不细碎。作者对于辽夏关系演变的历史作了长时段(上溯下延),大空间的观察。凡对辽夏关系产生影响的内部因素和外部因素都被纳入讨论。涉及各族各政权的社会组织、政治机构、军事外交、多边贸易、国内经济、思想文化等方面，作者都给予程度不同的关注，阐幽发微，几无余蕴。所以，从研究方法的创新来说，我很推重杨浣这部《辽夏关系史》。

是为序。

王天顺

2009 年 11 月 26 日

绪　论

第一节　题旨与意义

“10 至 13 世纪的中国是多个民族政权并存及从分裂走向统一的时代,是我国统一多民族国家形成和发展的重要历史阶段”。[1]许倬云先生认为,研究这一时期的各民族、各政权关系,应该超越汉族本位的意识。他说:“近古从安史之乱以后,中原本部以外,各种民族力量崛起,纷纷在西边、北边建立政权。不仅中国不能忽视这些力量,中国的文化也躲不开他们引进来的一些影响。宋代的中国,与辽、金、西夏、蒙古、大理、高丽,甚至日本,都曾前后同时并存,这是一个多方体制的格局。中国与这些单位之间的关系,既有和战,也有交流。可是至今,我们看见的宋人历史,好像多从宋人角度看和战问题,很少注意到这些单位之间纵横捭阖,对于中国造成的影响。也有专家注意到辽、金、蒙古在进入中原以后的改变,但其前其后的演变,通常不在我们注意之列。”因此,只有“从多国体制的角度来讨论这些同时并存单位的恩恩怨怨,分分合合,也许对东亚这个地区的整个历史，（才能）有更清楚的理解，也对中国（此处指宋朝）在这个棋盘上的角色，（才能）有更清楚的了解”。[2]

诚如许氏所论，这一时期中国也就是古代中国人狭义的“天下”的一个基本情况就是多政权、多民族并存的“国际体系”[3]或政治权力格局。在这一体系内部，最为重要的关系固然是宋辽、宋金等强大政权之间的博弈，然而一旦它们形成势均力敌的制衡状况，并且以盟约的形式长期地固定下来的时候，反而是处在它们的中间地带或利益关联地区的某些弱小势力（帝国或城邦或部族）突然会一跃成为当时中国的政治斗争的热点与焦点。本书讨论的对象之一西夏王朝恰好就是这样一个因为宋辽政权长期南北对峙而充分地享受两面性的实用主义外交成果的典型。当然，在发展友好的对外关系方面，西夏仍然有着一定的倾向性的，那就是自始至终力求维持与辽朝的战略同盟关系。

与宋朝的华夏的、农耕的社会性质不同，辽朝和西夏都是崛起于汉地社会边缘的以游牧起家的北方民族王朝（北族王朝[4]）。它们“通常是受到传统的中国历史学家的消极对待，（它们）都被视为中国历史大转弯处的阻碍”。然而，这“每一个政权都由非汉人的统治集团所建立。在保持自身文化特性的同时，它们都统治过一个包括众多汉族人在内的多民族的政权，并且控制了曾由汉族人长期统治的广大地区。这每一个政权，都向中国文化的整体性、根深蒂固的中国文化至上观及其国际秩序观提出了挑战”。[5]

从公元986年辽朝正式扶夏制宋开始，到公元1125年西夏被迫弃辽附金为止，辽夏双方以同盟友好为主的关系持续了140年之久。正是以辽夏同盟关系为基础，北族王朝才实现了对汉族王朝主导“天下中国”[6]秩序的这一传统模式的有效制衡。应该说辽夏关系是10到12世纪中国“天下”体系中最为重要的轴心之一，在一定程度上，它代表了区别于传统的以文化冲突为核心的华夷之争的另外一类历史上的民族关系，即北方非华夏民族之间的关系。虽然看起来这种关系似乎并不是缔造多民族、统一的现代中国的核心民族关系，然而，它对中国政治历史进程的影响也是非常显著的，在某些时期甚至是决定性的、方向性的。有时我们也可以把这种关系看作是不同地域集团之间的关系。在中国历史上，经常出现长城以北的和黄河以西的军政集团之间联手对付南方农业帝国的“西、北相结”现象。如汉代匈奴与西域诸国，两晋“五胡乱华”，隋唐突厥与土蕃等。

近代以前，囿于民族偏见和正统史观的束缚，人们甚至于对辽、夏自身发展的历史脉络也难以准确把握，自然对处于复杂政治格局下的辽夏关系史更鲜有问津。1950年代以来，在民族平等史观的指导下，中国学术界对辽夏关系史的研究获得了快速的发展。但是，由于现存文献资料有限，加上研究时间不长等方面原因，辽夏关系史的研究与宋辽、宋夏关系史研究相比，无论研究成果数量上还是质量上，都处于滞后状态。主要表现在以下方面：首先，一些研究者依据的史料不够准确，运用史料缺乏进一步的考证。关于研究辽夏关系的史料，相当一部分来自清代学者整理的文献，尤其是吴广成的《西夏书事》，“这位晚清学者喜欢抒发己见，喜欢据微不足道的材料来修润干涩的史实，也喜欢评论星象和以典型的儒家道义规范来解释人们的言行。细心的读者很快就能发现，他的文章使用了一种特殊的修润笔法。我个人认为他有些解释纯属雄断，并没有什么现存文献的证据”。[7]就一般情况而言，这些史料或者由于出处未明，或者由于内容改窜，极易造成对历史真相的误读。其次，研究者无法摆脱旧有的解释框架，难以推陈出新，而使研究成果成为旧观点的注脚。从辽夏政治关系的发展历程来看，当传统的以西夏诸帝对辽关系的变化为标准的分期模式一直为研究者所袭用的时候，也就意味着在新史料出现之前，关于这个问题的阐释空间已经相当有限，能否转换视角就成为研究深入的关键。第三，辽夏关系的研究视野大多集中在政治史领域，缺乏对军事国防制度和经济史的关注，诸如辽夏关系中具有开拓东西方贸易的意义的经济层面，以及辽夏关系起举足轻重作用的边防制度、通使制度的具体情形。第四，外围世界对辽夏关系的反应也是研究缺失的一个重要层面。因为主体史料来源宋人的关系，因此研究宋人对辽夏关系演变的看法与对策恰恰是我们研究的最大优势所在。第五，由于许多研究成果分散于其他主题的论著中，因而造成了部分研究者在学术史回顾和一些具体问题的论证上常常不大注意海外学者的相关研究成果。

本书立足的研究基点是根据辽朝政权利益和对外战略的转移来重新评估辽朝对夏政策的演变及其意义。就辽夏关系的实际情形而言，宋、金两政权是影响其走向的主要外部力量。最初辽宋武力对抗，辽朝扶植西夏以牵制宋朝；接着宋辽缔结和平协议，宋辽联手遏制西夏图霸；之后西夏在宋朝的强硬政策下日渐衰微，辽朝为确保南北均势不被破坏，便积极支持西夏与宋朝议和；到了辽朝末期，金朝崛起并在金辽战争中势如破竹，辽朝被迫给予西夏对等政治地位以求联合抗金。

第二节　基本史料与研究概况

一　基本史料

作为辽史、西夏史、宋史等多个政权史研究的一个交叉性子课题，辽夏关系史的基本史料主要来自于记录和描述这些王朝历史的文献中。

在以辽朝为主体的文献中，涉及到辽夏关系内容的文献主要有《辽史》、《契丹国志》、《辽史纪事本末》、《辽史拾遗》、《全辽文》[8]、《全辽金文》、《辽代石刻文编》、《内蒙古辽代石刻文研究》[9]等。其中以《辽史》和《辽代石刻文编》的史料价值较高。

《辽史》，元脱脱等撰。其卷115《西夏外纪》，"起自李继迁至辽亡之时夏崇宗乾顺之世，按年系月举其大要，内容颇为简略，基本是将《辽史》本纪中历朝皇帝与夏政权通使朝聘等记载汇编而成。其中记载西夏风俗物产的史料为其他宋代史料所罕见，颇为珍贵。《辽史》兵卫志、地理志、百官志、礼志、食货志、部族表、属国表及近40个人物传中，都包含有西夏史料，比较重要的有萧惠、萧迭里得等传"。[10]

《辽代石刻文编》，向南辑录。全书收集辽代庙碑、塔铭、幢记、哀册、墓志、题记等具有重要史料价值的石刻文三百余篇，堪称20世纪末以前发现的辽代石刻文献总集。《文编》中关于辽夏关系的主要有《圣宗皇帝哀册》、《耿延毅妻耶律氏墓志》、《韩椅墓志》、《赵匡禹墓志》、《耶律仁先墓志铭》、《耶律庆嗣墓志》、《韩瑞墓志》、《道宗皇帝哀册》、《北大王耶律万乙墓志》等文献。这些石刻文之前皆有简要说明，记述其出土时间、地点、形制；文末则附有注释或考证，多是辽史专家的研究心得，足资治辽史者参考。[11]

在以西夏为主体的文献中，涉及到辽夏关系内容的文献主要有《西夏书事》、《西夏纪事本末》、《西夏纪》、《天盛律令》以及《党项与西夏资料汇编》等。其中以《西夏书事》与《党项与西夏资料汇编》的学术价值较高。

《西夏书事》，清代学者吴广成撰。本书起自唐中和元年(881)拓跋思恭据绥、银，迄于西夏政权亡之后的宋绍兴四年(1231)，其故臣王立之与部分遗民入金约350年纪事，是一部编年体的西夏史书。本书的价值是所引的某些史料的史籍今已不存，故而显得尤为珍贵。但是从治史的角度看，这些史料未注明出处，因而无法分清哪些言之有据，哪些是作者的想象发挥，且史料颇有改窜之嫌。

《党项与西夏资料汇编》，当代学者韩荫晟辑考，3卷9册，为西夏史料学集大成之作。本书所收汉文资料，始于隋初，终于元末，以二十四史中有关党项、西夏资料为主，旁及当代史学著作、文集和金石史料。辽夏关系的资料主要集中分布于中卷(960—1125)部分。本书在文字校勘、文献排列及备异补阙等方面均有独到之处，应为当今治西夏史者最基本的工具书。

在以宋朝为主体的文献中，涉及辽夏关系的文献题材丰富、数量庞大。主要有三类：第一类是史书；第二类是文集；第三类是笔记。具有较高史料价值的文献有《续资治通鉴长编》、《宋史》、《宋大诏令集》、《宋朝诸臣奏议》、《宋会要辑稿》等。

《续资治通鉴长编》是宋人李焘私人撰修的一部北宋王朝的编年史。该书虽然以宋朝为纪事中心，但是对于宋与辽夏的三方外交史事也有相当充分的记载。《长编》仅涉及西夏的资料就约200万字。其史料价值之重要还在于该书采用了许多今天已不存在的宋朝国史、日历、实录、会要、敕令、宝训、御集等官修史书和文书档案,以及宋人文集、笔记、墓志、行状等私家撰述。因此《长编》是研究辽夏关系最丰富的汉文史料。

《宋史》,亦是元代脱脱等修撰,共496卷。其中卷485、486《夏国传》是关于党项建立政权前及西夏历史比较系统、比较详细的记载。此外,《兵志》和列传部分,涉及辽夏史事较为丰富。

《宋大诏令集》和《宋朝诸臣奏议》都是涉及辽夏事迹的专题文献。前者共240卷,现存196卷,编者佚名,其中收录宋朝针对辽夏问题的诏令多则;后者是南宋赵汝愚所撰,收录奏议1630篇,其中卷129到140《边防门·辽夏》特别辑录了宋朝文武臣僚关于辽夏问题的奏议数百篇。[12]

《宋会要辑稿》系清代徐松辑自《永乐大典》的另一部重要的宋代史料集。它所提供的有关党项西夏史料的价值可与《长编》相提并论,先后媲美。这些史料多见礼、职官、食货、兵、方域、蕃夷诸部,以兵(172—186册)与方域(187—195册)两类为最重要。但该书资料最初抄录比较草率,后来辑录时错讹甚多,故在引证时需要注意。[13]

总观辽夏关系史的史源,其主要特点是:一是第一手材料相对分散和稀少;二是来自宋人的资料占绝大部分。所以,在使用这些材料时,一个基本原则是以宋代史料为一手材料,要大力吸收近现代以来包括出土文献在内的各种文献校勘、汇总的优秀成果。这里要强调的是,在辽夏关系研究中,关于明清时代有关史料的引用要十分谨慎,原则上应把其作为研究成果来看待,这样似乎能够有限度的减少研究对象失真的可能性。

二 研究概况

目前辽夏关系史的研究成果分为三种形式。一是在通史性著作中设立章节论述辽夏关系。主要有范文澜、蔡美彪的《中国通史》第五册《辽夏金》(人民出版社,1979 年);郭沫若的《中国史稿》第三章《辽西夏吐蕃回鹘和大理》(人民出版社,1983 年);白寿彝的《中国通史》第 11 册《中古时代:五代辽宋西夏金时期》(上海人民出版社,1999 年)等。

二是在断代史著作中论述辽夏关系。根据叙述的主体,这一类成果又可以分为四种。第一种是诸政权并叙的。主要有洪焕椿的《宋辽金史话》(中国青年出版社,1980 年);邓广铭的《辽宋西夏金史》(中国大百科全书出版社,1988 年);崔瑞德(德)、傅海波(英)的《剑桥中国辽西夏金元史》(中国社科出版社,1998 年);李锡厚、白滨的《辽金西夏史》(上海人民出版社,2003 年)等。第二种是以西夏为中心叙述的。主要有克恰诺夫的《西夏史纲》(莫斯科科学出版社,1968 年);冈崎精郎的《党项古代史研究》(东洋史研究论丛,1972 年);林旅芝的《西夏史》(香港大同印务有限公司,1975 年);吴天墀的《西夏史稿》(四川人民出版社,1980 年);钟侃、吴峰运、李范文的《西夏简史》(宁夏人民出版社,1979 年);李蔚的《简明西夏史》(人民出版社,1997 年);杜建录的《西夏与周边民族关系史》(甘肃文化出版社,1995 年)等。第三种是以辽为中心叙述的。主要有陈述的《契丹政治史论稿》(人民出版社,1988 年);杨树森的《辽史简编》(辽宁人民出版社,1984 年);舒焚的《辽史稿》(湖北人民出版社,1983 年)等。第四种是以宋为中心叙述的。主要有陶晋生的《宋辽关系史研究》(台北联经出版事业公司,1984 年);李华瑞的《宋夏关系史》(河北人民出版社,

1998年)等。

三是论文对辽夏关系的专题研究。代表性的论文主要有田村实造的《辽与西夏的关系——侧重于政治史的考察》(载《东亚学》9号,1944.6);白滨的《论西夏与辽的关系》(载《中国民族史研究》,中央民族学院出版社,1987年);张国庆的《略论辽夏和亲与辽夏关系的变化》(载《史学月刊》,1988.5);陈炳应的《辽夏关系及其相互政策》(载《宁夏社会科学》,1991.4);刘建丽的《西夏与辽朝关系述论》(载《辽宁大学学报》,2005.2)等。

这些形式不同的论著除了对辽夏关系的发展历程加以勾勒之外,还围绕着以下专题开展了较为充分的研究与讨论。

(一)辽夏关系的性质与分期

大陆学者通常把辽夏关系视为历史上中国境内的民族之间、政权之间的关系。这种关系"相互依存、相互促进,共同发展,使中华民族在多元化的发展基础上逐渐走向统一,这是民族关系发展的大趋势,它为元朝的统一奠定了坚实的基础"。[14]海外学者则把辽夏关系看作东亚地区历史上的国际关系,它们之间的通使、朝贡和结盟等均被视为外交关系。辽朝和西夏被同等地赋予"征服王朝"的形象。[15]这两种观点似乎都太过于从近代样式的国家观念以及近代民族国家国际体系的观点来立论。事实上,辽、夏虽然都是非汉族政权,但是两者关系中却浸润着中原汉族王朝的"天下中国观"。根据这样的观念,政权与政权之间的关系始终被笼罩在一个统一的王朝国家体系之内。尽管在实际的操作层面上,分裂时期的政权与政权之间甚至还发展出一套各方都可以接受的处理双边或多边政权关系的准则,但是在观念上,这种分裂被顽固地看作只是统一国家衰败时的不正常局面和下一次统一的孕育期。"天下中国观"既然排除了均衡政权体系观念的生长,历史上分裂时期政权对政权的征服和统治关系，也就从政权与政权之间的关系被转换为实现“中国”内部统一的征服和统治关系。[16]西夏在绝大部分的时间中都承认辽朝的宗主国地位。从这一历史事实出发，我们认为他们之间的关系本质上是作为“天下中国”的辽王朝及其附庸政权之间的关系。[17]

关于辽夏关系的分期主要建立在三分法的基础之上。三分法的分析基本从西夏的战略措制着眼，分辽夏关系为盟好关系的建立和发展时期（李继迁、李德明时期），破盟与战争时期（李元昊、李谅祚时期），以及李秉常、李乾顺的复盟时期（白滨《论西夏与辽的关系》，1985 年；杜建录《西夏与周边民族关系史》，1995 年）。就目前的史料条件来说，从夏的角度去展开对辽关系的历史过程，这项研究可以说已经曲尽其幽。另外还有主要以宋—辽“轴心”关系为背景，从宋辽夏三方交涉角度出发，把辽的对夏政策分为两个阶段的两分法，即以澶渊之盟为界，考察辽朝由联夏制宋走向善宋制夏的过程（林荣贵、罗贤佑《辽圣宗实行善宋政策及其历史作用》，1987 年）。这样的考虑确实抓住了问题的关键。但它还显得过于粗疏，在若干关节点上仍留下不少待发之覆。所以本书的展开，也把此作为观察的基准，希望能在现有研究的基础上，将有关认识向前推进一步。

（二）辽夏结盟的原因

白滨认为辽夏关系“开始产生于民族之间的自然的接触、交往，（后来）逐渐染上了政治色彩，变成了政治上的依从关系。……夏辽结盟是两个少数民族政权的政治需要，宋朝的大民族主义政策也促成了他们的联盟，这种结盟更多的是相互利用，因而也是不稳定的”。[18]陈炳应则指出辽夏结盟主要是由当时的政治形势和统治者的决策决定的。对西夏而言，联辽的目的在于依靠强大的辽朝来实现西夏兴复大业;对辽朝来说,联夏的目的在于斩断宋朝的右臂,实现西南边疆的稳定(《辽夏关系及其相互政策》,1991.4)。与上述倚重政治形势分析的观点不同,日本学者藤之晃认为,“大体上说,西域诸国在向辽国持续朝贡期间,不向宋朝朝贡;相反,在朝觐宋国的时候也终止朝贡辽国”。从这一现象出发,他提出辽朝纳夏的另一个重大原因,在于“李继迁在成为附近一带部族的统领之后,控制了由西域进入中国的门户,因而他(有)把达到这里的各国使节全部引到了辽国的(能力)”。[19]综合以上研究成果,可以看出辽夏的建交实际上依赖于政治、经济乃至文化等多重动力的推动。

(三)辽夏战争与和亲

从西夏角度研究和亲问题的有李晓的《西夏的和亲政策》(载《文史哲》,1996.3)和孟楠的《略论西夏与周边民族的联姻》(载《民族研究》,1988.6)。李晓认为西夏与辽的和亲活动主要目的在于“一是借助外力发展自身势力,对内巩固统治,对外结成军事政治联盟,增强向外扩张或抵御外侮的能力;二是通过双方统治者之间的联姻建立罢战言和的关系”。孟楠则讨论了西夏对辽联姻政策的实施过程及其效果,认为西夏对辽的联姻政策目的在于建立一个独立于宋辽之外的政权。从辽朝角度研究和亲的有张国庆的《略论辽夏和亲与辽夏关系的变化》(载《史学月刊》,1988.5)和崔明德的《辽朝和亲初探》(载《民族研究》,2004.4)。崔文指出“求婚与求援有机结合是辽夏关系的显著特色之一。辽朝总是借和亲之名调停辽夏之间的关系,这在中国历史上是比较少见的”。

战争方面有朱子方的《论辽兴宗对西夏用兵》(载《首届西夏史国际会议论文集》,宁夏人民出版社,1998 年)和王天顺主编的《西夏战史》(宁夏人民出版社,1993 年)。王著重在分析辽夏战争的原因,较少解释相关的战略与战术。他指出部族矛盾当为辽夏战争的最大动因。

(四)疆界与边防

王天顺主编的《西夏地理研究》(甘肃文化出版社,2002年)专辟一节《夏辽宋时期的西夏疆域的变动》来讨论西夏的疆域问题,其中东北疆界一条专门研究了辽夏边界。刘菊湘的《西夏疆域研究》(载《宋史研究论文集》,宁夏人民出版社,1999年)和杨蕤的《历史上的夏辽疆界考》(载《内蒙古社科》,2003年)较多地引入了考古信息,更新了学界对辽夏早期东段边界的认识。不过,我们认为确定像辽夏这类古代北方民族政权的边界存在着较大的困难,这是因为除了要考虑山川形胜的走向之外,还须考虑行政机构的存废以及游牧部族的政治归属等因素。

关于西夏边防的研究,主要集中于以下两个问题的讨论。一个是西夏监军司的数量和驻地问题。这方面的论文有汤开建的《西夏监军司驻地考》(载《西北史地》,1982.3)、《西夏监军司驻地考》(载《历史地理》第六辑,上海人民出版社,1990年),陈炳应的《西夏监军司的数量与驻地考》(载《西北师范学院学报》,1986年增刊)等等。一个是西夏边防的建置来源、法令纪律、补给系统问题。这方面的论文有杜建录的《西夏边防制度初探》(载《固原师专学报》,1993.1),《西夏沿边堡寨述论》(载《宁夏社会科学》,1993.5),杜玉冰的《西夏北部边防与古城》(载《首届西夏史国际会议论文集》,宁夏人民出版社,1998年),陈广恩的《关于西夏边防制度的几个问题》(载《宁夏社会科学》,2001.3)。另外,前田正名在其名著《河西历史地理学研究》第五、六两章中,比较详细地研究10至11世纪河西历史地理问题,尤其探讨这个时期西夏对河西的统治、军镇配置以及有关战争问题。

关于辽朝边防的研究，王颋的《辽的西南面经营及其与西夏的关系》（载《元史及北方民族史研究集刊》第六期，南京大学历史系编）从宏观上叙述了辽朝对西南边疆的经营情况以及其与西夏的关系。何天明的《辽代西南面招讨司探索》（载《内蒙古社科》，1990.6）和樊文礼的《辽代的丰州、天德军和西南面招讨司》（载《内蒙古师范大学学报》，1993.3）则对西南面招讨司诸地的地望进行了讨论。此外，杨若薇在《契丹王朝政治军事制度研究》（中国社科出版社，1991 年）一书中亦对几个辽朝对夏边防机构的存在与否、重叠问题做出了考实。

（五）宋辽夏三角关系

白滨认为“夏、辽关系的成败、好恶，在这个时期的宋、辽、夏三角政治角逐中，起着影响、甚至左右局势的作用”。[20]杜建录在《西夏与周边民族关系史》中用一章的篇幅来讨论辽夏关系。他指出辽朝联夏制宋是其传统政策之一。在宋、辽、夏三维关系中，夏辽常常结好或相互利用来对付宋朝。一般来说，夏宋关系缓和时，辽夏关系就紧张起来，而夏宋矛盾激化时，夏辽关系也随之和好。他分析了辽夏关系的阶段性变化，指出继迁时代在某种意义上，“辽夏双方都围绕着对宋和战做文章，西夏假辽以抗宋，辽朝联夏以制宋；元昊时期，尽管爆发了辽夏之间的战争，辽朝也不忘实施挟夏讹宋的外交；而乾顺以后，由于宋朝在宋夏战争中逐渐取得优势，西夏不得不全力应付生存危机，这样辽朝再也不必担心西夏对其发动进攻，同时它也不希望西夏被宋朝灭亡，这样，在这种情况下，夏辽之间很快恢复了盟好与信任，辽朝不时点集为西夏声援，或者遣使到宋朝为西夏请和。”[21]李华瑞的《宋夏关系史》中辟有“西夏联辽抗宋”和“辽朝对宋朝制夏政策的影响”两个专题。通过分析辽夏关系的变化，他强调李继迁向辽称臣，实质上是契丹构建以自身为主的天下政治秩序的重要一环。李著从辽朝在当时东北亚所处的政治地位,重新审视了西夏与辽宋间的政治格局,认为西夏“抗衡辽、金、宋三国,缅乡无常”,不仅仅是因为视三方的强弱之势,更主要的原因在于西夏自身政治地位的消长及其与辽宋间的关系。在宋夏对抗中,辽在斡旋中多偏袒西夏,或者为西夏声援,具有扶弱抑强的特点。辽对宋朝制夏政策产生了重大影响,表现在两个方面:一是制夏政策必须先考虑辽朝的态度;二是制夏政策在辽朝的干预下会有改变。[22]此外,朱莜新的《西夏的联辽制宋》(载《史学月刊》,1988.5)对此问题也有阐述。陶晋生则对北宋庆历改革前后的外交政策个案进行考察,指出这一时期“北宋对契丹的政策是维持自澶渊盟约订立以来的和平关系,对西夏则庆历元年是从战到和的转折点,此后以和议为主”。[23]北宋策动的三方交涉不仅起到了瓦解辽夏同盟的作用,而且是促使辽夏反目的主要原因之一。

宋辽夏三角关系的问题实际上涉及到西夏在10到12世纪“天下中国”政权体系中的政治地位问题。上述研究中多数学者倾向于把西夏看作长时期内具备抗衡宋辽实力和地位的政权,也就是承认宋代中国的政治权力格局为宋辽夏三足鼎立的“后三国模式”。但是,如果从这一时期整个中国“天下”体系政治斗争的进程来观察,在宋辽夏的三角关系中,西夏自始至终都是辽宋双方的共同属国。唐朝的“天下”大一统政治格局在澶渊之盟后嬗变为以辽宋为中心的“天下”两极化格局。西夏的称帝建国,成为打破这种二元格局的一大威胁。为此,联合起来,反对来自西夏的挑战是宋辽双方共同的持续性方针。宋辽的联合,有效地遏制了西夏成为第三极的企图。

总之,关于辽夏关系史,国内外学界已经作了不少研究,并且取得了不少的成就,这为我们进一步深入研究奠定了基础。但是,相较宋辽、宋夏关系史研究状况而言,这一领域的研究仍然显得单薄一些。这主要体现在以下三个方面:一是受关注的程度低。不仅缺乏探讨辽夏关系的专门著述,而且以之为主题的论文也不多见。在很多已有的研究中,辽夏关系要么只是被当作辽史或西夏史的附属部分而流于一般性叙述,要么则被视为宋辽或宋夏斗争的产物之一而过分强调外部因素的作用。二是缺乏多层次的研究。一些问题虽然受到较多关注,但是讨论并不深入;一些问题甚至还没有被涉及到。三是缺乏对已有的学术成果特别是海外部分的梳理和吸收,使得这一主题的研究视野受限,新意不多。

本书对辽夏关系史的研究有两个特点。一是既重视研究辽夏关系内部的发展轨迹,也重视研究外部世界对辽夏关系演变的看法与反应,使得研究视野从辽夏双边关系扩大到了10到12世纪多政权并立的北部中国;二是既重视研究辽夏关系的历程与阶段,也重视研究辽夏关系的机构与制度,从而展现了辽夏关系史更加丰富的形态。

注　释

1　宋德金:《〈金宋关系史〉序》,载赵永春(著)《金宋关系史》,人民出版社,2005年,第1页。

1　许倬云:《近古史研究三题拟议》,载《许倬云自选集》,上海教育出版社,2002年,第265—266页。

2　所谓国际体系,意指相互作用和相互依存的诸多单位的最大聚合体,这些单位之上不再有其他的体系层次。当代这一体系包括整个地球,但在早期时代,有几个或多或少相分离的国际体系同时存在。在古代和古典世界,每一个城邦或定居帝国和每一个游牧部落或游牧帝国以及甚至每一个定居部落或采猎群,不管其势力是弱小,还是强大;也不管其目的是为了捍卫个体组织的生存权,还是为了竞争既定区域秩序的主导权，均曾积极地致力于建立或者破坏战略联盟的对外关系工作。它们彼此之间的互动很自然地就构成了一个区域性的、多元性的、等级化的“国际体系”(international systems)。参看(英)巴里·布赞、理查德·利特尔(著)，刘德斌(主译)：《世界历史中的国际体系》，高等教育出版社，2004年，第61、145—168页。

3 中国北方民族所建立的政权可以分为两大类型，即将北魏以前的由游牧民族所建立的政权看作是一个国家内的独立政权，它还包括唐代的南诏、渤海、吐蕃等政权，这种独立政权有别于地方政权；将北魏及其以后由北方民族所建立的政权称为“北族王朝”，它是由北方民族通过征服与在征服过程中的文化吸收而建立起来的中原式的统治机构，实质上是中原王朝的一个亚型，具有与汉族王朝平等的地位。参看申友良：《北方民族及其政权研究》，中央民族大学出版社，1998年，第3、327页。

4 崔瑞德、傅海波(主编)，史卫民等(译)：《剑桥中国辽西夏金元史》，中国社会科学出版社，1998年，第1页。

5 所谓“天下中国”，指的是古代东亚大陆(汉字文化圈和部分内亚世界)在汉地社会的大一统价值观主导下认为“中国”不仅是已知世界即“天下”的权力中心，而且也是“天下”唯一的国家，周边的国家或部族也是“中国”的组成部分。“天下”的常态是统一，“天下”分裂是“中国”衰败时候的不正常的局面，是下一轮大统一的孕育期。参看姚大力：《中国历史上的民族关系与国家认同》，载《中国学术》，2002年第4期。

6 (美)邓如萍：《兴庆府和中兴府及有关问题的考证》，载《中国民族史研究》第二辑，中央民族学院出版社，1989年，第157页。

7 《全辽文》(陈述辑校，中华书局，1982年)一书主要不足在于文献来源考证不精，使用并不方便。

8 该书(盖之庸编著，内蒙古大学出版社，1982年)全文录入了一些《辽代石刻文编》未收的涉及辽夏关系的石刻文献，如《韩匡嗣墓志》、《韩德威墓志铭》、《耶律遂忠墓志》、《耶律元佐墓志铭》、《宣以回纥国信史墓志》等，故亦可当原始资料使用。

9 白滨：《党项史研究》，吉林教育出版社，1985年，第70页。

10 李锡厚、白滨、周峰：《辽西夏金史研究》，福建人民出版社，2005年，第20页。

11 李锡厚、白滨、周峰：《辽西夏金史研究》，福建人民出版社，2005年，第134页。

12 白滨：《党项史研究》，吉林教育出版社，1989年，第74页。

13 刘建丽：《20世纪国内西夏与周边民族关系史研究述评》，载《宁夏社会科学》，

2004 年第 1 期。

14 傅海波、崔瑞德:《剑桥中国辽西夏金元史》中译本前言,中国社科出版社,1998 年。

15 详见姚大力:《中国历史上的民族关系与国家认同》,载《中国学术》2002 年第 4 期。

16 辽人自己认为辽朝是天下的中心,甚至就是汉唐以来天下中国的代表。辽人不仅在契丹文中多自称辽朝为“大中央之国”(参见孟托古力《辽人“汉契一体”的中华观念》第六节《以中国正统自居》,载《辽金史论集》第五辑,第 145—147 页。),而且至少在辽朝中期(世宗)就形成了以自己为正统的意识和后期以自己为中国的观念,参见郭康松:《辽朝夷夏观的演变》,载《中国史研究》,2001 年第 2 期。

17 白滨:《论西夏与辽的关系》,载《中国民族史研究》,1987 年。

18 藤之晃:《李继迁的兴起与东西交通》,载《日本学者研究中国史论著选译》第九卷,中华书局,1993 年。

19 白滨:《论西夏与辽的关系》,载《中国民族史研究》,1987 年。

20 杜建录:《西夏与周边民族关系史》,甘肃文化出版社,1995 年,第 110—128 页。

21 李华瑞:《宋夏关系史》,河北人民出版社,1998 年,第 362—369 页。

22 陶晋生:《宋辽关系史研究》,台北联经出版事业公司,第 59—95 页。

第一章
辽夏关系的时代背景

10世纪的北部中国是辽夏关系形成的历史舞台。这一时期，伴随着李唐王朝、回鹘汗国和吐蕃王国的崩溃瓦解，区域内的民族分布状况、政治权力格局以及北族王朝性质均发生了十分深刻的变化。这些变化在一定程度上规定并且制约着辽夏关系的基本内涵和演化趋势。

第一节　民族分布状况

根据自然地理环境和人类经济活动的差异，北部中国大致可以分为以下四个不同的区域。

第一是东北地区。“系指大兴安岭以东、外兴安岭以南的区域。包括今天的黑龙江、吉林省、辽宁省和内蒙古的东四盟及河北省的东北部。”[1] 东北是中国纬度最高、气候最为寒冷的地区。这里三面环山，一面临海，森林密布，平原广阔，历史上主要由农牧猎兼营的民族所控制。

第二是蒙古地区。“大体上东起大兴安岭，西至阿尔泰山，南部呈弧形与大马群山、燕山、大青山、阴山相接，北至外兴安岭向西延伸的山地。”[2] 蒙古位于亚洲大陆的深处。这里雨量稀少，地势平坦，大部分地区是满目荒凉的草原与沙漠。长期以来，主要是作为牛羊马驼的牧地，为游牧民族所独占。

第三是中原地区。“历史上的中原是一个很难界定的范畴。一般来说，中原是历史上的地区称谓，亦名中土、中州，以别于边疆地区。其意义有二，狭义专指中国古代在关中、河洛立都的王朝而言；广义泛指黄河中下游地区，从自然区划上来说，相当于今天的华北地区，包括陕西、山西、河南、山东、河北等省。”[3] 中原是华夏文明的摇篮。这里河渠纵横，沃野千里，是农耕民族和城市文明理想的栖息场所。

第四是西北地区。“是指磴口黄河、陇山（六盘山）以西，昆龙山、秦岭以北的中国内陆腹地。”[4] 西北的气候更为干旱，戈壁与沙漠分布很广，其间点缀着一些大小不一的绿洲与平原。它们联结成一条条重要的贸易路线，从而赋予这里或农或牧的居民更多商人的气质。[5]

北部中国内部虽然存在着一些自然地理上的障碍，但是它并不能阻挡各个民族为了争夺生存空间、扩张政治权力而进行的流动与迁徙。以蒙古地区为例，从秦汉到隋唐，这里就有匈奴、鲜卑、突厥、回鹘等四个民族先后演绎着兴起和衰落的悲壮历史。与唐代相比，五代以来的近一个世纪，也就是公元第十世纪，随着新旧势力的更替，北部中国的民族分布在地理上呈现了新的景观。宋朝史学家欧阳修对周秦至五代的民族势力更替大势作了概括：

> 夷狄，种号多矣。其大者，自以名通中国，其次小远者附见，又其次微不足录者，不可胜数。其地环列九州岛之外，而西北常强，为中国患。三代猃狁，见于诗、书。秦、汉以来，匈奴著矣。隋、唐之间，突厥为大。其后有吐蕃、回鹘之强。五

代之际，以名见中国者十七八，而契丹最盛。[6]

先看东北地区。东北地区的民族主要有契丹、渤海、室韦、奚、女真、高丽等，其中契丹是居于统治地位的民族。

契丹之名始见于元魏，当时势力十分微小。[7] 进入唐代，尽管契丹社会较之以前有了很大的发展，如对内组成了凝聚主要力量的部落联盟，对外则能够发动大规模的掠夺战争。但是，在突厥、唐朝以及回鹘等强大政权的遏制下，就地域来看，契丹族的控制区域始终局促在以"潢水（今内蒙古西拉木伦河）之南、黄龙（今辽宁省朝阳）之北"为中心的方圆两千里的范围之内。[8] 这种状况直到唐末天下大乱时才得到根本的改观：

> 唐咸通末，其王曰习尔之，疆土稍大，累来朝贡。光启中，其王钦德者，乘中原多故，北边无备，遂蚕食诸郡，达靼、奚、室韦之属，咸被驱役，族帐寖盛，有时入寇。……及钦德政衰，有别部长耶律阿保机，最推雄劲，族帐渐盛，遂代钦德为主。先是，契丹之先大贺氏有胜兵四万，分为八部，每部皆号大人，内推一人为主，建旗鼓以尊之，每三年第其名以代之。及阿保机为主，乃怙强恃勇，不受诸族之代，遂自称国王。[9]

到五代初期，在杰出领袖阿保机的领导下，契丹人"东征西讨，如折枯拉朽"，南向吞并渤海、割占燕云，西向征服蒙古地区的阻卜诸部以及西域诸政权，最终建立了"东自海，西至于流沙，北绝大漠，信威万里"[10]的庞大帝国。从此，契丹一跃成为北部中国最强大的政治军事集团。

次看蒙古地区。蒙古地区在历史上就以形成强悍但不稳定的游牧政权而著称。如秦汉时期的匈奴汗国、隋唐时期的突厥汗国以及唐朝中后叶的回鹘汗国。九世纪以后，回鹘汗国在外族入侵和自然灾害的双重打击下土崩瓦解，被迫举族西迁。其后，这里的主要居民逐步转换为阻卜。

阻卜，其名仅见于《辽史》，汉语意思为沙地，引申为沙漠地区的部族。学术界普遍认为阻卜就是其他史料所见之鞑靼，因蒙元王朝讳言鞑靼，故以阻卜称呼。[11]《辽史》卷103《萧韩家奴》记载了阻卜诸部的分布和政治情况：

> 阻卜诸部，自来有之。曩时北至胪朐河，南至边境，人多散居，无所统一，惟往来抄掠。及太祖西征，至于流沙，阻卜望风悉降，西域诸国皆愿入贡。因迁种落，内置三部，以益吾国，不营城邑，不置戍兵，阻卜累世不敢为寇。

从中可以看出，10世纪时，阻卜各部尚未形成统一的部落联盟，无力形成一致的对外姿态。在绝大部分时间里，蒙古地区和阻卜诸部完全处在契丹王朝的控制之下。

再看中原地区。中原地区一向是汉族的传统基地。但是，从10世纪之初起，就饱尝外族入侵和军阀混战的苦楚。这里先后出现了后梁、后唐、后晋、后汉和后周等五个较强大的王朝以及割据河东的北汉势力。其中唐、晋、汉以及北汉都是以代北沙陀集团为核心和支柱建立起来的。

沙陀族属于西突厥的一支，居住在北庭的金满州（今新疆吉木萨尔县），因所处之地有大沙碛，所以又号称沙陀突厥。8世纪末迁徙到甘州（治今甘肃张掖），9世纪初迁到灵州（治今宁夏灵武南），不久又迁到河东代北地区（今山西北部、河北西部和内蒙古中部一带）。唐末，在镇压农民起义的过程中，沙陀力量迅速发展壮大，形成了一个以沙陀为核心，融合突厥、回鹘、吐谷浑、奚、契苾、达靼以及汉族等多种民族成分的一个自成体系、独具特色的军人政治团体。这个集团以唐王朝的复兴者和继任者自居,积极参与和成功支配了中原地区的政治斗争。[12]在很大程度上,沙陀族入主中原的过程就是其汉化的过程,他们所建立的政权代表着中原地区的汉族势力。其后兴起的后周和北宋王朝,虽然是比较单一的汉族统治,但是不可否认他们与代北沙陀集团存在文化与权力的嬗递关系。

北宋是中原地区的本土政权,代表着汉族的利益。其建立伊始,就把结束藩镇割据、完成中国统一作为主要的战略目标。然而,终其灭亡,它虽然结束了包括中原和广大南方地区(即吴、南唐、吴越、楚、前蜀、后蜀、南汉、南平及闽等九国)在内的汉族诸政权的分裂局面,但是却无法恢复汉唐帝国的广阔旧疆。尽管如此,北宋对汉族及其控制地区的整合是十分成功的,自宋朝开始,汉族地区的地方分裂问题不再出现。

最后来看西北地区。7世纪末以后的一个多世纪,西北地区大部分原本归吐蕃领有,但是唐末以来汉族、党项、回鹘相继崛起,从而形成了该区域广泛而深刻的分裂现象。“至五代时,吐蕃已微弱,回鹘、党项诸羌夷分侵其地,而不有其人民。值中国衰乱,不能抚有,惟甘、凉、瓜、沙四州常自通于中国。甘州为回鹘牙,而凉、瓜、沙三州将吏,犹称唐官。数来请命。”[13]此时,西北各个民族沿着东西方贸易大道——丝绸之路而分布,大体上,党项控制着该区域的东部,吐蕃控制着中部,回鹘控制着西部。

吐蕃是原居于青藏高原的民族。公元7世纪松赞干布统一了邻近的苏毗、羊同等部族之后,吐蕃王国迅速走上了对外扩张的道路。“由于地理条件的限制,不利于吐蕃向南、向西发展;也由于唐朝先进的经济文化对吐蕃的吸引,吐蕃建国之后,迅速向北、向东发展。7世纪70年代前后,吐蕃征服了驻牧于今青海、甘肃、四川西北一带的吐谷浑、党项、白兰等族，占据了今青海省境内黄河以南、青海湖以西等地区。与此同时，吐蕃又进军西域，联合西突厥贵族与唐朝争夺安西四镇，并开始染指今南疆的鄯善。之后，唐蕃双方在河、陇一线时战时和，长期对峙。唐玄宗天宝十四年（755），'安史之乱'爆发后，唐朝从河、陇各地抽调了大批驻军，吐蕃军队乘虚而入，到广德元年（761）前后占领唐陇右诸州；至贞元七年（791）又攻占了唐河西数州之地及四镇之一的于阗。从此，河陇地区及西域东南部相继为吐蕃所统治。若从公元8世纪中叶吐蕃进据陇右算起，到唐宣宗大中二年（848）张议潮起事，推翻吐蕃在河陇的统治时止，吐蕃统治这一地区近百年之久"[14]。从9世纪中叶起，吐蕃进入了一个衰落和分裂的时代。《宋史》卷492《吐蕃传》描摹了10世纪吐蕃的分布情形：

> 唐末，瓜、沙之地复为所隔。然而其国亦自衰弱，族种分散，大者数千家，小者百十家，无复统一矣。自仪、渭、泾、原、环、庆及镇戎、秦州暨于灵、夏皆有之，各有首领，内属者谓之熟户，余谓之生户。凉州虽为所隔，然其地自置牧守，或请命于中朝。

回鹘，初称回纥，九姓铁勒之一。隋唐时，借助中原王朝消灭突厥、薛延陀诸汗国的时机而强盛起来，并在7世纪末叶建立了统治塞外诸族的回纥汗国。但是，公元840年，回鹘在自然灾害和外族入侵的双重夹击下，国破家亡，部众被迫南移和西迁。西迁回纥一分为三，一支在河西走廊止步，以甘州（张掖）为中心聚集力量，休养生息，由寄人篱下的逃亡者一跃而为主宰者。一支西出阳关，在北庭（吉木萨尔）击败吐蕃，进而攻占西州（吐鲁番），建立高昌回鹘王国，控制东起甘肃西部，西至塔里木河中游龟兹（库车），北越天山北庭(吉木萨尔),南到罗布泊附近的且末大片土地,与中原王朝保持友好关系。另一支迁到中亚草原,起先主要在葱岭(帕米尔高原)以西活动,10—12 世纪在中亚反客为主,建立了强大的喀拉汗王朝,“喀拉”系突厥语,意为“黑”,故汉文献称之为黑汗王朝。其中,甘州回鹘与中原的关系较为密切,相互之间以甥舅相称。[15]

党项族是我国古代广布于西北地区的羌族中较晚兴起的一支,大约在6世纪前后才开始在历史文献中崭露头角。其原居地位于我国黄河上游的析支地区(今青海省东南部黄河河曲)。隋唐之际,其活动区域发展为“东至松州(今四川松潘县),西接叶护(今新疆维吾尔自治区),南杂春桑、迷桑等羌(今青海南部),北连吐谷浑(今青海西北部和甘肃南部)”。[16]7 世纪初,党项族的大部分归附唐朝,其后在邻族吐蕃的压力下迁入内地。到唐末,北自黄河以北的振武节度使所在地,东到河东的中部和北部,西至河西走廊的凉州,南到关中平原西北的邠、宁的广大西北地区,均有党项族的活动踪迹。[17]他们各自以“大姓之强者”为中心,组成大小不一的地域性部落联盟。其具体的情况略如下述:

> 党项,西羌之遗种。……其大姓有细封氏、费听氏、折氏、野利氏,拓跋氏为最强。唐德宗时,党项诸部相率内附,居庆州者号东山部落,居夏州者号平夏部落。部有大姓而无君长,不相统一,散处邠宁、鄜延、灵武、河西,东至麟、府之间。[18]

唐代中叶以后,党项最主要的部落联盟有以庆州为中心的“东山部”和以夏州为中心的“平夏部”。其中平夏部以拓跋氏为核心,在唐末的动乱中异军突起,占据了夏、绥、银、宥地区,并且获得了藩镇这样一个合法割据一方的政治身份。这就奠定了它在党项诸部中的政治领导地位。所谓“东山部”仍然不过是居住在灵州、盐州以及庆州一带商路边缘的一群大大小小以抢劫致富的部落。他们在五代时期被称为“西路党项”[19]。“其在灵、庆之间者，数犯边为盗。自河西回鹘朝贡中国，到其部落，辄邀击之，执其使者，卖之他族以易牛马。”[20]除此而外，还有一些更加零散的部落分布在中原政权和夏州藩镇以北的边疆地带，即代北、云州、天德、振武及胜、府、麟等州，可以称其为“北路党项”。[21]由于他们地理偏远，组织更加落后，因此不为史家所重视。[22]

纵观各区域民族的地理分布状况和政治组织程度，可以发现南（中原）北（东北和蒙古）方向的各个民族已经完成了政治上的整合和统一，而西北方向的民族仍然处在广泛而深刻的分裂之中。在南北地域集团旗鼓相当、稳定对峙的情形下，分裂的西北正好成为他们扩大势力范围和树立政治霸权的必争之地。而党项所处的河套—灵州一线作为他们西向发展的中间地带和东西方贸易的枢纽地位，尤其具有重要的战略意义。这正是辽夏关系形成和发展的人文地理基础。

第二节　政治权力格局

7—10世纪东亚的天下体系是一个以唐朝为中心的“等级性”帝国[23]。如果用家庭作比喻的话，唐朝皇帝是帝国这个大家庭的家长，占据着天下体系中的权威地位。即便是在唐朝已经丧失物质力量去支配其邻国，甚至蜕变为一个军人帝国而挣扎求存之际，它与其他政权和部落之间的帝国式关系却似乎维持不变。[24]这一时期，“中国王朝的官位、官职，不但在各国内部具有权威，而且还规制着国与国之间的关系。……在前近代的东亚，各国之间也存在着公认的国际秩序,那就是中国王朝所确定的各国间的身份秩序,并为各国所接受。……即使是游牧民族中间,也同样存在着依靠中国王朝来维持君主权利、维护政权秩序的考虑。我们来回顾始于汉代的和蕃公主的作用,开始是中国方面想以此怀柔外族,到了唐代却成为诸蕃君主为加强其于国内外的权威而提出的要求。唐朝初期,由于突厥势力的衰败,北方、西方等诸蕃君主要求称唐朝皇帝为'天可汗'。在粟特人的国家里,也被称作'普天下贤圣皇帝'。由于纳入中国的天下之中,所以诸蕃君主的继承人的册立,要靠唐王朝来保证,而且还将抑制各国间的纷争和维护和平的希望都寄托于唐王朝。对于粟特人来说,以中国为中心,意味着能够安全顺当地同各国进行交往与贸易。如同'罗马的和平',古代的和平靠强国来维持。……在上述政治、文化的需要之外,还有着通过朝贡来同中国做交易以获取其物质的欲望,特别是游牧民族,这种需求所占的比重更大。当然,农业国家也不例外。朝贡本身就是交易的一种形态,因为它可以获得中国王朝的回赐。隋唐时代,以中国为中心,周围像卫星般环列着向往小国的各民族的君主国家,纷纷向中国朝贡。这是统一东亚的世界帝国,是具有东亚特殊形态的世界帝国,不同于主要依靠征服而建立的罗马世界帝国。"[25]

但是,从公元907年唐朝灭亡以后,列国,包括唐朝周边地区的民族政权,纷纷要求继承这种所谓唐王朝辉煌帝业的遗产,他们都想取得中国政治关系领域的主导地位。经过大半个世纪的争夺,"以汉族为主的中原一带,逐渐失去东亚历史的中心地位,一种华夷两分天下的形势逐渐浮现。……宋在南方,一统中原;契丹在北方,君临于诸夷之上。"[26]这种南北对峙的局面似乎并没有完全颠覆唐代中国以唐朝为中心的中国政治权力秩序,而只是由宋辽两大政权共同的、平等的来瓜分唐朝的政治权威而已。唐朝的政治秩序观作为一种模板依旧在宋辽两个各自独立的帝国式系统内完整地运转着。从前东亚世界上只有一个天子，而现在却变换为“两个天子”。在这种两大霸权并存的时代，“西方诸国与东亚的关系也就自然不能和一个帝国统一管辖之下的时候等同看待，这是不言而喻的”。[27]

首先，辽夏关系就其内部来说不可能具有平等的性质，因为辽朝作为唐朝权威的继承者之一，必然地要把西夏纳入自己的天下秩序之中，使其服从辽朝总体的对外战略设计；就其外部来说，西夏的政治地位还必须取决于天下体系的主轴即宋辽关系的变化程度，只要南北势力相当的形势一天不改变，那么西夏的政治地位就不会有显著的变化。事实证明西夏屡次挑战两极化的天下政治格局的努力都归于失败，其最主要的原因就是宋辽两大政权均不愿意看到第三方势力强大到足以破坏相互之间权力均衡(balanceof-power)的局面。与此同时，这种南北对峙又使得西夏的外交政策具有区域性和短期性的特点，用《金史》的话来讲“(西夏)立国二百余年，抗衡辽、金、宋三国，偭乡无常，视三国之势强弱以为异同焉”[28]，可以称之为民族王朝政权的实用主义外交。

“其次，这一时期南北两大势力对立的重心，与前代相比，已向东移动；同时其各自的势力范围也已向东退缩。在这两大势力难以抵达的缘边地带，西夏立国达二百年之久，呈现了三国鼎立的形势。西夏据以立足的地域正当西域与中原的交通要冲。由于西夏占据着这一地利而介入到南北争执中去的，因而在这一时期的国际关系中有许多问题不能仅仅用两国间的利害关系来解释。这一情况对东方政局的影响是不容忽视的。”[29]换句话说，由于西夏占据着辽宋两大政权与西方诸国交通的必经之路，所以西夏与他们的关系问题并不仅仅局限于双方之间，它必然会对整个天下体系尤其是西北地区的政治形势产生重大影响，进而会引起其他有关政治势力的高度关切。所以，辽夏关系不单是一个双边而是一个牵涉各方利益的复杂问题。

第三节　北族王朝性质

在中国历史上存在过很多由北方民族建立在汉地社会的、区域性的或全国性的王朝国家。他们包括十六国时期的很多政权，北魏及其继承政权即东魏、西魏、北齐、北周，五代时期的后唐、后晋、后汉，辽、金、元和清朝。姚大力先生认为：

> 就这一系列北族王朝的历史特征而言，公元十世纪上半叶是非常重要的时代界限。在这之前(也包括10世纪上半叶)的北族王朝建立者，在入主中原之前，多经历过一个在汉族社会周边地区长期活动，以雇佣军身份介入汉地社会的政治斗争、逐渐演变为支配汉族政治—军事局面的重要势力、最后在那里建立自己政权的漫长过程。在这样的过程中，他们有机会对汉文化取得相当深入的了解，同时却逐渐疏远、甚至完全断绝了与自己的位于或者靠近内陆亚洲的原居地之间的联系。……这些王朝不得不更多地依赖于被征服地的本土资源，也就是汉文化的资源，来维持自己的统治。在有些时候，甚至他们与汉族之间的族类界限也变得有点模糊了。……这些北族王朝，它们的建立者事先都有一段被魏特夫在《辽代社会史》里称作向汉地社会“渗透”的漫长经历。它们可以看作是“渗透型”的北族王朝。
>
> 与它们大不相同，10世纪上半叶以后建立的辽、金、元、

> 清等王朝,都是真正"征服"型的王朝。它们都在一个很短的时间里将一大部分汉地社会纳入自己的版图;同时始终把位于内陆亚洲或其伸延地区的"祖宗根本之地"视为领土构成中的重要部分,把它当作自己种族和文化认同的珍贵资源。中原王朝的首都从黄河以南被搬迁到今北京,应该说就是征服型北族王朝领土结构变迁所留下的重大历史影响之一。征服型王朝的种族本位主义的意识和表现比渗透型王朝更为深刻和显著。[30]

甘怀真通过对汉地以外政权接受中原文化程度的观察之后,也同样肯定了公元10世纪在北族王朝历史上的转折意义。他指出:"在理解东亚世界时,首先应该克服近代以来民族国家(nation-state)概念的误导,或日本学者所谓的'一国史'的观点。……在10世纪之前,中国周边各政权多处于建国的过程中,即从部落政权脱胎而为国家。在这个阶段,诸政权只是处于'前国家'的阶段,故其政治关系的思考脉络并非国家与国家间,中国文化对于这些周边政权而言也不是现代意义下的民族文化。故在此阶段,中国域外采行源自中国的文化要素不能被视为学习、模仿中国。对于这些处在建国阶段的诸政权与集团而言,其所认知的中国文化,与其说是作为一种中国的民族文化,毋宁更接近于当时历史脉络下的普世文化。"[31]对于10世纪以后的北族王朝国家的性质,甘怀真并没有作出宏观的概括。根据其对日本大和朝廷历史的解读,笔者认为这个时期的北族王朝,他们在以汉族文化为代表的普世文化的基础上,主观上更加强调了北族的主体性甚至优越性。特别是当北族王朝的政权体制发展到相当成熟的阶段,它与中原汉地的文化交流才更加主动和自信。在北族方面,则更是有意识地在吸收和转化汉族文化。[32]

根据魏特夫的观点,辽朝恰好是这类"征服王朝"的典型个案,但是如果深究对汉地社会的征服程度,似乎元朝和清朝更加具有这种资格。[33]在我看来,辽朝之所以成为学界研究"征服王朝"的聚焦点,主要原因在于其非常显著的二元化政治结构表象,即强调华夷分治精神的南北面官制度,这与后来元朝和清朝华夷杂糅的体制又有很大的不同。"这种植根于氏族、部族、种族系统不同的国家统治体制的二元性,乃是大陆骑马民族国家,特别是征服王朝国家的政治和社会构造的重要特征,也许可以说,是最原则性的方式。……契丹是根据种族的区别来进行两面统治,根据部族的区别实行区别统治(分职统治)的,在其国家的统治体制中,二元性是极其明瞭的。……所以,大陆民族国家特别是征服王朝国家统治体制的这种部族、种族的二元性,是一种原则的现象。"[34]那么,征服王朝这种双重的文化性格给其对外交往和国际关系会带来什么样的影响呢?我想,其带来的反响至少也会在两个方面有所体现。一是征服王朝继承了汉族王朝天下观中唯我独尊的大一统理念,并且从实践上继续构建了以中国为中心的朝贡型的民族关系和国际关系格局。二是征服王朝一般都注重商业利益,所以往往把维护交通线路的畅达作为重商主义外交的核心。辽夏关系无疑打上了上述征服王朝二元性文化的烙印。为什么一定强调的是辽朝的性格对辽夏关系的影响而不是相反?这里我所要树立的仅仅是时代背景而已,因为辽朝具有王朝国家形态的时间远远早于辽夏关系形成和西夏王朝建立的时间。[35]

概而言之,在10世纪初期的北部中国,复杂的民族分布状况,为辽夏关系的形成开辟了历史空间;等级化的政治权力格局,对辽夏关系走向起到了限制作用;辽朝文化政治的二元性,又使得辽夏关系同时具有朝贡体制和围绕商业利益开展的特点。

注　释

1　李孝聪:《中国区域历史地理》,北京大学出版社,2004 年,第 397 页。

2　李孝聪:《中国区域历史地理》,北京大学出版社,2004 年,第 464 页。

3　李孝聪:《中国区域历史地理》,北京大学出版社,2004 年,第 149 页。

4　李孝聪:《中国区域历史地理》,北京大学出版社,2004 年,第 11 页。

5　关于北部中国的地理环境和民族性格,可以参看江上波夫《骑马民族国家》第一章《骑马民族及其活动舞台》,光明日报出版社,1988 年。

6　《新五代史》卷 72《四夷附录第一》。

7　《魏书》卷 100《契丹传》:契丹国,在库莫奚东,异种同类,俱窜于松漠之间。登国中,国军大破之,遂逃迸,与库莫奚分背。经数十年,稍滋蔓,有部落,于和龙之北数百里,多为寇盗。

8　《旧唐书》卷 149《契丹传》:契丹,居潢水之南,黄龙之北,鲜卑之故地,在京城东北五千三百里。东与高丽邻,西与奚国接,南至营州,北至室韦。冷陉山在其国南,与奚西山相崎,地方二千里。逐猎往来,居无常处。

9　《旧五代史》卷 137《契丹传》。

10　《辽史》卷 2《太祖本纪二》。

11　关于《辽史》提到的族称"阻卜"问题的研究史及最新进展,参看刘浦江的《再阻卜与鞑靼》,载《历史研究》,2005 年第 2 期。

12　参看樊文礼:《试论唐末五代代北集团的形成》,载《民族研究》,2002 年第 2 期。

13　《新五代史》卷 74《吐蕃传》。

14　杨铭:《吐蕃经略西北的历史作用》,载《民族研究》,1997 年第 1 期。

15　《新五代史》卷 74《回鹘传》:当五代之际,有居甘州、西州者尝见中国,而甘州回鹘数至,犹呼中国为舅,中国答以诏书亦呼为甥。

16　《旧唐书》卷 198《党项羌传》。

17　关于五代宋初党项的分布范围,宋人文献的记载略有出入。《五代会要·党项羌》:宝应、正元之后皆率部族内附。居庆州者号东山部落,居夏州者号平夏部落。会昌初,命三使以统之。在邠宁、延州界者,命侍御使崔君会主之;在夏州者,命侍御使李鄂主之;在灵武、麟、胜州者,命侍御使郑贺主之。《宋史·党项传》:今灵、夏、绥、麟、府、环、庆、丰州、镇戎、天德、振武军并其族帐。《宋史·宋琪传》:党项界东自河西银、夏,西至灵、盐,南距鄜、延,北连丰、会。厥土多荒隙,是前汉呼邪韩所处河南之地,幅员千里。党项原居于青藏高原的东缘,经过3个世纪的迁徙和发展,到五代宋初时,其部族力量已经散布于包括契丹上京道、东京道和西京道在内的整个黄河中上游地区以及更北地区。参看汤开建:《契丹境内党项部落的分布》,载《宁夏社会科学》,1990年第2期。

18 《新五代史》卷74《党项传》。

19 关于西路党项的情况,参看周伟洲:《早期党项史研究》,中国社会科学出版社,2004年,第125、131页。

20 《新五代史》卷74《党项传》。

21 关于五代时期北边党项的地域分布情况可参看汤开建的《五代辽宋时期党项部落的分布》和张云的《五代时期的散居党项》等文章。

22 《新五代史》卷74《党项传》:其它诸族,散处边界上甚众,其无国地、君长,故莫得纪次云。

23 帝国不完全是高压强制的产物。古代和古典时代,帝国既没有固定的地理界线,也没有一个程度相同的国内政治控制。可以根据同心圆式的控制方式来观察它们,通过对中间区域外交、军事和国内政策控制程度的不同变化,可以看到这种控制从对中心区的完全同化扩散到对远离中心的边缘地带的纯粹霸权。参看巴里·布赞、理查德·利特尔:《世界历史中的国际体系》,高等教育出版社,2004年,第156—162页。

24 王庚武:《小帝国的辞令:宋代与其邻国的早期关系》,载王庚武、姚楠(编译):《历史的功能》,中华书局(香港),1990年,第140页。

25 〔日〕堀敏一(著),韩昇、刘建英(译):《隋唐帝国与东亚》之《绪论:古代东亚世界的基本结构》,云南人民出版社,2002年,第5—7页。

26 金渭显:《西夏与辽宋之关系》,载《首届西夏学国际学术会议论文集》,宁夏人民出版社,1998年。

27 藤之晃:《李继迁的兴起与东西交通》,载《日本学者研究中国史论著选译》第九卷,中华书局,1993年,第443—445页。

28 《金史》卷72《夏国传》。

29 藤之晃:《李继迁的兴起与东西交通》,载《日本学者研究中国史论著选译》第九卷,中华书局,1993年,第443—445页。

30 姚大力:《中国历史上的民族关系与国家认同》,载《中国学术》第12辑,商务印书馆,2002年。

31 甘怀真:《皇权、礼仪和经典诠释:中国古代政治史研究》,台湾大学出版社,2004年,第493—494页。

32 参看甘怀真:《皇权、礼仪和经典诠释:中国古代政治史研究》,台湾大学出版社,2004年,第494页。

33 参看张帆:《元朝的特性:蒙元史若干问题的思考》,载《学术思想评论》第1辑,辽宁大学出版社,1997年。

34 江上波夫:《骑马民族国家》,光明日报出版社,1988年,第124页。

35 还有一点需要补充的是,西夏应该不属于征服王朝的类型,因为它的历史几乎就是一部向汉地社会"渗透"的漫长历程:党项人进入中原之前,就曾经在汉族社会周边地区长期活动,然后以雇佣军身份介入汉地社会的政治斗争、逐渐演变为汉族边疆地区政治—军事局面的重要势力,并且最后在那里建立了自己的政权。它似乎可以看作是"渗透型"的北族王朝。

第 二 章
辽朝对境内党项的经营

五代以后,党项族分为三个部分,一是建立西夏王朝的党项主体;二是宋朝境内的党项;三是辽朝境内的党项。关于西夏和宋朝境内的党项,不仅文献记载较为系统和专门,如《宋史》有《党项传》、《西夏传》,《辽史》有《西夏传》,而且学术界也一直比较关注。然而,关于辽朝境内的党项,总体情况是文献不彰、研究薄弱。目前除了汤开建的《契丹境内党项部落的分布》一文以外,其他研究早期党项史的著作如冈崎精郎的《党项古代史研究》、周伟洲的《早期党项史研究》等对此问题都鲜有专门的讨论。

本章主要考察辽朝对党项部族的征服过程和统治形式。《辽史》中关于党项人的称呼有两种:唐古或党项。前者来自于契丹语;后者来自于汉语。契丹和党项的早期关系建立在辽朝开拓西部疆域的过程中。辽朝在征服党项以后,把其中一部分部族纳入本政权的地方行政系统,使之成为国家部族;而另外一些部族则让他们保持一定的独立性,使之成为属国(部)。随着宋辽对峙局面的形成,党项问题日益成为强大政权之间政治斗争的一个缩影。

第一节　辽朝对境内党项的征服过程

辽朝早期对西北党项的征伐大体上经历了三个阶段。首先是于越述鲁攻击了振武、云中党项，此役可以看作为辽朝经营党项的试探性动作；其后便是太祖阿保机对西南党项的长期战争，这确立了辽朝对这些部族和地区的高压统治；到了太宗及其以后诸帝时期，面对中原势力的复兴和其对缘边部族问题的介入，辽朝则强化了对境内党项的打击力度。

一　述鲁时期

契丹征伐党项的活动肇始于阿保机的叔父述鲁时期。他在任遥辇氏可汗的于越期间，曾经攻打过位于契丹以西的某些党项和吐浑部落，并且为此专门修建了用于安置俘虏的州邑——越王城。据《辽史》卷37《地理志一》载：

> 越王城。太祖伯父于越王述鲁西伐党项、吐浑，俘其民放牧于此，因建城。在州东南二十里、户一千。

从越王城的户口来看，述鲁这次的军事行动似乎只是一次普通而微小的掳掠，因此《辽史》在关于述鲁功绩的叙述和赞美中并没有提及此事。据《辽史》卷2《太祖本纪下》载：

> 德祖之弟述澜，北征于厥、室韦，南略易、定、奚、霫，始兴板筑，置城邑，教民种桑麻，习织组，已有广土众民之志。而太祖受可汗之禅，遂建国。东征西讨，如折枯拉朽。东自海，西至于流沙，北绝大漠，信威万里，历年二百，岂一日之故哉！[1]

然而值得重视的是述鲁“始兴版筑，置城邑，教民种桑麻，习织组”的事迹却恰好与越王城的设置相互印证。

越王城位于祖州附近(今内蒙古巴林左旗西南石房子村东南),与契丹的龙兴之地上京临潢府(今内蒙古巴林左旗东南波罗城)相距不远。它是文献记载中在契丹本土上出现的第一个城郭[2],对契丹社会经济的发展无疑具有开拓性的历史意义。对此《辽史》评论说:

> 契丹转居荐草之间,去邃古之风犹未远也。太祖仲父述澜,以遥辇氏于越之官,占居潢河沃壤,始置城邑,为树艺、桑麻、组织之教,有辽王业之隆,其亦肇迹于此乎![3]

述鲁西伐的党项人居地在地理上与吐浑邻近。吐浑在唐末居于振武(治今内蒙古和林格尔县西北土城子)、云中(今山西大同市)一带。[4] 这里属于沙陀族晋王李克用的地盘。公元878年,时为唐朝臣子的李克用就曾经因为出师攻击这里的党项而被吐浑人偷袭。[5] 因此被述鲁攻击的目标应该就是位于振武、云中或更北地带的党项,他们属于北路党项的一部。

那么述鲁是什么时间发动这次攻击的?[6] 其时间下限不会迟于天复元年(900年)。因为这一年他肯定已经不在人世,否则就不会有阿保机对其被弑事件的调查了。据《辽史》卷61《刑法上》载:

> 籍没之法,始自太祖为挞马狘沙里时,奉痕德堇可汗命,按于越释鲁遇害事,以其首恶家属没入瓦里。

根据德痕堇可汗时代阿保机职位升迁的顺序,他先是出任挞马狘沙里,其后于天复元年出任本部夷离堇。因此于越述鲁死于900年之前是明确无疑的,其建筑越王城和对党项的征伐自然更应早于这个时间。述鲁死时年仅57岁,以900年为下限,其出生时间不会迟于843年。按照其成年的时间,其执掌于越最少在20

岁左右，何况于越一职，“契丹尊官，非大功德者不授。”述鲁担当此重任之初必在盛年，即其30到40岁的黄金年龄。述鲁生前曾经有过“北征于厥、室韦，南略易、定、奚、霫”的伟大功业，从其他记载来看，大体与契丹在公元885—888年（唐光启年）期间的扩张活动相吻合。据《新唐书》卷219《契丹传》载：

> 咸通中，其王习尔之再遣使者入朝，部落寖强。习尔之死，族人钦德嗣。光启时，方天下盗兴，北疆多故，乃钞奚、室韦，小小部种皆役服之，因入寇幽、蓟。刘仁恭穷师踰摘星山讨之，岁燎塞下草，使不得留牧，马多死，契丹乃乞盟，献良马求牧地，仁恭许之。复败约入寇，刘守光戍平州，契丹以万骑入，守光伪与和，帐饮具于野，伏发，禽其大将。胡恸，愿纳马五千以赎，不许，钦德输重赂求之，乃与盟，十年不敢近边。

也许正是唐末天启年间，述鲁在北伐南征的期间，行军经过振武、天德以北地区时顺便俘虏了当地的一些党项、吐浑人户。

二　太祖时代

述鲁虽有“广土众民之志”，然而当时契丹仍然处于部落联盟时代，其对外征伐多半只是以人口、财富为目标的掳掠，鲜有开疆拓土的战略眼光。这种局面直到阿保机建立起真正的国家体制时才得到根本的扭转。

公元916年，阿保机废除了契丹可汗的选举制，确立起皇权世袭制，正式建立起专制主义的政权。[7] 在他统治期间，契丹的对外扩张进入了一个极其活跃的阶段，正如《辽史》所称赞的“而太祖受可汗之禅，遂建国。东征西讨，如折枯拉朽”，到其晚年，契丹已经成为一个“东自海，西至流沙，北绝大漠，信威万里”[8] 的庞大帝国。

纵览阿保机一生的征战活动，居住着大批党项部族的西南地域是一个非常重要的战略目标。早在公元916年，阿保机就侵入了这一区域。《辽史》卷1《太祖本纪上》载：

> （神册元年）秋七月壬申，亲征突厥、吐浑、党项、小蕃、沙陀诸部，皆平之。俘其酋长及其户万五千六百，铠甲、兵仗、器服九十余万，宝货、驼马、牛羊不可胜算。……十一月，攻蔚、新、妫、武、儒五州，斩首万四千七百余级。自代北至河曲逾阴山，尽有其地。遂改武州为归化州，妫州为可汗州，置西南面招讨司，……十二月收山北八军。

这是一次规模巨大的战争，它席卷了从代北到河曲乃至于阴山南北的广大地区和包括党项、吐浑、沙陀等族在内的众多部族。从长远发展考虑，阿保机甚至创立了专门负责该地军政事务的西南面招讨司。

然而，契丹对这些部族的统治是不稳定的。在随后的几年内，这些部族持续不断的掀起叛乱的高潮，迫使阿保机不得不加大契丹在该地区的军事投入。从公元918年到公元921年，契丹军队连续在以河套为中心的西南地区征战，俘虏了大量的党项等部人口，并且把西南招讨司迁到了自唐代起就被视为军事重镇的天德军地区。[9]

公元924年，阿保机在去世前一年，更是策划了辽朝历史上空前性质的西征运动。《辽史》卷2《太祖本纪下》载：

> （天赞三年六月乙酉）是日，大举征吐浑、党项、阻卜等部。诏皇太子监国，大元帅尧骨从行。……八月乙酉，至乌孤山，以鹅祭天。甲午，次古单于国，登阿里典压得斯山，以麃鹿祭。九月丙申朔，次古回鹘城，勒石纪功。庚子，拜日于蹛林。

丙午，遣骑攻阻卜。南府宰相苏、南院夷离堇迭里略地西南。乙卯，苏等献俘。丁巳，凿金河水，取乌山石，辇致潢河、木叶山，以示山川朝海宗岳之意。癸亥，大食国来贡。甲子，诏砻辟遏可汗故碑，以契丹、突厥、汉字纪其功。是月，破胡母思山诸蕃部，次业得思山，以赤牛青马祭天地。回鹘霸里遣使来贡。冬十月丙寅朔，猎寓乐山，获野兽数千，以充军食。丁卯，军于霸离思山。遣兵踰流沙，拔浮图城，尽取西鄙诸部。十一月乙未朔，获甘州回鹘都督毕离遏，因遣使谕其主乌母主可汗。射虎于乌剌邪里山，抵霸室山。六百余里且行且猎，日有鲜食，军士皆给。

关于这次战争的动机，阿保机在其出征前的诏书中有过暗示和说明。前揭同传载：

六月乙酉，召皇后、皇太子、大元帅及二宰相、诸部头等诏曰："上天降监，惠及烝民。圣主明王，万载一遇。朕既上承天命，下统群生，每有征行，皆奉天意。是以机谋在己，取舍如神，国令既行，人情大附。舛讹归正，遐迩无愆。可谓大含溟海，安纳泰山矣！自我国之经营，为群方之父母。宪章斯在，胤嗣何忧？升降有期，去来在我。良筹圣会，自有契于天人；众国群王，岂可化其凡骨？三年之后，岁在丙戌，时值初秋，必有归处。然未终两事，岂负亲诚？日月非遥，戒严是速。"闻诏者皆惊惧，莫识其意。

原来辽朝的缔造者阿保机预感到自己存世的时日已经不多，为了给子孙留下更加广袤恢弘的帝业，他决心进行有生以来最大规模的开拓运动。那么，他这次远征的目标即诏书里提到的"未终两事"，到底指的是什么呢？《辽史》卷75《耶律铎臻传》为我们揭开了这个秘密。其文称：

天赞三年，将伐渤海，铎臻谏曰："陛下先事渤海，则西夏必蹑吾后。请先西讨，庶无后顾忧。"太祖从之。

由此可见，"两事"指的就是征服东方的渤海和西方的西夏。而且，两件大事的次序应该是先西后东，即只有解除了西夏[10]这个后顾之忧，才能确保东征渤海的顺利。不过，就此次阿保机的兵锋所指来看，以夏州为中心的党项势力并不是打击的重点。

根据长泽和俊的意见，这次西征是由西北和西南两个战区组成。以阻卜和回鹘为目标的西北方向是主要战区，自然由皇帝阿保机亲自主持；而以吐浑、党项为目标的西南方向是次要战区，由大臣及皇子尧骨先后负责。换句话说，对党项的战争是契丹另一支军队对主力军队的侧翼支持。[11]尧骨讨伐党项的行动一直持续到天赞四年。《辽史》卷3《太宗本纪上》载：

及从太祖破于厥里诸部，定河壖党项，下山西诸镇，取回鹘单于城，东平渤海，破达卢部，东西万里，所向皆有功。

冈崎精郎认为这里的河壖党项也就是《旧五代史》中提到的沿河党项[12]。《旧五代史》卷98《安重荣传》记载：

又准沿河党项及山前、山后、逸利、越利诸族部落等首领，并差人各将契丹所授官告、职牒、旗号来送纳，例皆号泣告劳，称被契丹凌虐，愤惋不已，情愿点集甲马，会合杀戮。

总之，通过这次战争，辽朝不仅进一步巩固了对西南边疆区域的统治，而且确立了在漠北以及西北地域的共主地位。

分析辽太祖阿保机历次指向党项的战争，不难发现它们存在着一些共同的因素。一是"契丹初期对于西南地区的关心，尽管有开拓领土和多少输入一些物资、牧马的因素，但是与此相比，俘掠人口占有更为重要的地位。翻检《辽史·地理志》，屡有将这一地区的居民迁往东方的记载，前面提到的府州的情况，也是其中的一例。本纪和《属国表》中有许多献党项俘的记载，这未必仅仅是庆贺战争胜利的仪式，这些在战争中所俘虏的人员占据了辽国头下州人口组成的绝大部分”。[13]从仅有的三次战果记录（916、920、924年）来看，我们就不难想象党项诸部及其地域畜牧经济的发达状况。辽朝军队几乎每一次都能从党项人那里获取大量的人口、武装物资和不计其数的牲畜。二是开辟东西交通路线，扩大对外贸易也是辽初西南用兵的主要目的之一。党项分布的代北、河套、阴山地区，自古以来就是华夷杂居、南北往来、东西辐辏的战略要冲。只有征服控制诸交通道路的党项诸部，才有可能迫使那些经过这里准备到北宋进行朝贡贸易的西方诸族改弦易辙，而与辽朝建立政治和经贸往来。果然，几乎每次战争的后续效应都是西方诸族的入贡现象。公元916年末，和州回鹘不远万里前来朝贡，很可能就是神册元年阿保机进军西南，威震阴山的结果。[14]公元918年正月，阿保机的弟弟安端统军征讨云州及西南诸部以后，“（神册）二月，鞑旦国来聘。……晋、吴越、渤海、高丽、回鹘、阻卜、党项及幽、镇、定、魏、潞等州各遣使来贡。三月，高丽及西北诸蕃皆遣使来贡。回鹘献珊瑚树。”[15]三是这些战争的获胜原因多与辽朝的主要敌对势力后唐忙于逐鹿中原无暇顾及边境事态有密切关系。如公元916年，辽朝之所以从容取得代北、天德的地盘就与晋王李克用南下攻梁、后方空虚有着密切的关系。再如公元924年，辽朝悬军西征，自然与后唐举国南下侵灭后梁的事件有间接关系。

三　太宗以后

阿保机死后，留给继任者一个幅员广阔，但却很不稳定的帝国。因此，在太宗德光即位之后，就把巩固新占有的领土、安抚被征服的民族作为施政的首要任务。据《辽史》卷3《太宗本纪上》载：

> 太宗即位，(羽之)上表曰："……渤海昔畏南朝，阻险自卫，居忽汗城。……遗种浸以蕃息，今居远境，恐为后患。梁水之地乃其故乡，地衍土沃，有木铁盐鱼之利。乘其微弱，徙还其民，万世长策也。彼得故乡，又获木铁盐鱼之饶，必安居乐业。然后选徒以翼吾左，突厥、党项、室韦夹辅吾右，可以坐制南邦，混一天下，成圣祖未集之功，贻后世无疆之福。"表奏，帝嘉纳之。

对于党项，太宗似乎一度改变了一味依靠武力征服的政策，转而采取了安静无为的羁縻政策。在其统治的前10年(927—937)，除了933年有过一次命皇太弟李胡率兵征伐党项之外，再没有大规模战争的记录，反而来自党项的朝贡活动有所增加。[16]即便这次战争，也很可能只是辽朝对党项袭扰活动的报复行动。因为在此之前的两年，曾经有党项部落发动过两次对辽朝的攻击。931年2月，被后唐政府委任为府州防御使的党项豪强折从阮主动攻击契丹控制的胜州和朔州地区；同年12月党项首领向后唐政府缴纳所夺得的契丹旗帜和兵马。[17]正因为党项部族身后隐藏着后唐的利益，所以李胡征讨党项期间，后唐政府才会屡次遣使请求辽朝停止这类战争。[18]这是中原政权首次高调介入辽朝与党项的冲突，也是边境部族问题日趋复杂的一个信号。

然而，进入太宗统治的后10年(938—947)，辽朝对党项的政策又转趋强硬。从938年到942年，短短5年间，辽朝就发动了4次对党项的大规模战争：938年西南边大详稳耶律鲁不古征讨党项获胜；940年鲁不古向辽中央政府报告俘获党项人的数目；941年部族涅剌、乌隗向辽中央政府报告俘获党项人的数目；942年，太宗征发各路兵马，由将军密骨德率领讨伐党项。[19]为什么辽朝会在短期内掀起一个征伐党项的高潮呢？原来这一时期辽朝的疆土又有扩大，为了平定新领土上的党项人的反抗活动，辽朝不得不持续发动军事行动。936年，后晋王朝的建立者石敬瑭为了报答辽朝帮助他夺取帝位的恩惠，把北面燕云十六州的广大地区割让给辽朝，生活在这些地域内的党项被迫从属于辽朝的统治。后来辽朝对他们或是采取强制迁徙政策，或是横征暴敛，从而引起了党项的激烈反抗。前者比较典型的例子是府州党项折氏。据《旧五代史》卷125《折从阮传》载：

> 晋高祖起义，以契丹有援助之恩，赂以云中、河西之地，从阮由是以郡北属。既而契丹欲尽徙河西之民以实河东，人心大扰，从阮保险拒之。晋少帝嗣位，北绝边好，乃遣使诏谕从阮令出师。明年春，从阮率军深入边界，连拔十余砦。

后者比较典型的例子是公元942年吐浑和党项企图归晋事件。据《旧五代史》卷98《安重荣传》载：

> 臣昨据熟吐浑节度使白承福、赫连公德等，各领本族三万余帐，自应州地界奔归王化。续准生吐浑并浑葜苾两突厥三部落，南北将沙陀、安庆、九府等，各领部族老小，并牛羊、车帐、甲马，七八路慕化归奔，俱至五台及当府地界已来安泊。累据告劳，具说被契丹残害，平取生口，率略羊马，凌害至甚。又自今年二月后来，须令点检强壮，置办人马衣甲，告报上秋

> 向南行营，诸蕃部等实恐上天不祐，杀败后随例不存家族，所以预先归顺，兼随府族，各量点检强壮人马约十万众。又准沿河党项及山前、山后、逸利、越利诸族部落等首领，并差人各将契丹所授官告、职牒、旗号来送纳，例皆号泣告劳，称被契丹凌虐，愤惋不已，情愿点集甲马，会合杀戮。续又朔州节度副使赵崇与本城将校杀伪节度使刘山，寻已安抚军城，乞归朝廷。臣相次具奏闻。昨奉宣头及累传圣旨，令臣凡有往复契丹，更须承奉，当候彼生头角，不欲自起衅端，贵守初终，不愆信誓。仰认睿旨，深惟匿瑕，其如天道人心，至务胜残去虐，须知机不可失，时不再来。窃以诸蕃不招呼而自至，朔郡不攻伐以自归，盖系人情，尽由天意。更念诸陷蕃节度使等，本自勋劳，早居富贵，没身边塞，遭酷虐以异常，企足朝廷，冀倾输而不已，如闻传檄，尽愿倒戈。

关于这件事情，《辽史》也有涉及，但是却没有记载沿河党项的动向。据《辽史》卷4《太宗本纪下》载：

> （会同）五年三月壬辰，上将南幸，以诸路有未平者，诏太子及群臣议，皆曰：今镇、朔三州虽已平，然吐谷浑为安重荣所诱，独未归命，宜发兵讨之。上曰：正与朕合。遂诏以明王畏恩代于越信恩（即鲁不古）以警诸部，为西南招讨使讨之，且喻明王宜先练习边事，而后之官。

以上两起事件都有中原势力的卷入，这从一个侧面反映出跨境民族党项诸部在中原与辽朝两大势力中艰难的生存处境。10世纪末，随着宋朝次第削平中原的割据势力，并且基本完成汉族地域的统一之后，契丹的西南边疆开始受到前所未有的严峻挑战。特别是979年宋太宗征服辽朝的附庸政权北汉以后，南北两大政权的和平对峙正式转入激烈的军事对抗。他们“除了在河北、河东地区的正面和战交涉以外，还在陕西北部展开了一场怀柔和争取当地部族的争战。宋朝方面特别热衷于买马以充实军备，因而采取各种优待办法招徕各蕃族前来卖马。辽国方面当然也决不会对此坐视不管，针对宋朝的行动，骤然加剧了对党项的侵略。执行这一任务的核心人物是韩德威（大汉[20]）。韩德威的祖父是阿保机的佐命功臣韩知古；父匡嗣；兄德让（即耶律隆运）是圣宗朝的重臣，以对宋作战而闻名。乾亨三年，其父匡嗣出任西南面招讨使，翌年十二月殁于任。朝廷特命德威在丧中袭任父职。就是在这个时候，他与负责经略西北方面的耶律速撒协同行动，向党项发起了进攻。据云当时曾授予德威尚方宝剑，赋予了他很大特权。又参据《辽史》本纪和属国表以及一两处见于列传的零星记载，可以断定，统和元年（宋太平兴国八年，公元 983 年）这次行动的规模是相当大的。此后十几年间德威一直负责经营西南方面”。[21]

与太祖时期相比，太宗时期对党项的军事行动具有以下两个特点：一是战争大都由辽朝地方军政机构如西南招讨司和部族势力如涅剌等发起，中央派出军队专征的情况大为减少，这也反映出党项问题的性质发生了变化，即由以前的对外扩张战争变为稳定形势的国内战争。二是太宗以后，后唐和北宋等外部势力对党项等边境部族加大了招诱力度，使得部族问题已经不再是辽朝的单边事务而是日益成为多方涉入的跨境问题。

第二节　辽朝对境内党项的统治体制

辽朝奉行南、北官制并存的双轨政治体制，南面主要治理农业民族，北面主要治理游牧民族。作为一个以牧业为主的民族，辽朝境内的党项部族[22]中绝大部分自然由北面官制统辖，实行与治理汉地社会不同的“诸夷之法”。[23]在这个系统里，涉及党项的制度安排主要有两种，一种是部族制度，一种是属国（部）制度。

一 部族制度下的唐古

这里的部族不是那种以血缘关系为基础的氏族集团，而是指帝制体系下将若干部落重组而成的一种行政组织和军事组织。[24]部族中的首领，成为国家派遣的官吏，各部的部民，成为国家的属民。[25]《辽史》卷32《营卫志中》概括了部族的生存状况：

> 旧志曰：契丹之初，草居野次，靡有定所。至涅里始制部族，各有分地。太祖之兴，以迭剌部强炽，析为五院、六院。奚六部以下，多因俘降而置。胜兵甲者即着军籍，分隶诸路详稳、统军、招讨司。番居内地者，岁时田牧平莽间。边防户，生生之资，仰给畜牧，绩毛饮湩，以为衣食。各安旧风，狃习劳事，不见纷华异物而迁。故家给人足，戎备整完。卒之虎视四方，强朝弱附，东逾蟠木，西越流沙，莫不率服。部族实为之爪牙云。

部族的主要职责是为辽朝镇守边境。“分阵边圉，谓之部族。有事则以攻战为务，闲暇则以畋渔为生。”[26]它们有着自己的领地，而其内部适合战斗的部民则被编入军队籍贯，隶属于诸路详稳、统军和招讨司。住在内地的部民则从事耕作田牧，守卫边防的部民依靠畜牧为生，织毛饮奶，以为衣食。他们民风质朴，勤奋劳作，既能够在经济上自给自足，又能够在军事上保家卫国。它包括从旧契丹氏族集团转变的部族、以契丹人为成分的新编成的部族和以被征服民族为成分新编成的部族等三类。[27]

党项诸部属于以被征服民族为成分新编成的部族。不过，在

《辽史》中,他们被称为“唐古”诸部。[28]《辽史》卷33《营卫志下》共举出了圣宗年间存在的54个部族,其中冠以唐古名义的有6个:

附表2—1

部族称呼	事　由	隶　属
梅古悉部	圣宗以唐古户置	隶北府,节度使属西南面招讨司
颉的部	圣宗以唐古户置	隶北府,节度使属西南面招讨司
匿讫唐古部	圣宗置	隶北府,节度使属西南面招讨司
北唐古部	圣宗以唐古户置	隶北府,节度使属黄龙府都部署司,戍府南
南唐古部	圣宗置	隶北府[29]
鹤剌唐古部		与南唐古同。节度使属西南面招讨司

这六支唐古部族同时还出现在《兵卫志》和《百官志》中,这表明唐古诸部族在辽朝具有较为稳定的形态。显然上述唐古部族应该就属于《辽史》所言“奚六部以下,多因俘降而置”的一类辽朝体制内部族之一。

关于这些唐古部族的来源和设置原因,《营卫志》并没有直接给出判断,仅仅指出它们大多是“圣宗以唐古户置”。但是仔细分析《营卫志》的编纂体例和原则,可以得知更多的相关情况。

《营卫志中·部族上》叙述了辽代自远祖到圣宗的部族建置情况,在总结圣宗时期部族建置情况时说“圣宗之世,分置十有六,增置十有八,并旧为五十四部;内有拔里、乙室已国舅族,外有附庸十部。盛矣”。[30]

关于这54支部族,《辽史》卷33《营卫志·部族下》逐一进行了详细的列举,其中属于圣宗时期的有34个部族。这些部族在志中的列举并不是随意的排列,而是根据部族设置的先后次序和建置类型来加以列举的。圣宗34部的排列次序就很有规律,依次可以分为三个类型:第一类从撒里葛部起至涅剌女真部共16部;第二类从奥衍女真部到河西部共14部;第三类从薛特部到五国部共4部。为什么这样分类呢?志中其实早已道破了玄机:

> 奥衍女真部。圣宗以女真户置……自此至河西部,皆俘获诸国之民,初隶诸宫,户口蕃息置部。讫于五国,皆有节度使。……五国部。……已上圣宗以旧部族置者十六,增置十八。[31]

原来这样的分法是基于这些部族不同的来源基础上的。第一类部族是从圣宗之前旧部族中分离出来的,即从所谓辽内四族和太祖十八部里分出来的。第二类部族则是从诸宫中分离出来的,诸宫就是诸斡鲁朵(Ordo 帐篷之意),也就是说这类部族是从辽朝各君主皇后居地所在的营帐中析出的。第三类是圣宗时期增添的新部族。《辽史》认为后两类部族析出是由各宫中以及部族中人口繁衍过盛引起的。[32]

上表中唐古诸部都属于第二类型部族,即唐古诸部族都是从诸斡鲁朵中析出的。既然唐古诸部来自于各斡鲁朵,那么各斡鲁朵中有没有唐古人?它们又是从何而来的?《营卫志上》提供了辽圣宗以前的各斡鲁朵的情况,共有7处,分别是太祖的弘义宫、太宗的永兴宫、世宗的积庆宫、应天皇太后的长宁宫、穆宗的延昌宫、景宗的彰愍宫以及承天太后的崇德宫。尽管《营卫志上》也提到了斡鲁朵中人口的来源,如太祖的弘义宫"以心腹之卫置,益以渤海俘,锦州户"等,但是从这些文字中却找不到任何能够与唐古直接对应的地方。

那么是不是《辽史》对于圣宗时期唐古诸部族来历的记载有

误呢？笔者认为这些记载大致没有错，只是史实颇为隐晦难明。唐古诸部人户的来历其实就藏在斡鲁朵人户的类型中。斡鲁朵的人户分为两类：正户和蕃汉转户。正户是指契丹本族的人户；蕃汉转户是指汉族和其他部族的人户。统计显示这七宫蕃汉转户的户口总数达51000多户。毫无疑问，圣宗增置的部族就是从这五万人户中析出的。《营卫志》虽然没有明确斡鲁朵中是否包含有唐古户，但是追究一下这些蕃汉转户的原来身份，问题似乎有解决的转机。原来这些转户的一个主要获得途径就是战争掳掠[33]，其最初身份是"皆俘获诸国之民"。诸国之民都包括那些人呢？纵观辽代早期的对外征服战争，他们主要有奚、室韦、汉、渤海、阻卜、高丽、党项等。正如王国维《鞑靼考》曾经指出的，辽代所谓阻卜即鞑靼也[34]，这里的唐古也就是党项。他们有时会被编入辽朝的军队之列。宋人李焘记载说："复有近界鞑靼、尉厥里、室韦、女真、党项，亦被胁属，每部不过千余骑。"[35]斡鲁朵组织中统领有大量的党项部民，这是因为：

第一，从《辽史》所载的早期诸帝斡鲁朵所领人户来看，太祖弘义宫所领祖州下就有党项人户存在，虽然它属于私人性质的投下城，但是能够从一个侧面说明斡鲁朵中党项转户的存在之可能性。如："越王城。太祖伯父于越王述鲁西伐党项、吐浑，俘其民放牧于此，因建城。在州东南二十里。户一千。"[36]另外，从唐古诸部名称的组合方式来看，一般是由契丹部族名+唐古构成，这不正说明了该唐古部从属于某契丹部的事实吗？

第二，在太祖所建立的18部族中，乙室、乌槐、品、突举、涅剌等部族都曾经直接占有大量的党项俘虏。如"（会同四年春正月）庚辰，涅剌、乌隗部献党项俘获数。己丑，诏定征党项功"[37]；又如"会同四年，涅剌、乌槐二部上党项俘获数。乙室、品、突举三部上党项俘获”。[38]他们自然会成为太祖、太宗所立的斡鲁朵的基础之一,圣宗所分裂析置的正是这一部分部族人口。

第三,从辽朝早期征服和掠夺战争的指向来看,党项人口无疑是一个重要猎取目标。从公元916年到1001年85年的时间里,辽朝所发动的波及党项诸部的战争就达22次之多[39]。激烈频繁的战争带来了大量的俘虏,如何处置这些人户呢?屠杀自然是一个选择,但是随着文明程度的提高,辽代统治阶级也发现了被虏人口的经济和军事价值。他们或者把它们原地安置或迁移到契丹本部:属于农业人口的往往建州置城,任其耕作以助国储;属于畜牧的往往并入部族,战时戍边打仗,平时畜养游牧,以助国旅。[40]大量的党项人户应该是被并入了斡鲁朵的部族组织中。

第四,唐古诸部族及部族军的驻地也与党项有着密切的关系。辽圣宗所设置的唐古诸部族,大部分隶北府,其节度使属于西南路招讨司。虽然史书未载它们的具体驻地,但是从西南路招讨司的接壤西夏的辖区范围和控制西夏的职责来判断[41],这些唐古部族应该与同属该司的其他部族相距不远,因为只有这样的组合才能构成一个系统的、有实际效率的针对西夏的防御体系。《辽史》明确记载驻地属于西南路招讨司的部族有涅剌部和涅剌越兀部,曰:“涅剌部。其先曰涅勒,阻午可汗分其营为部。节度使属西南路招讨司,居黑山北,(按:点校本疑居为戍字,甚是。)司徒居郝里河侧。”“涅剌越兀部。以涅剌室韦户置。隶北府,节度使属西南面招讨司,戍黑山北。”这两个部族的戍守地点均为黑山北。关于黑山的地望,有学者认为在大兴安岭的南侧,恐怕存在问题。[42]与辽人同期的宋人就云州云中郡(大同)四至说:“云州云中郡……今契丹伪号西京。东取妫州路,至幽州七百里。正西微北至单于都会府三百里。西北南至代州界一百五十里。北至长城蕃界三百里。西南至并州七百里。西北至黑山七百里。东北至阳河曲蕃三百四十里。"[43]大同府西北方向700里程,怎么会跑到大兴安岭南侧呢？所谓黑山应该就是今包头市西北部的黑山。[44]因此,唐古诸部既然与涅剌等部戍地滨近,那么它们的驻地也应该在黑山附近地区。

关于北唐古部,《辽史》说它隶属于黄龙府都部署司,戍地在府南,由此可判断这应该是一支戍守在契丹本部重镇黄龙府(今吉林省农安县)附近的唐古部族。[45]它可能来自于邻近的隗衍党项部,关于隗衍党项部的住地《辽史》虽然没有写明,但是《辽史》卷33《营卫志》记载了同为隗衍名义的突厥部族的戍地为"隶北府,属黄龙都部署司"[46],由此大致可以确定隗衍党项部驻地当在附近。北唐古部也在黄龙府下,二者存在密切的关系是非常有可能的。

关于南唐古部,按《营卫志下》的说法,它隶属于北府,而《兵卫志中·众部族军》则明确记载它为"屯驻本境"。本境暗含的意思就是南唐古部族军并没有离开生于斯长于斯的故土。那么南唐古的本境在那？《辽史》卷30《天祚帝本纪》载:

> 自大石不自安,遂杀萧乙薛、坡里括,自立为王,率铁骑二百宵遁。北行三日,过黑水,见白达达详稳床古儿。床古儿献马四百,驼二十,羊若干。西至可敦城,驻北庭都护府,会威武、崇德、会蕃、新、大林、紫河、驼等七州及大黄室韦、敌剌、王纪剌、茶赤剌、也喜、鼻古德、尼剌、达剌乖、达密里、密儿纪、合主、乌古里、阻卜、普速完、唐古、忽母思、奚的、纠而毕十八部王谕曰:"我祖宗艰难创业,历世九主,历年二百。金以臣属,逼我国家,残我黎庶,屠翦我州邑,使我天祚皇帝蒙尘于外,日夜痛心疾首。我今仗义而西,欲借力诸蕃,翦我仇敌,复我疆

宇。惟尔亦有轸我国家,忧我社稷,思共救君父,济生民于难者乎?”遂得精兵万余,置官吏,立排甲,具器仗。

由材料可以知道此唐古部族当与阻卜部族、乌古里、胡母思部族等是比邻而居的。阻卜是辽代漠北地区的强大部族,在10到13世纪的汉语文献中,与它接近的部族中虽然看不到唐古的名称,但是我们却经常看到党项与之攻战来往的记载。这些党项是否就是南唐古部的故土和母族呢?《辽史》开列的59个属国中党项、阻卜、胡母思赫然在目,且次序十分相近,难道是与大石西奔所历诸部的次序仅仅是一种纯粹的巧合吗?并且在诸多小属部中也有党项部及其他党项部,因此阻卜附近的党项有可能就是所谓唐古“本境”。

为什么《辽史》存在着以唐古、党项等两个名称指代一种人群(Tangut)的现象呢?汤开建先生考虑到同为戍边西南的力量,既然涅剌部族与党项为邻,那么唐古诸部族自然离党项也不远的情况,认为或许“契丹统治者为了区分两种性质不同的党项部落,采用了两种不同的译名,将那些顺服归化了的党项部落称之为‘唐古’,即将党项最原始的称呼还归了顺化的党项部落,而将那些尚未顺服归化的党项部落则仍称之为‘党项’”。[47]甚至或许考虑到唐古与党项同族,所以辽朝政权才安插了一些属于契丹族的部族如涅剌、涅剌越兀、乌古涅剌从旁加以协同和牵制。但是观察一下唐古一词在《辽史》中的分布情况,我们会发现,在排除数量极少的人名和官名后,《辽史》中所有唐古词汇都集中出现在部族志、百官志、部族表中,而纪、传几乎未见。这似乎是在表明,作为词汇的唐古和党项其实是分别来自于不同的语言材料,也就是唐古来自于契丹人语言的材料,党项来自汉人语言的材料。在《辽史》卷32《营卫志·部族上》我们找到了更为直接的证据。其文称：

旧志曰，契丹之初，草居野次，靡有定所。至涅里始制部族，各有分地。

这里的旧志部分来自于辽人耶律俨撰修的《皇朝实录》[48]。虽然耶律俨本姓李氏，极有可能是个汉人，[49]但是，以实录这种体例完成的辽朝史书，记载到统治民族契丹人自己对具体名物的称谓是很自然的。因此，我们的结论是唐古实际上来源于辽朝统治民族的语言契丹语！而党项一名来自于汉语系统的材料，很可能与宋人的记载有着直接的关系。[50]

但是，也要指出的是，唐古一词并非辽人的发明。如公元8世纪早期的突厥碑就已经把党项记做 Tangut[51]，后来回鹘人也采用了这一称呼。[52]契丹先后有过被突厥、回鹘长期统治的历史，她们尤其是回鹘的血统与文化在早期辽代文化和统治阶级的构成中占有着非常重要的地位。[53]契丹语属于原蒙古语，与突厥语言系统有着密切的亲缘关系。[54]很可能突厥、回鹘对于党项的称呼在历史和空间上被早期辽代契丹人所沿袭。此外，女真人和蒙古人也都以唐古(兀)来指代党项人，如《金史》和《蒙古秘史》等。[55]

综上所述，《辽史》关于 Tangut 的称呼存在着两大疑惑之处：一是为什么存在着“党项”和“唐古”并举的现象？二是为什么契丹人一定要用“唐古”而不是别的指称？第一个疑问可以用是唐古和党项两词的不同来源做出解释，即前者来自于契丹语，后者来自于汉语。第二个疑问可以从语言传播史的角度来解释，唐古(特)一名是北方民族通用的关于党项人的称呼，辽代契丹从突厥或回鹘那里借得。

作为部族的唐古人属于辽代国族(契丹人)的一种，他们被纳

入了辽朝国家的行政和军事体制,从事着生产劳动、戍守边疆的活动。正如《辽史》所描写的:

胜兵甲者即著军籍,分隶诸路详稳、统军、招讨司。番居内地者,岁时田牧平莽间。边防纠户,生生之资,仰给畜牧,绩毛饮湩,以为衣食。各安旧风,狃习劳事,不见纷华异物而迁。[56]

在行政方面,唐古六部都处于辽史所列的49个小部族之中。根据小部族的官制,唐古各部应该设有管理军民事务的机构。[57]首先是某部族司徒府,长官为司徒和司空,然后是某部族节度使司,长官自然为节度使,这些节度使必须由契丹人来担任。《辽史》记载管理唐古部的官职有唐古部节度使、鹤剌唐古部节度使等职。担任这些官职的人都是契丹族地位很高的皇族和后族。任唐古节度使的人有耶律休哥、萧和尚、萧文;任鹤剌唐古部节度使的有耶律仁先。[58]其下为某部族详稳司,长官为详稳,为诸官府监治长官[59],是朝廷派出的监察机构。部族之下复分为某石烈,相当于县的建制[60],其官员有令稳、麻普、牙书和某弥里,即小乡[61],官长有辛衮。小部族官理论上隶属于北面宫官,但是从诸斡鲁朵的官制来看并没有相应的管理部族的职官。[62]他们实际应该掌握在中央政府的手里。唐古诸部基本上都隶于北院,且北院的执掌恰好与之相应。辽朝官职,分北、南院。北面治宫帐、部族、属国之政,南面治汉人州县、租赋、军马之事。北院下又有北、南大王院来分享实际的治权。据《辽史》卷45《百官志一》载:

北大王院。分掌部族军民之政。……北院详稳司。掌北院部族军马之政令。北院都监。北院将军。北院小将军。北院都部署司。掌北院部族军民之事。北院都部署。北院副部署。

南大王院。分掌部族军民之政。……南院详稳司。掌北院部族军马之政令。南院都监。南院将军。南院小将军。南院都部署司。掌南院部族军民之事。南院都部署。南院副部署。

北、南详稳司应该是直接管理部族民政的机构,包括唐古在内的各部族详稳司应该隶属于它。

在军事方面,辽朝有一套完善的常备军体制,叫做北面军官:"辽宫帐、部族、京州、属国,各自为军,体统相承,分数秩然。"[63]在这个系统里,与唐古诸部族军有直接统辖关系的是乣军机构和各部族舍利司。乣军的长官有司徒,其余设置同详稳司。而各部族舍利司,专掌各部族子弟之军政。[64]这两个机构的上级关系不明。但是从另外一套边防官系统隶属来看,它们似乎也应该归于诸路兵马统属司这样一些机构。而中央的北、南都部署司相应就是直接管理诸路兵马统属司的机构。这些兵马统属司机构按照地理和防御对象共分为10个军事区域,其中关系到唐古的有属于长春路诸司、控制东北诸政权的黄龙府兵马都部署司,其下隶有北唐古;有属于西京诸司控制西夏的西南面都招讨司,隶有梅古悉部、颉的部、匿讫唐古部、鹤剌唐古部。至于南唐古部,驻扎地位于本境,隶属关系不明。

综上所述,那些冠以唐古名义的诸部族制度,其主要目的就在于离散党项原来的组织,把他们完全置于辽朝国家的直接统治之下,最终达到同化的目的。

二 属国制度下的党项

属国、属部，顾名思义，是指附属于本国的其他政权或部族。由此引申，属国制度就是指宗主国规范和控制属国、属部关系的体系。辽代以前，历史上大力推广属国制度的是两汉王朝。当时，汉朝为了安置大量内附的匈奴、羌、夷诸族，特别在边境地区建立了很多以某某属国命名的行政组织。在这种制度下，虽然属国可以保留自己的社会风俗和生活方式，但是以属国都尉为首、包括候、千人等汉朝官员从军政等方面完全地严密地控制着属国。[65]可以说，汉代的属国似乎并不具有国家的性质，而是汉朝统治下的一种区别于内地郡县制度的特别行政区划而已。进入辽代，属国制度也迎来了它的另一个充分发展的时期。有辽一代，迎来送往的属国使节之众多、活动之频繁，以至于史家为此类现象特地创立了《属国表》这样的新体例。《辽史》宣称：

> 周有天下，不期而会者八百余国。辽居松漠，最为强盛。天命有归，建国改元。号令法度，皆遵汉制。命将出师，臣服诸国。人民皆入版籍，贡赋悉输内帑。东西朔南，何啻万里。视古起百里国而致太平之业者，亦几矣。故有辽之盛不可不著。作属国表。[66]

与汉代相比，辽代的属国有着相对独立的政权组织和比较宽泛的行动自由。在《辽史》中，涉及属国性质的材料有两条。一条讲的是军事关系："辽之属国可纪者五十有九，朝贡无常。有事则遣使征兵，或下诏专征；不从者讨之。助军众寡，各从其便，无常额。"[67]属国，虽然在名义上臣属于辽朝，但是却没有定期朝贡的义务；虽然在军事上有从征的义务，但是却不必派遣固定的兵额。另一条讲的是政治关系："辽制，属国、属部官，大者拟王封，小者准部使。命其酋长与契丹人区别而用，恩威兼制，得柔远之道。"[68]尽管辽朝也对部分属国实施由契丹官员直接统治的政策，但是大部分属国的酋长（同时也充当辽朝的官员）是能够自主地管理本政权或本族内部事务的。

《辽史》卷46《百官志二》一共举出了辽朝近60个属国。其中，以党项为主体的属国（属部）有西夏、党项、河西党项、党项部、隗衍党项部、山南党项部等众多国家和部族。兹就这些党项属国（部）的由来以及与辽朝的关系略作讨论。

西夏是以夏州拓跋部为核心的政权，最初它只是五代诸朝的一个地方藩镇，后来由于宋朝的强行铲除政策，迫使它不得不为寻求外交支援而臣服辽朝。虽然是依附，但是西夏从来没有受到辽朝直接的统治，它有着辽阔的疆土和强大的军队，基本上是一个完全独立的政权。正如《辽史》所论：

> 高丽、西夏之事辽，虽尝请婚下嫁，乌足以得其固志哉？三韩接壤，反复易知；凉州负远，纳叛侵疆，乘隙辄动；贡使方往，事衅随生。兴师问罪，屡烦亲征。取胜固多，败亦贻悔。昔吴赵咨对魏之言曰："大国有征伐之兵，小国有备御之固。"岂其然乎！先王柔远，以德而不以力，尚矣。辽亡，求援二国，虽能出师，岂金敌哉。[69]

另外，需要补充的是，尽管事实上西夏是党项人政治利益的最大庇护者，但是在辽人的眼里西夏却被认为是鲜卑人后裔的国家。[70]关于辽朝和西夏的关系，拙作拟在下章讨论，在此不再赘述。

党项国。汤开建先生认为这既不是西夏国，也不是辽朝西南边境的党项部落,而是位于西北路招讨司境内的一支党项。[71]根据《辽史》的记载,辽朝在党项国设置了大王府,说明这支党项的势力较为强大。从辽末耶律大石召集的18诸王中包括唐古部的情形来看,党项国的位置当距可敦城(即镇州)不远。

河西党项。这里的河西似乎不是指今天甘肃的河西陇右地区。[72]按照宋人的观念,河西的范围东向一直可以达到党项族聚集的河套银夏地区。《宋史》卷264《宋琪传》明确记载说:

> 党项界东自河西银、夏,西至灵、盐,南距鄜、延,北连丰、会。厥土多荒隙,是前汉呼韩邪所处河南之地,幅员千里。从银、夏至青、白两池,地惟沙碛,俗谓平夏;拓拔,盖蕃姓也。自鄜、延以北,多土山柏林,谓之南山;野利,盖羌族之号也。

《辽史》中河西党项之名仅四见[73],几乎都与统和年间西南招讨使韩德威的活动有关。考察韩氏的事迹,就会发现征讨西南边疆党项的辽军从来没有进入过灵州以西的甘肃河西地区。所以,笔者认为河西党项仍然不过是西南边疆党项诸部中的一支。关于河西党项的内附,汤开建认为可能迁入了东北地区,并且成为戍边的国家部族之一。[74]但是从《辽史》对河西党项的属国定性来看,这又似乎是不可能的。看来,河西党项很可能仍然游弋在西南招讨司的辖境附近,与辽朝保持着稀疏的以朝贡贸易为主的关系。

隗衍党项部。隗衍,蒙古语树林之意。上节所揭,隗衍党项部的住地与隗衍突厥部戍地应该相距不远,即为“隶北府,属黄龙都部署司”。隗衍党项部应该是从契丹隗衍部离散出来的附属部落之一,因此它所受到的统治是直接的,是由契丹人担任节度使的党项属国之一。[75]

山南党项部。又称山前党项。此部是由地理方位得名的。山,即指阴山;山南党项即分布在阴山南面的党项。重熙年间,山南党项曾经叛辽附夏。这也从侧面反映了辽朝属部(国)的半独立的性质。阴山南面的党项自然同是处于西南招讨司的管辖之下。

综合党项诸属国的情况,可以看出契丹人的属国制度其实是建立在游牧民族分散的领地制度基础之上的。它最大程度保留了这些政权和部族的原居地和生活方式。这一点尤其与汉代内附的属国不同。

除了部族与属国的统治形式之外,还有一小部分党项属于私人性质的投下军州,如越王城等。此外,也不能排除靠近州县制度下统辖一部分党项人户的可能,特别是西京道地区的很多州军设置。如丰州天德军;云内州,开元军;东胜州,武兴军;金肃军;河清军等。

另外,上述党项诸部以外,还大量存在着散居在宋辽、宋夏边境附近的党项。它们一般根据政治局势的走向朝秦暮楚,似乎可以称之为两属性部族。以下这段材料比较生动的反映了这类党项的生存状况。

> 河东转运使言:唐龙镇来麟、来美等为西路契丹所掠。美即璘之季父,久依府州,兴来怀正同族,不相能,故怀正招戎破之以报怨。陈尧叟言:璘、美等亦穷而款塞者,常持两端,本非富强之族,但据险阻,姿为观望,朝廷征之择趋河之东,地曰东壥,契丹兵加之择趋河之西,地曰西壥,介卒骑兵所不能及。上曰:契丹使道,可令馆伴使言其事。[76]

附表2—2:契丹境内党项部族分布表

党项诸部名称	居地	区域
党项国	西北路招讨司	上京道
西北唐古	西北路招讨司	上京道
姚家族	庆州	上京道
隗衍党项	黄龙部部署司	上京道
南唐古	临潢府东,黄龙府西南	上京道
北唐古	东北各地的党项泛称	东京道
河西党项	西南招讨司	西京道
鹤剌唐古	属西南面招讨司	西京道
匿剌唐古	属西南面招讨司	西京道
梅古悉	属西南面招讨司	西京道
颉的	属西南面招讨司	西京道
山南党项	阴山以南	西京道
河壖党项	河清、金肃、东胜、宁边	西京道
山后党项	阴山以北	西京道
藏才族	天德军黑山	西京道
庄浪族	天德军附近	西京道
言泥族	天德军附近	西京道
日利、月利、没细、兀瑶等11族	天德军境内	西京道
勒浪族	东胜州附近	西京道

续表

党项诸部名称	居地	区域
名波族	东胜州附近	西京道
直荡族	东胜州附近	西京道
没儿族	河清军、金肃军	西京道
女女四族	河清军、金肃军	西京道
党儿族	宁边州	西京道
杜庆族	宁边州	西京道
嘉舒克顺7族	宁边州	西京道
阿里撒米、仆里鳖米	天德军	西京道
曷党、乌迷	天德军	西京道
小斛禄	武州	西京道
呆儿族	天德军	西京道
山(蹋)西5族	阴山	西京道
银瓮族	云内州	西京道
拓跋黑连部	奉圣州	西京道
宋犀族	西南招讨司	西京道
隆益答部	西南招讨司	西京道
党项15部	西南招讨司	西京道
可丑、买友2部		居地不明
阿剌怳部		居地不明
曷鲁部		居地不明

（注：此表据汤开建《契丹境内党项部落的分布》一文修正制作，加黑者居地为笔者与汤先生有异议处）

附表2—3:辽朝与党项战争统计表(916—1001)

公元纪年	辽朝纪年	事　件
916	神册一年七月	征突厥、党项、小蕃、沙陀诸部,破降之。俘户一万五千六百。
918	神册三年一月	皇弟安端为惕隐,攻西南诸部。
	神册三年三月	渤海、高丽、回鹘阻卜、党项各遣使来贡。
920	神册五年八月	征党项。俘获二千六百余口。
921	神册六年	太祖将龙军讨阻卜、党项。
922	天赞一年六月	击西南诸部。
924	天赞三年六月	西讨土浑、党项、阻卜。俘获不可胜纪。
925	天赞四年二月	大元帅侥骨略地党项。
931	天显六年一月	回鹘、新罗、吐蕃、党项、回鹘从征有功,赏之。
933	天显八年一月	皇太弟李胡率兵伐党项。
938	会同一年四月	西南边大详隐耶律鲁不古奏党项之捷。
941	会同四年一月	涅剌、乌隗二部上党项俘获。乙室、品、突举三部上党项俘获。
	会同四年四月	鲁不古伐党项国,献俘。
942	会同五年十月	党项违命,伐之。
974	保宁五年一月	伐党项破之,上俘获之数。
983	统和一年一月	党项十五部寇边,西南招讨使韩德威破之。破阻卜。韩德威讨党项诸部。
	统和一年七月	韩德威破党项,上俘获之数。
988	统和六年七月	以西南面招讨使韩德威讨河湟路违命诸蕃。

续表

公元纪年	辽朝纪年	事　件
996	统和十四年三月	韩德威奏讨党项之捷。
997	统和十五年一月	河西党项叛,诏韩德威讨之。
	统和十五年二月	韩德威奏破党项之捷。
1001	统和十九年二月	西南招讨使奏讨党项之捷。

注　释

1 《辽史》卷2《太祖本纪下》。

2 李逸友:《辽代城郭制度初探》,载《辽金史研究》第三辑,书目文献出版社,1987年,第46页。

3 《辽史》卷56《仪卫志二》。

4 王溥:《五代会要》卷28《吐浑》:吐浑,本吐谷浑也。唐咸通中,酋长有赫连铎者,从太原节度使康承训平徐方有功,朝廷授振武节度使。复盗云中。后唐太祖逐之。乃归幽州李匡涛。其部族散居蔚州界,互为酋长,其氏不常。

5 《旧五代史》卷25《唐书武皇纪》:冬,献祖出师讨党项。吐浑、赫连铎乘虚陷振武,举族为吐浑所虏。

6 韩荫晟认为述鲁伐党项最迟应在天复二、三年(901—902)之际。参看韩荫晟(辑)《党项与西夏资料汇编》上卷,宁夏人民出版社,1998年,第845页。

7 王小甫:《契丹建国与回鹘文化的关系》,载《中国社会科学》,2004年第4期。

8 《辽史》卷2《太祖本纪二》。

9 《辽史》卷34《兵卫志上》:(神册)五年,征党项,俘获二千六百口;攻天德军,拔十有二栅,徙其民。同书卷41《地理志五》:太祖平党项,遂破天德,尽掠吏民以东。后置招讨司,渐成井邑,乃以国族为天德军节度使。

10 把"西夏"和西夏王国等同起来,这和历史的实际情况有一定出入。首先,指代西夏王国的"西夏",不是本土之自称,而是异域之他称。其次,在宋代以前,"西夏"不是政权专称,而是地域名称。尽管不同历史时期,"西夏"有着不同的涵义,但是自晋代以来以河西走廊为"西夏"的说法是中原社会最为普遍的认知。参看拙文

《"西夏"小考》,《宁夏大学学报》,2009 年第 2 期。

11 参看长泽和俊(著):《论辽对西北路的经营》,载《丝绸之路史研究》,第 329—300 页。不过在论证过程中他把次子尧骨和皇太子混淆为一人,从而导致了细节的错失。

12 冈崎精郎:《党项古代史研究》,京都大学东洋史研究会,1972 年,第 148 页。

13 藤之晃:《李继迁的兴起与中西交通》,载《日本学者研究中国史论著选译》第九卷,中华书局,1993 年。

14 《辽史》卷 70《属国表》。

15 《辽史》卷 1《太祖本纪上》。

16 《辽史》卷 3《太宗本纪上》。

17 《册府元龟》卷 453,第 5170 页下;卷 972,第 11422 页下。

18 《辽史》卷 3《太宗本纪上》:三月、辛卯,皇太弟讨党项还,宴劳之。丙申,唐遣使请罢征党项兵,上以战捷及党项已听命报之。

19 《辽史》卷 4《太宗本纪下》。

20 《辽史》卷 82《耶律德威传》。

21 藤之晃:《李继迁的兴起与中西交通》,载《日本学者研究中国史论著选译》第九卷,中华书局,1993 年。

22 关于党项在辽境内的分布情况见本章末附表。

23 《辽史》卷 61《刑法上》。

24 刘浦江:《辽朝横帐考——兼论契丹部族制度》,载《历史研究》,2003 年第 2 期。

25 武玉环:《辽制研究》,吉林大学出版社,2001 年,第 27 页。

26 《辽史》卷 31《营卫志上》。

27 (日)岛田正郎:《辽代的部族制度》,(编译何天明),载《蒙古学信息》,2000 年第 3 期。

28 很多学者都认为,唐古特这个字源于党项的"党(tang)"加上蒙古语复数词尾(-ut)。岑仲勉径直将 gangut 译成为党项。当时内迁的党项部落已进入了河套地区,直接与漠北的东突厥国相邻,而当时的党项部落尚未建立西夏,故知将《毗伽可汗碑》中的 tangut 译成党项是正确的,又十一世纪的突厥人穆罕木德·喀什噶里的《突厥语大词典》也有这样的记载:tangut 是突厥的一个部族名,他们靠近中国(指契丹)而居。还说 tangut 是定居民族,不是游牧民族。很明显,这个靠近契丹的 tangut 部落应指党项。还有于阗文和栗特文中,均将党项称为 tangut。波斯人拉斯特《史集》将西夏称为"唐兀惕(tangut)"地区。这个"唐兀惕",在有的文献中也将西夏称为"党项国"。《蒙古秘史》也将西夏称为"唐兀惕"。可见,北亚和中亚人对党项的称呼大体一致,或为"唐古特",或为"唐兀惕"。如将"唐古特"或"唐兀惕"急读,译音也就成了"唐古"或"唐兀"。所以,在《辽史》、《金史》和《元史》中,党项又被译作"唐古"或"唐兀",甚至还有译为"唐骨"、"同古"的。参见汤开建:《关于弥罗国、弥药、河西党项及唐古诸问题的考辨》,载《西北第二民族学院学报》,2000 年第 1 期。

29　按:《兵卫志》云南唐古部族军隶属于南府,屯驻本境。而《百官制二》把六个唐古部统统归于 49 小部落节度。

30　《辽史》卷 32《营卫志中・部族上》。

31　《辽史》卷 32《营卫志中・部族上》。

32　圣宗此举恐怕还有削弱政治对手的意义在内,因为圣宗之得国和景宗体弱早亡有密切关系,实属偶然。其统治前期,朝政完全把持在以太后萧氏为代表的后族集团及前诸帝拥护者手里。圣宗亲政后自然会想尽办法来夺回权力。利用太祖制定的旧法斡鲁朵法,析解宫卫,离散部族正是为达到强干弱枝这一目的而作出的举措。

33　姚家积认为"转户来源于战俘;斡鲁朵制度是建立在转户的基础上的",姚家积:《辽代的番汉转户》,载《宋辽金史论丛》第二辑,中华书局,1991 年,第 289—306 页。

34　王国维:《鞑靼考》,载《辽金时代蒙古考》,内蒙古自治区文史馆,1984 年,第 1—6 页。

35　《续资治通鉴长编》卷 27 雍熙三年丙戌条。

36　《辽史》卷 37《地理志一》。

37　《辽史》卷 4《太宗本纪下》。

38　《辽史》卷 69《属国表》。

39　关于这一时期辽朝与党项之间的战争情况见本章附表 2。

40　《辽史》卷 74《韩延徽传》:乃请树城郭,分市里,以居汉人之降者。《辽史》卷 32《营卫志中》:边防纠户,生生之资,仰给畜牧,绩毛饮湩,以为衣食。

41　叶隆礼:《契丹国志》卷 21:云中路控制夏国。置西南路招讨府、西京兵马都部署司、金肃、河清军、五花城、南北大王府、乙室王府、山金司。上海古籍出版社,1985年,第211页。

42 参见何天明:《辽代西南面招讨司探讨》,载《内蒙古社会科学》,1990年第6期。

43 曾公亮:《武经总要前集》卷18《北蕃地理》。

44 参见樊文礼:《辽代的丰州、天德军和西南面招讨司》,载《内蒙古大学学报》,1993年第3期。

45 参看张修桂等:《辽史地理志汇释》,安徽教育出版社,2001年,第118页。

46 《辽史》卷33《营卫志中》。

47 汤开建:《关于弥罗国、弥药、河西党项及唐古诸问题的考辨》,载《西北第二民族学院学报》,2000年第1期。

48 参见中华书局关于《辽史》的出版说明,载《辽史》,中华书局,1975年,第1页。

49 《辽史》卷98《耶律俨传》。

50 党项一词也有可能是辽朝汉人对tangut人的指称。其原因有:一是辽人受到汉文化的浸染和影响,因此采纳了历史上汉人对Tangut的习惯性叫法,如河西党项等等。二是史书利用的原始资源几乎都是汉人或者汉文化的,辽与Tangut的关系记录在像《续资治通鉴长编》这样极其重要的材料中统统书为党项,治史者岂能辩之?

51 《毗伽可汗碑》载:"十七岁时,我出征tangut。我击溃了tangut,夺得他们的儿童、妇女、马匹和财物。"转引自芮传明:《古突厥碑铭研究》,上海古籍出版社,1998年,第263页附录《毗伽可汗碑》东面第24行。

52 西夏虽未征服高昌回鹘,但从吐鲁番等地出土的回鹘文文献看,宋元时代新疆地区也有一定数量的西夏人入居。如俄国探险家科洛特—加龙省—加龙省克夫(N. N. Krotkov)于乌鲁木齐获得的一份回鹘文土地买卖契约文书(编号为3Kr. 39)即称,买主巴萨·托赫利尔所买土地的四至,"西边是tangut的土地"。参见山田信夫著,小田寿典、ペーター·ツイーメ、梅村坦、森安孝夫编:《ゥイグル文契约文书集成》(第2卷),大阪大学出版会,1993年,第14页。显然,tangut是一位土地所有者的名字。1953年,西北文物考察队在吐鲁番获回鹘文买卖奴隶字据,末尾有证人名tangutbuqa。参见冯家昇:《回鹘文契约二种》,《文物》,1960年第6期,第32页。窃以为,这里的tangut也应为人名的一部分。Tangut者,即汉语所谓之唐古、唐兀,又译唐古特、唐忽特等,有时指党项人,有时又特指西夏国。而在有些文献中,tangut 充当的是地名。11 世纪末成书的维吾尔族名著《突厥语大词典》也以专条对西夏作了简略的描述:tangut 唐古特。是突厥人的一个部落,他们紧靠着秦("秦"是突厥—回鹘人对中国的称呼——引者)居住。他们自称自己的血统是阿拉伯。参见麻赫默德·喀什噶里著,校仲彝等译:《突厥语大词典》第 3 卷,民族出版社,2002 年,第 353 页。参看杨富学:《回鹘文化与党项关系论稿》,民族出版社,2003 年,第 473 页。

53 参见王小甫:《契丹建国与回鹘文化》,载《中国社会科学》,2004 年第 4 期。

54 "在中国历史上,这些北方民族之间在文化和语言上有着密切的关系。尽管学者们对于这些北方民族之间的语言源流关系问题争论很大,但是他们都承认突厥、蒙古、满通古斯诸语言之间的共同性——同构与对应现象的存在;承认这些语言彼此在早期有过长期接触。……根据对突厥、蒙古、满通古斯语的关系词定量分析的结果表明,从整体上看,突厥语族和蒙古语之间的关系词词数最多、比率最高,这证明它们之间的词汇关系也相当近;蒙古语和满通古斯语族之间的关系词词数也较多、比率也较高,证明它们之间的词汇关系也很接近;而突厥语族和满通古斯语族之间的关系词词数则较少、比率最低,证明它们之间的词汇关系最为疏远。我们会看到三个语族语言的词汇关系主要表现为突厥——蒙古——满通古斯这样依次推移的关系。……突厥、蒙古、满通古斯诸语言在词汇关系上的推移现象以及阿尔泰语诸语言词汇的推移发展,是操这些语言的民族在历史接触和文化传播上的诸次推移性的平行表现。"参见孟达来:《北方民族的历史接触与阿尔泰诸语言共同性的形成》,中国社会科学出版社,2001 年,第 153—154 页。

55 如道润梯步著:《新译简注〈蒙古秘史〉之〈蒙古秘史续集〉卷 2》,内蒙古人民出版社,1979 年,第 351 页。

56 《辽史》卷 32《营卫志中》。

57 《辽史》卷 46《百官志二》。

58 《辽史》卷 8《耶律马哥传》、卷 16《萧和尚传》、卷 35《萧文传》、卷 96《耶律仁先传》等。

59 《辽史》卷 116《国语解》。

60 蔡美彪主编:《中国历史大辞典·辽夏金元卷》,上海辞书出版社,1986 年,第 106 页。

61 《辽史》卷 116《国语解》。

62 《辽史》卷45《百官志一》:辽建诸宫斡鲁朵,部族、蕃户,统以北面宫官。

63 《辽史》卷46《百官志二》。

64 《辽史》卷46《百官志二》。

65 王宗维:《汉代的属国》,载《文史》第二十辑,中华书局,1983年。

66 《辽史》卷70《属国表》。

67 《辽史》卷38《兵卫志下》。

68 《辽史》卷46《百官志二》。

69 《辽史》卷115《西夏外纪》。

70 《辽史》卷145《西夏外纪》:西夏,本魏拓跋氏后也,其地则赫连国也。

71 汤开建:《契丹境内党项部落的分布》,载《宁夏社会科学》,1990年第2期。

72 汤开建认为河西党项原居(甘肃)河西地区。参看《契丹境内党项部落的分布》,载《宁夏社会科学》,1990年第2期。

73 见《辽史》卷13《圣宗本纪》、卷36《兵卫志》、卷70《属国表》等。

74 汤开建:《契丹境内党项部落的分布》,载《宁夏社会科学》,1990年第2期。

75 《辽史》卷91《耶律唐古传》:明年,移屯镇州。重熙间,改隗衍党项部节度使。先是,筑可敦城以镇西域。

76 《续资治通鉴长编》卷67景德四年十一月甲戌条。

第　三　章
辽朝与定难军的关系

“定难军”是西夏王朝的前身，指的是唐末五代时期占据着鄂尔多斯南部地区的党项拓跋氏集团。这个称号连同其管辖的银、夏、宥、绥四州都来自于唐朝对他们参与镇压黄巢起义的嘉奖。[1]唐末以来，“定难军”名义上虽然是中原王朝的藩臣，但实际却是割据一方的诸侯。正如史家所观察的：

> 自赤辞纳款于贞观，守寂立功于天宝；中和初，思恭以宥州举义，秉节夏、绥。厥后子孙历镇五代，地逾千里，贡赋不入公朝，巡属惟其除授。盖夏随未称国，而王其土久矣！[2]

与中原王朝的这种名实不一的所谓地方与中央关系，使得定难军的对辽策略蒙上了一层诡异的色彩。在很长的时期内，在传统羁縻政策的作用下，定难军对辽关系保持了与中央政府的一致；但是也有那么一两段时期，在中原王朝削藩运动的压力下，定难军也开始产生了把强大的辽朝作为潜在盟友的想法。

第一节　“开运元年”的冲突

辽朝与定难军之间原本境土不接，相距甚远。10世纪二三十年代，随着历次席卷西北征服战争的展开，辽朝最终将其西南方面的疆域拓展至鄂尔多斯东北一线。这样，直到80年代宋朝兼并夏州政权为止，辽朝就与世居斯土的拓跋氏集团形成了长期的对峙局面。在比邻而居的大部分时间中，双方大体上维持了一种相安无事的平静态势。只有944年，由于宗主国后晋王朝与辽朝关系破裂，反目为仇，定难军方面才“象征性”地发动了一场对辽朝的战事。据《旧五代史》卷82《晋书少帝纪》载：

> （开运元年二月）辛亥，夏州节度使李彝殷合蕃汉之兵四万，抵麟州，济河侵契丹之境，以牵胁之。壬子，以彝殷为契丹西南面招讨使。[3]

之所以说这场战争仅仅具有象征意义，是因为双方并没有发生实际的冲突，否则如此规模的战争至少在辽朝方面的记载中应该多少保留一些痕迹，可是关于此事件《辽史》竟然只字未载，可见定难军方面出兵只不过虚张声势，主要是为了敷衍一下宗主国后晋的要求而已。正如史家所质问的那样：

> 当契丹入寇，大河以南，诸镇袖手，独彝殷侵入其境，以扰兵势……然考晋自延广挑衅，北虏南牧……即无彝殷之众，晋力尚独当。迨开运二年，滹沱师溃，将帅北降，此时望救孔殷，不闻夏州一卒渡河。何耶？兹不书救而书助，以见此举无关晋之缓急。[4]

第二节　“夏州事件”中的辽朝因素

以上的讨论表明最初的辽夏(夏州)关系大致上是一种和平局面。但这种和平并不是一个里外都凝固不动的镜面,而是一个表面平静、内部激荡的湖面。在这湖面之下,辽夏早期关系基本上是敌我对立状态,但有时也存在一些在外部看来是彼此联合的“幻像”。

辽夏早期关系对立主要取决于以下两个方面的因素。首先,辽朝与定难军的关系是辽朝和中原诸朝统辖下的一个地方政府的关系。只要定难军政权保持和五代诸朝的政治隶属关系,那么辽朝与它的关系必然地受到辽朝与中原诸朝关系的制约。考察辽朝与中原诸朝的关系,除了后晋以及后汉向辽称藩以外,后梁、后唐和后周基本上和辽朝处于对等、对峙的状态。[5] 基于传统的华夷之辨,这些王朝通常会对契丹族建立的辽朝采取歧视的态度,有时会因为领土问题而爆发激烈的战争。在这种情况下,辽朝对中原诸朝的政策也可以看作是对定难军的基本政策;同样的道理,作为陪臣的定难军所采取的对辽政策自然与其宗主国中原诸朝保持着一致。上面所举的定难军与辽朝的战争一例就可以说明这个问题。此外,从定难军对北汉政权的战事来看,无不带有策应中原王朝对辽战争的性质。[6] 其次,辽与定难军之间存在着以党项部族问题为核心的地缘性矛盾,这一矛盾是双方尤其是定难军对外种种矛盾中的主要矛盾。因为党项诸族不仅控制着东西南北往来贸易的一些重要通道,而且掌握着冷兵器时代最重要的战略资源——马匹,再加上自身又是一个典型的跨境民族,所以其政治动向直接关系到辽、中原诸朝以及定难军边境地区的形势稳定。在以畜牧经济为主的辽朝眼中,党项诸族显然是那些以农业经济为主的五代诸朝的军马等战略物资的重要供应者之一。因此,每当辽朝与中原诸朝处于敌对的时期,它往往对党项诸族与中原地区的贸易采取禁止的政策。如70、80年代,面对宋朝怀柔和争取党项诸族的活动,辽国方面则是针锋相对,“骤然加剧了对党项的侵略”。[7] 为了巩固西南边疆,辽朝甚至不惜授予西南面招讨使韩德威代表皇帝意旨的尚方宝剑,以确保对党项战事的顺利进行。对于鄂尔多斯以及河套地区的居民而言,辽朝是以外来征服者的形象出现的。而且事实上辽朝也对这一地区的包括党项在内各个部族执行了比较暴力的政策,要么蚕食鲸吞他们的游牧区域,要么大肆掠夺他们的人口与财富。这自然引起了当地民众持续不断的反抗与叛乱。而对于把此地视作禁脔的定难军政权来说,辽朝势力的渗透和染指,显然是对自己树立在党项族及其他部族心中的政治威信的严峻挑战。因此,以民族利益和地方利益保护者自居的定难军政权当然的要举起反辽的义旗。

虽然是对立的关系,但在有些时候,定难军政权反而会利用辽朝的声威来抵制中原诸朝的兼并企图,如933年,在后唐王朝与定难军政权之间爆发的对抗性事件中,辽朝问题自始至终都是一个潜在的、重要的诱因。关于这起事件的经过大体如下。长兴四年(933),夏州节度使李仁福死,其部下推任福次子李彝超为留后,并按照惯例上书后唐政府,请求正式册封。后唐政府不仅不同意这项人事安排,反而发布了彝超和彰武(治延州)节度使安从进对调的命令,并派邠州节度使药彦稠率兵五万,前往接收夏州地区。而定难军方面对此自然是拒不从命,并动员自己的武装力量保境自守。在战斗中,有党项羌和所谓诸胡的西北各族的骑兵万余人,出而抗击唐兵;唐兵围攻夏州百余日,还是无法攻下。于是,彝超方面率先请和，后唐随即表示接受。经过此役，夏州政权与中原王朝的关系发生了重要的变化。[8]"自是夏州轻朝廷，每有叛臣，必阴与之连，以邀赂遗"。[9]那么，为什么后唐要借李仁福之死而对夏州政权发难呢？让我们先来看看后唐官方关于这个事件的解释。

近据西北藩镇奏，夏州节度使李仁福薨。朕以仁福自分戎阃，远镇塞垣，威惠俱行，忠孝兼著。当本朝播越之后，及先皇兴复之初，爰及眇躬，益全大节，统临有术，远迩咸安。委仗方深，凋殒何速，忽窥所奏，深怆予怀。不朽之功，既存于社稷；有后之庆，宜及于子孙。但以彼藩地处穷边，每资经略，厥子年才弱冠，未历艰难，或亏驾御之方，定启奸邪之便。其李彝超已除延州节度观察留后，便勒赴任。但夏、银、绥、宥等州，最居边远，久属乱离，多染夷狄之风，少识朝廷之命，既乍当于移易，宜普示于渥恩。应夏、银、绥、宥等州管内，罪无轻重，常赦所不原者，公私债负、残欠税物，一切并放；兼自刺史、指挥使、押衙已下，皆勒依旧，各与改转官资。朕自总万几，惟弘一德，内安华夏，外抚戎夷，先既怀之以恩，后必示之以信。咸能识时知变，举族归，且如李从曮之守岐、陇，疆土极宽；高允韬之镇鄜、延，甲兵亦朝。从曮则见镇大梁，允韬则寻除巨鹿，次及昆仲，并建节旄，下至将僚，悉分符竹。又若王都之贪上谷，李宾之吝朔方，或则结构契丹，偷延旦夕；或则依凭党项，窃据山河。不禀除移，唯谋旅拒，才兴讨伐，已见覆亡。何必广引古今，方明利害；祗陈近事，聊谕将来。彼或要覆族之殃，则王都、李宾足为鉴戒；彼或要全身之福，则允韬、从曮可作规绳。朕设两途，尔宜自择。或虑将校之内，亲要之间，幸彼幼冲，恣其荧惑，遂成骚动，致累生灵。今特差邠州节度使药彦稠部领马步兵士五万人骑，送安从进赴任，从命者秋毫勿犯,违命者全族必诛,先令后行,有犯无赦云。[10]

在这则诏令中,后唐宣称自己反对李彝超继任父职是因为夏州"地处穷边,每资经略",而李彝超"年才弱冠,未历艰难",难以担当这个艰巨的使命。那么事实究竟是否如此呢?《资治通鉴》卷278《后唐纪》记载:

先是,河西诸镇皆言李仁福潜通契丹,朝廷恐其与契丹连兵,并吞河右,南侵关中,会仁福卒,三月,癸未,以其子彝超为彰武留后,徙彰武节度使安从进为定难留后,仍命静难节度使药彦稠将兵五万,以宫苑使安重益为监军,送从进赴镇。

看来后唐政府早就因为怀疑定难军暗地里勾结契丹、蓄谋入侵中原而打算对其加以惩处。只是,在李仁福在世时,定难军正值强盛时期,后唐方面没有必胜的把握而不好下手而已。那么需要进一步追问的是,李仁福究竟有没有和契丹勾结的行为?战后夏州方面大呼冤屈,认为"军府重围"的根本原因是"朝迁玷谤"[11]。中原方面则不以为然,认为战祸源自夏州方面的故弄玄虚。《资治通鉴》记载:

其后,有知夏州阴事者云:"仁福畏朝廷除移,扬言结契丹为援,契丹实不与之通也,致朝廷误兴是役,无功而返。"[12]

原来是李仁福因为担心后唐削藩之火焰延烧至己而故意通过制造、散布其与辽朝结盟的虚假信息,希冀使后唐在处理夏州问题时能够有所顾忌。所以,后唐对定难军拓跋部集团采取调虎离山之计的直接原因是防止其与辽朝的结盟。这一点其实在上引后唐的诏令中也已经有过提示。诏令举出李从曮等人识时知变,贡献地盘,交出军队,受到优待和王都等人勾结契丹,依凭党项,反叛朝廷遭到诛灭的正反事例,其意思就在于警告定难军政权必须服从调动命令,不可与敌国契丹交通。当然,如果追究后唐处心积虑剥夺拓跋氏对定难军夏州地区的控制权的根本原因,那么就必须考虑五代以来历朝旨在加强中央集权、消除地方割据的运动了。唐末以来,其他大大小小的藩镇势力逐渐凋敝殆尽,唯独定难军拓跋氏集团却日益强大。

> 当是时,中原鼎沸,阐帝图者,八姓十三君;郡邑瓜分,秉节旄者,九州数十主。闾阎多诛求之困,行间切锋刃之忧。独银、夏、绥、宥、静五州,兵不事战征,民不睹金革,休养生息,几及百年。西夏之昌,早基于此。[13]

这种枝强干弱的局面引起了五代诸朝的严重关注和担忧。这就是后唐王朝不惜冒与定难军方面武力相向的风险而强行颁布李彝超调动的根本原因。

这里,还要补充的是,后唐政府之所以不再延续对夏州的军事行动,除了内有夏州坚固的城防和抵抗的决心之外,也与强敌辽朝此刻的对外动向有着密切的关系。"北虏以我夏州未平,欲诡间相窥,时向初秋,所宜防备。"[14]

纵观辽朝与定难军政权的关系,毫无疑问,对立是其最基本的性质。所谓联合的那一面更多的属于定难军方面虚构出来的狐假虎威的自我保全之计。由此看来,早在独立以前,夏州党项拓跋氏集团就已经尝试着联辽以抗中原的策略了。王夫之曾对五代定难军集团的自固之术作过精辟概括:

> 中国之乱也,十余年而八姓十三君,倏兴倏废,彝超父子无所归命,亦无所抗衡,东与契丹为邻,又委顺以为之间谍。不但此也,中国有反叛之臣,无论其成与不成,皆挟可左可右

之势,而利其赂遗;薄侵边鄙而不深入以犯难,讨之则城守坚而不下,抚之则阳受命而不来。如是者,虽大定之世,未易治也,而况中国无君之天下,尤得以日积月累而滋大乎?[15]

后来,这一合纵连横[16]的生存战略为西夏王朝所继承,成为其重要的立国方针之一。也正是由于南北之间的长期对立和斗争,处于夹缝之中的西夏拓跋氏集团才逐步地发展壮大起来。

注　释

1 公元880年,在黄巢起义的打击下,唐朝对中国的统治行将瓦解。为了挽救王朝的命运,唐廷被迫向各地胡汉军事力量发出勤王诏令,称"凡蕃、汉将士赴难有功者,并听以墨敕除官"。这时,党项族大首领、宥州刺史(夏州节度使之偏将)拓跋思恭"纠合夷、夏兵",与鄜延节度使李孝昌会合,同盟起军征伐黄巢。当时,原夏州节度使诸葛爽移任河阳节度使,唐僖宗遂以思恭临时代理夏州节度使,不久即正式任命且赐其军名叫"定难军"。

2 吴广成(撰)、龚世俊等(校):《西夏书事校正》卷2,第28页。

3 《旧五代史》卷82《晋书少帝纪》。

4 吴广成(撰)、龚世俊等(校):《西夏书事校正》卷2,第23页。

5 陶晋生:《辽夏关系史研究》,台北联经事业出版公司,1984年,第17页。

6 参看杜建录:《论西夏建国前与北宋的关系》,载《宁夏大学学报》,1995年第2期。

7 藤之晃:《李继迁的兴起与中西交通》,载《日本学者研究中国史论著选译》第九卷,中华书局,1993年。

8 参看吴天墀:《西夏史稿》,四川人民出版社,1980年,第16—17页。

9 《资治通鉴》卷278,长兴四年秋七月条。

10 《旧五代史》卷132《李仁福传》。

11 《刘敬塘墓志》,《榆林碑石》(康兰英主编),三秦出版社,2003年,第251页。

12 《资治通鉴》卷278,长兴四年秋七月条。参看《新五代史》、《旧五代史》之《李仁福传》。

13 吴广成(撰)、龚世俊等(校):《西夏书事校正》卷2,第28页。

14 《册府元龟》卷998《外臣部·奸诈》长兴四年范延光奏条。

15　王夫之:《读通鉴论》卷29《五代中》,中华书局,2002年,第908页。

16　所谓合纵连横,从策略上来说,合纵是“合众弱以攻一强”,阻止强国进行兼并;连横是“事一强以攻众弱”,强国迫使弱国投降并帮助它进行兼并。对未来的西夏王朝而言,联合辽朝即可以看作合经济上的弱辽之力以攻强宋,也可以看作事军事上的强辽以攻弱宋。

第 四 章
辽朝对外战略与对夏政策

陈寅恪在论及唐代民族关系时曾有“外族盛衰之连环性说”：

> 即某甲外族不独与唐室统治之中国接触，同时亦与其他外族有关，其他外族之崛起或强大可致某甲之灭亡或衰弱，期间相互因果虽不易详确分析，而唐室统治之中国遂受其兴亡衰之影响，或利用其机缘，或坐承其弊害，故观察唐代中国与某甲外族之关系，其范围不可限于某甲外族，必通揽诸外族相互之关系，然后三百年中国与四夷更替盛衰之故得明燎，时当唐室对外族之措施亦可略知其意。盖中国与其接触诸外族盛衰兴废，常为多数外族间在之连环性。而非中国与某甲外族之单独性也。[1]

这一理论对研究中国古代分裂时期的各政权关系和各民族关系都具有重要的指导意义。就观察辽朝与西夏的关系而言，其范围不可仅限于西夏，而应该通览与辽朝关联的诸政权(族)之间的相互关系，由此200余年间辽朝与各政权(族)势力消长、更替盛衰的情况才能明晰，同时各个时期辽朝对夏政策的意图也才能得到进一步澄清。

《辽史》卷45《百官志一》列举了辽朝周边的主要政权和民族：

> 辽境东接高丽，南与梁、唐、晋、汉、周、宋六代为劲敌，北邻阻卜、术不姑，大国以十数；西制西夏、党项、吐浑、回鹘等，强国以百数。

这里还遗漏了辽末时期东方的女真金朝。就辽夏关系而言，宋、金是影响其走向的主要外部力量。最初辽宋武力对抗，辽朝扶植西夏以牵制宋朝；接着宋辽缔结和平协议，宋辽联手遏制西夏图霸；之后西夏在宋朝的强硬政策下日渐衰微，辽朝为确保南北均势不被破坏，便积极支持西夏与宋朝议和；到了辽朝末期，金朝崛起并在金辽战争中势如破竹，辽朝被迫给予西夏对等政治地位以求联合抗金。在大部分时间里，都是辽宋关系主导着辽夏关系的演变。

第一节　扶夏制宋时期(986—1005)

辽夏外交关系的建立是在辽统和四年(986)。排比《辽史》中的相关记载，可得其始末略如下述。

> 初，西夏臣宋有年，赐姓曰赵；追辽圣宗统和四年，二月癸卯，西夏李继迁叛宋来降，夏州李继迁叛宋内附，(韩)德威请纳之，以为定难军节度使、银夏绥宥等州观察处置、夏州管内蕃落使等使、特进检校太师、都督夏州诸军事，遂复姓李。(十二月丁巳)李继迁引五百骑款塞，愿婚大国，永作藩辅。诏以王子帐节度使耶律襄之女汀封义成公主下嫁，赐马三千匹。既得继迁。诸夷皆从。玺书褒奖(德威)。[2]

大概是在上述史料的基础上，清代学者吴广成对辽夏建交在细节上又作了合理的想像和发挥。《西夏书事》卷4载：

> 雍熙三年、契丹圣宗统和四年春二月，继迁初降于契丹。

契丹西境直对夏州,党项东山诸部臣事者多。李氏自思恭赐姓,未尝外附。继迁见诸部溃散,谋于众曰:"吾不能克复旧业,致兹丧败,兵单力弱,势不得安。北方耶律氏方强,吾将假其援助,以为后图。"乃遣张浦持重币至契丹请附。契丹主隆绪意未决,西南招讨使韩德威言:"河西为中国右臂。向年府州折氏与银夏共衡刘汉,致大兵援应无功,今李氏来归,国之利也。"契丹主纳之。夏四月,契丹授定难军节度使、都督夏州诸军事。契丹主以继迁效顺,遣侍中萧里得持诏授继迁定难军节度、银夏绥宥等州观察处置等使、特进检校太师、都督夏州诸军事,继冲为副使。冬十二月,如契丹请婚,契丹许之。继迁既受契丹官,兵势稍振,自以五百骑款契丹境,言:"愿婚大国,永作藩辅。"时契丹将耶律盼与宋战于泰州,不利。契丹主欲使继迁牵制宋兵,许以公主归之。

自然,这些史实已经把辽夏建交的各自动机阐述的比较清晰了,即西夏需要"假其援助"收复五州之地,辽朝"欲使继迁牵制宋兵",双方各有所图,联合一拍即成。[3] 笔者于此无须赘言,但是需要强调的是辽夏之所以化五代之敌为宋代之友也是当时中国多元政治形势演变的必然结果。

五代时期,汉地社会经过无数次惨烈的军阀战争之后,再造统一国家和强化中央集权已经成为必然的趋势。首先,普遍分裂的藩镇林立现象被局部统一的诸政权对峙形势所代替;其次,各政权内部政治都力求加强皇权和中央权威,削弱将权和地方力量。960年,宋朝建国伊始,更是强力推动以恢复汉唐旧疆和消除藩镇割据为主要战略目标的统一再造运动。短短10余年,南方诸政权(荆湖、后蜀、南汉、南唐、吴越、福建)相继被纳入宋朝的版图;绝大部分强藩巨镇也由于文臣知州的方式而被剥夺了政治、经济和军事的支配权。这种形势严重威胁到了北方霸主辽朝的利益和割据一隅的夏州政权的生存。特别是979年北汉灭亡和982年继捧纳土等事件更使得辽朝和夏州直接感受到了宋朝的强大压力。

北汉是后汉高祖刘知远之弟刘崇于951年建立的割据政权，其所控制的河东地区在地理形势上具有极其重要的战略地位。对此清代史学家顾祖禹曾赞叹道：

> 山西之形势最为完固。关中而外吾必首及夫山西。盖语其东则太行为之屏障；其西则大河为之襟带；于北则大漠、阴山为之外蔽，而勾注、雁门为之内险；于南则首阳、底柱、析城、王屋诸山滨河而错峙，又南则孟津、潼关，皆吾门户也。汾、浍萦流于右，漳、沁包络于左，则原隰可灌注、漕粟可以传输矣。且夫越临晋，溯龙门，则泾渭之间可折垂而下也。出天井，下壶关，邯郸、井径而东，不可以惟吾所向乎？是故天下之形势，必有取于山西也。[4]

对于辽朝来说，扶持北汉一方面可以阻缓宋朝的统一步伐，间接巩固燕云地区的安全；另一方面也符合其五代中期以来不与中原大规模正面抗衡的传统战略。[5] 但是，979年，苦苦挣扎20余年的北汉政权终于不能抵挡宋太宗亲征的铁骑而宣告灭亡。这样，辽朝用以牵制宋朝的力量几乎消亡殆尽，遂不得不正面迎接宋朝的严峻挑战。从979到986年间，辽宋之间先后爆发了数次规模巨大的战争。从外交战略的角度来看，北汉的灭亡是辽朝非常不愿意看到的结局。宋人曾经把北汉看作抵御边患的力量："太原当西北二边，使一举而下，则边患我独当之，何不姑留以俟削平诸国，彼弹丸之地，将何所逃？"[6] 对辽朝而言何尝不是如此。正因为有了北汉这个缓冲地带的存在，辽朝才得以和中原长期维持和平对峙的局面。所以,一个能够引起南北两大政权重视和竞争的第三方力量的存在,对当时国际关系格局的稳定显然起着至关重要的作用。恰好不久以后,西夏叛宋来降,这使得辽朝又可以回归到以中原制中原的传统战略上来。

何况此时,辽朝边疆内外还面临着另外两类严重的危机和问题。一类是外交困境。在宋朝的协调下,自西向东,包括西域、漠北、宋朝、高丽等政权在内,一个环绕辽朝边疆的多政权反辽同盟正在酝酿当中。981 年,宋朝派王延德出使高昌,联络漠北、西域诸族。"所过蕃部,皆以诏书赐其君长袭衣,金带、缯帛,其君长各遣使谢恩。"[7]981 年到 985 年间,宋朝曾多次策动渤海、高丽、女真等东北诸族合攻辽朝未果。[8]还有一类是西部边疆部族叛乱频仍。以党项、阻卜为代表的诸族,利用宋辽大战之际,掀起了反抗辽朝统治和劫掠商道的运动。以下是 960 年到 986 年期间,辽朝西南边疆及其附近地域诸部族的政治活动情况。

附表 4—1

时　间	事　件	出　处
968 年	是岁,党项直荡族首领啜佶等引北汉人寇府州,为守将所败。诏内属蕃部十六府大首领罗崖诛啜佶。啜佶惧,挈族来归,乃以屈遇为怀德将军,罗崖及啜佶并为归化将军。	《长编》卷 9
969 年	(夏四月丙子)北汉麟州刺史结罗齐、兵马都尉嘉且舍鄂以城来降。 冬十月,易州言,契丹右牛卫将军王甲以丰州来降,即命其子承美为丰州衙内指挥使。 (冬十月)契丹锡里、裕噜等十六族内附,以其大首领罗美四人为怀德将军,八人为怀化郎将,次首领诺尔心旺布十五人为归德司戈。	《长编》卷 10 《长编》卷 10 《长编》卷 10

续表

时　间	事　件	出　处
971 年	(七月),丰州衙内指挥使王承美遣军校言,原诱吐浑、突厥内附。 保宁)四年,伐党项,屡立战功。	《长编》卷 12 《辽史》卷 94 《耶律速撒传》
973 年	(保宁)五年春正月甲子,惕隐休哥伐党项,破之,以俘获之数来上。 二月,……越王必摄献党项俘获之数。 保宁中,为天德节度使,……以讨平党项羌阿埋撒米、仆里鳖米,迁南院大王。	《辽史》卷 8 《景宗本纪上》 《辽史》卷 8 《景宗本纪上》 《辽史》卷 82 《耶律勃古哲传》
975 年	三月壬午,耶律速撒等献党项俘。	《辽史》卷 8 《景宗本纪上》
976 年	十月壬戌,……李光睿言率兵入北汉界,破吴保寨,斩首七百级,擒寨主侯遇,获牛羊、铠甲数千计。	《长编》卷 17
977 年	(保宁九年)冬十月甲子,耶律沙以党项降酋可、贾友来见,赐诏抚谕。丁卯,以可为司徒,友为太保,各赐物遣之。	《辽史》卷 9 《景宗本纪下》
980 年	三交口言戎人二百三十四户老幼五千三十七口归附。	《长编》卷 21
982 年	(统和元年正月)党项十五部寇边,遣西南面招讨使韩德威破之。破阻卜。韩德威讨党项诸部。	《辽史》卷 70 《属国表》
983 年	(统和二年十二月)速撒等讨阻卜,杀其酋长挞懒。	《辽史》卷 70 《属国表》

从中可以清晰的看出,在宋辽加剧对抗的形势下,边境地区的部落无所适从、向背无常的情形。为了应对这一动荡的局面,辽朝

授权西南招讨使韩德威镇压和招抚西南边疆诸部。

> (统和元年春正月)甲申,西南招讨使奏:党项十五部侵边,以兵击破之。乙酉,以速撒破阻卜,下诏褒美。仍谕与大汉讨党项诸部。[9]

所以说,李继迁的归附不仅是宋朝压迫的结果,而且也正是韩德威积极招抚的结果。在10世纪80年代,也就是年幼的圣宗即位之初,辽朝的内政外交形势无疑处在一个极为不利的境地。《辽史》卷71《景宗睿智皇后萧氏传》概括了当时的形势:

> 景宗崩,尊为皇太后,摄国政。后泣曰:母寡子弱,族属雄强,边防未靖,奈何?耶律斜轸、韩德让进曰:信任臣等,何虑之有!于是,后与斜轸、德让参决大政,委于越休哥以南边事。

在这种情况下,不论是为减轻来自宋朝的军事压力,或者为化解诸政权(族)环攻的危险,还是为维护西部边疆的稳定,及时采取措施,突破孤立形势,已经是辽朝极为迫切的任务。接受反宋的夏州拓跋氏投附正是辽朝对上述形势的反应。

关于夏州李继捧入朝纳土一事,宋代文献多载是其自愿献出了银、夏、绥、宥四州八县之地。[10]据《长编》卷22太平兴国七年五月己酉条载:

> 五月己酉,定难军留后李继捧来朝,见于崇德殿。继捧之先,累四世未尝入观,继捧至,上喜,赐白金千两,绢千定、钱百万。其母独孤氏献玉盘一、金盘三,亦加厚赐。继捧自陈诸父昆弟多相对怨,愿留京师,遂献其所管四州八县。遣使诣夏州,护继捧缌麻以上亲赴阙,县次续食。

从表面上看,李继捧纳土的主要原因是夏州拓跋氏集团的内混所导致的。但是,实际上这里的所谓“自愿”更多的是外部形势所迫,不得已而为之。众所周知,宋朝兴起后,鉴于历史上“方镇之重、主弱臣强”的经验教训,始终把加强中央集权、铲除地方割据作为巩固国家的根本方针。[11]首先,宋朝先后对南方诸政权和北汉用策和用兵,成功地结束了唐末以来中原汉地的分裂局面。其次,宋朝对强藩巨镇也积极推行“稍夺其权,制其钱谷,收其精兵”的裁抑措施,迫使地方回归到中央直接控制的局面。上述历史潮流已经决定了集地方性和民族性于一身的夏州政权绝无继续发展的可能。它必将要么主动或被动地取消割据地位,成为宋朝直接统治下的一个州县;要么突破藩镇形式的限制,寻求民族的自觉和独立。979年北汉的灭亡和宋朝对辽战争的失利加速了夏州政权变化的进程。因为北汉未亡之前,北宋尚有利用夏州牵制北汉的考量,北汉灭亡之后,夏州的战略价值自然大打折扣;而宋朝对辽战争的失败,使得其对外处于防守态势。这样,宋朝君臣侧目西顾,异族可称诸侯者,唯夏州党项藩镇而已。因此,在宋朝的强大压力下,李继捧被迫放弃了世代经营的地盘,举族进入宋朝首都开封。其实,要充分说明继捧纳土的受迫性质,在此之前发生的“钱俶入朝”事件更是一个极好的例证。

> (978)初,吴越王将入朝,尽辇其府宝而行,分为五十进,犀象、锦、金银、珠贝、茶绵及服御器用之物逾巨万计,俶意求返国,故厚其供奉以悦朝廷。宰相卢多逊劝上留俶不遣。凡三十余进,不获命。会陈洪纳土,俶恐惧,乃籍其国兵甲以献之。是日,复上表乞罢所封吴越国及解天下兵马大元帅之职,书诏不名之制,且求归本道,上不许。俶不知所为,崔仁冀曰:朝廷之意可知矣,大王不速纳土,祸且至。俶左右争言不可,仁冀厉声曰:今已在人掌握中,去国千里,惟有羽翼乃能飞去

耳。俶独与仁冀决策,遂上表献所管十三州、一军。上御乾元殿受朝,如冬,正仪。俶退朝,将吏僚佐始知之,千余人皆恸哭曰:吾王不归矣。凡得县八十六,户五十五万六百八,兵十一万五千三十六人。[12]

比较一下吴越和夏州纳土的情形,两者发生的历史背景是一样的:高度中央集权的宋朝不会容忍地方割据势力的存在。但是,宋朝政府考虑不周的是,夏州与吴越不同的一点在于夏州是一个北方民族政权,具有不同于汉地社会的文化和性格。"但夏、银、绥、宥等州,最居边远,久属乱离,多染夷狄之风,少识朝廷之命。"[13]在民族地区强制实行与汉族地区一致的统一政策自然要带来分裂性的、激烈的抵制和反抗。宋人中间亦有人直言不讳的指出过这一点:

五代之末,中国多事,唯制西戎为得之。中国未尝遣一骑一卒远屯塞上,但任土豪为众所伏者,封以州邑,征赋所入,足以赡兵养士,由是,无边鄙之虞。太祖定天下,征唐末藩镇之盛,削其兵柄,收其赋入,自节度使以下,第给俸禄,或方面有警,则总师出讨,事已,则兵归宿卫,将还本镇。彼边方世袭,宜异于此,而误以朔方李彝兴、灵武冯继业一切亦徙内地。自此灵夏仰中国戍守,千里运粮,兵民并困。[14]

继捧入朝之后,其弟继迁以复兴祖宗基业为号召,纠集部落,展开了艰苦的反宋战争和独立运动。从此,夏州党项拓跋氏的历史正式进入了西夏阶段。但是,由于实力不济,屡屡受挫。而环顾当时之中国,能够抗衡强宋的力量只有辽朝了。因此,西夏只有采取结辽抗宋这样一条道路了。

综上所述,辽夏之所以能够建立起同盟的关系,是与此前中原汉族王朝的重新崛起和中央集权运动的深入发展这样一个历史大背景密不可分的。对辽朝来说,宋朝的统一战争斩断了北汉这个右臂,使得其对中原的战略处于极为不利的境地;对西夏来说,宋朝的削藩运动幻灭了西夏世袭旧土的可能性,使其面临了唐末以来最为严重的生存危机。因此,基于五代时期的经验,辽夏双方选择了联合对抗宋朝的策略。更准确地说,是辽朝接受了夏州拓跋氏的归附,并确立了扶持其牵制宋朝的外交政策。[15]

由于处在宋辽战争这样一个非常时期,为了拉拢夏州助辽反宋,所以辽朝一开始就给予了西夏方面极高的政治礼遇。这主要表现在以下四个方面:第一,辽朝不断地给西夏首领加官晋爵。李继迁原是宋朝定难军管内度知蕃落使。叛宋以后,自称定难军留后。统和四年(986)降辽,辽朝即授予其定难军节度使、银夏绥宥等州观察处置、特进检校太师、都督夏州诸军事等职位。统和八年(990),辽朝又晋升李继迁为夏国王。翌年,李继迁长兄、宋朝复封的定难军节度使李继捧降辽,被封为西平王。统和十五年(997),李继捧被宋朝逮捕后,这个称号又赐予了李继迁。此外,统和十八年(1000),辽朝又封李继迁之子德明为朔方节度使。与宋朝吝啬的态度相比,辽朝在对西夏首领官爵的封授上非常大方,目的在于"契丹与中国为难,虑继迁感中国之恩,断右臂之势,设王爵以羁之,置戎使以镇之。王爵至则刺史之命轻矣,戎使至,则动静皆伺知"。[16]第二,辽朝皇室屈尊与西夏首领通婚。统和七年(989),辽圣宗履行前年纳夏的承诺,把宗室耶律襄之女汀封为义成公主嫁给李继迁,并且一次性赐马3000匹作为嫁妆。这样,辽夏关系由宗藩之属一跃而成为甥舅之亲。第三,辽朝对西夏开放以朝贡为主要形式的贸易。西夏李继迁从986年(辽统和四年)与辽朝结盟,到1002年(辽统和二十一年)中流矢身亡,前后17

年中,为了赢得抗宋战争的胜利,谨事辽朝,每年向辽朝派出的进贡、贺正旦、贺生辰等使节不绝于道。辽统和八年(990)3月,继迁向辽朝奉献的贡品有"细马二十匹、粗马二百匹,驼一百头,锦绣三百匹,织成锦被褥五合,从蓉、甜石、井盐各一千斤,沙狐皮一千张,兔鹘五只,犬子十只"。[17]自此以后,"每岁八节贡献",平均一个半月就贡献一次,其纳贡次数之勤,在以后其他时期是少有的。朝贡实际上就是变相的贸易活动。辽朝对继迁每次都要例赐金腰带、细衣、飞、羊、弓箭、马具、酒果等物品。《契丹国志》卷21载:西夏进奉时,"契丹回赐除羊外。余并与新罗国同。惟玉带改为金带,劳赐使人亦同"。为了推动官方贸易,辽朝甚至专门开辟了夏州通往上京的"直道"。[18]这些都表明辽朝对西夏的重视程度已略高于其他进奉邻邦。[19]第四,辽朝鼓励和支持西夏对宋朝的军事行动。作为辽朝的属国,李继迁每次作战胜利,均要遣使向辽朝报告,如统和八年(990)九月"继迁遣使献宋俘"、十月"以败宋军来告"、十二月"下宋麟、鄜等州,来告";统和九年(991)二月"遣使告伐宋之捷"、七月"复银绥二州,来告"。[20]而辽朝则因势利导,不断鼓励西夏增强和扩大对宋作战的力度。统和十八年(1000),辽朝授李继迁之子李德明为朔方节度使的意图就在于促使夏州攻打宋朝西北重镇灵州,从而迫使燕云地区的宋军回师。这样,辽夏在军事上一东一西,相互结成犄角之势。每当宋夏战事紧绷之际,便是辽军全力攻宋之时。统和十三年(995)、十七年(999)、十九年(1001)、二十年(1002)、二十一年(1003)、二十二年(1004)辽朝对宋的全力进攻与夏州对宋的牵制是有着密切呼应关系的,甚至还出现了辽夏一度联兵进攻宋朝边郡府州的事件。[21]总之,辽朝和西夏在对宋的军事行动中,保持着相当密切的合作关系,西夏实际上成为辽朝在西北方面对宋作战的一支偏师。[22]

尽管这一时期辽夏关系的主流是友好而亲密的，但是随着西夏自主外交的展开以及其他势力的逐渐强大，辽朝也有意识的采取措施对这种倾向加以防范。因为，在辽朝眼里，辽夏关系本质上属于主仆关系，西夏必须服从辽朝整体的战略考量。公元988年，宋朝面对西夏地区民众的激烈反抗，被迫采取"以夷制夷"的怀柔政策，重新派遣原夏州首领李继捧支持夏州军政。但是，990年，这个李继捧却暗中投靠了辽朝。辽廷不顾夏国王李继迁的感受，立即封李继捧为西平王。这样，在一段时期内，西夏出现了二王并立的局面。这可以算是辽朝对西夏政治集团实行分而治之的一个例子。公元991年，李继迁不堪宋之军事压力与财政困乏，加之不满辽朝的分化政策而降宋，被封为银州观察使。对于李继迁的向背无常，辽朝立即派遣西南招讨使韩德威持诏责问。但是，继迁托以西征不应，韩德威遂纵兵大掠党项诸部，直至灵州而还。[23]这是辽朝首次以武力手段干预西夏的自主外交活动，它表明辽夏关系在友好合作的背后也潜伏着不稳定的因素。

总而言之，圣宗前期的外交总战略重心在于对付宋朝[24]，其西夏政策只是这个战略的一个重要组成部分。陈述先生概括了这一时期的辽朝对外战略：

> 圣宗以童稚（12岁）继位，军国要务由太后摄行。耶律斜珍、韩德让参决大政，改大辽曰大契丹。关于边疆事务，采取积极态度，如对阻卜、党项的用兵和东征高丽、女真，都是新朝政策的具体体现。……自统和四年（986）到二十二年（1004），除对宋的应战与南寇以外，关于联合犄角的势力，主要有西夏、高丽两方面。……对于东西两方的这些联系，都是为了集中力量向南，消极的使宋无所求助，积极的可以犄角之功，此事正同于汉为匈奴而东服辽东，西通西域。不过当时汉

是主动，由南制北，此时辽是主动，由北制南。……另外，统和初，宋辽使臣在高昌相遇的场面，几乎动武；契丹对西藏董毡和大食都有公主下嫁，也是彼此竞争的一方面。[25]

扶夏制宋的外交战略为辽朝巩固和发展了五代以来以自己为中心的天下政治秩序，到圣宗晚期，辽的国势发展到了鼎盛时期，正如他的"哀册"所言：

北拓疆埸，廓净寰宇。东振兵威，辰卞以纳款。西被声教，瓜沙由是贡珍。夏国之羌浑述职，遐荒之乌舍来宾。[26]

第二节 柬夏善宋时期(1005—1067)

11 世纪初叶，经过数十年互有胜负的政治和军事角力，宋辽两大政权终于缔结了旨在共同平分唐朝帝业遗产的澶渊之盟(1005 年 1 月)。[27]该项和约规定：第一，双方建立平等地位的友好关系。第二，承认边界地区现状，互不容纳叛亡，互不增加边防设施。第三，宋朝每年给予辽朝一定数额的经济补偿。[28]黄仁宇认为"澶渊之盟是一种地缘政治(geopolitics)的产物，表示这两种带竞争性的体制在地域上一度保持到力量的平衡"。[29]通过澶渊之盟，辽宋之间持续激烈冲突的形势遂转变为长期和平共处的局面；10 到 12 世纪中国政治格局的"南北朝化"趋势得到了进一步确认和加强。

在宗主国辽朝对宋停止战争、天下局势趋向缓和的情况下，羽翼未丰的西夏为了摆脱独立抗宋的不利局面，不得不加快了此前一拖再拖的对宋和谈的步伐。在澶渊之盟后的第五个月份，宋夏之间也结束了战争状态，并且于一年后正式缔结景德和约。《宋史》卷466《张崇贵传》载：

> （景德）二年春，召赴阙面授方略，许德明以定难节度、西平王，赐金帛缗钱各四万、茶二万斤，给内地节度奉，听回图往来，放青盐禁，凡五事。而令德明纳灵州土疆，止居平夏，遣子弟入宿，送略去官吏，尽散蕃汉兵及质口，封境之上有侵扰者禀朝旨，凡七事。德明悉如约，惟以子弟入质及纳灵州为难，故亦禁盐如旧，不许回图。

从景德和约的内容来看，它与澶渊之盟的主要区别在于，宋夏是在不对等身份（君臣关系）的基础上结束战争状态的，而其他如边界现状的维持、对夏经济补偿以及开放贸易，与澶渊之盟的精神是基本一致的。观察两个和约的成立过程和主要内容，可以说澶渊之盟既是景德和约形成的诱因之一，又是其模仿的主要蓝本。正因为这样，经历过这些事件的宋人才会作出这样的评论："（契丹）及议岁币，因请重贿，要其久盟；由是西夏失牵制之谋，随亦内附。"[30]

随着宋辽澶渊之盟和宋夏景德和约的订立，此时的夏辽关系，因共同应对宋朝这一基础的丧失而出现了微妙的变化。[31]辽夏从联合制宋的盟友，开始向相互戒备的敌国转变。即一段时期内双方虽然还保持着礼仪性的外交往来，但是其亲密程度大不如从前。澶渊之盟酝酿的当年，也就是1004年辽朝就首度以法令的形式加强了辽夏边境的控制，严格禁止战略物资马匹的输出和走私贸易。[32]1005年，在李继迁去世大约两年之后，辽朝才迟迟派出使节，册封其子李德明为西平王。[33]不仅如此，由于对宋约和，辽朝南向发展和西夏东向发展的空间和机遇都已经十分有限，因此双方都把开拓的方向转向西北，素有东西方贸易命脉之称的河西走廊便成了争夺的焦点。

一　河西之争(1006—1032)

以河西走廊为内核的河西地方,自古以来就是东西方交通贸易的枢纽。在中国历史上,围绕着该区域的统治权或领属权而形成的斗争几乎就没有停止过。虽然也存在着土著势力之间的颉颃,但是外部力量的侵入一直是河西政治史的主要特点。例如,在著名的汉匈战争和唐蕃战争中,河西地方的与夺甚至成为决定战局走向的关键性战役。

由于吐蕃和唐朝的衰亡,五代宋初的河西地方,绝妙地体现了其作为绿洲走廊地带的地域特殊性。即在沙州、瓜州有曹氏归义军,在甘州有甘州回鹘可汗,在凉州有西凉吐蕃,分别建立独立的政权,积极开展着中继贸易。[34]这一时期,河西诸政权官方贸易的最主要对象自然是经济富庶的宋朝,但是就维护自身的安全而言,保持对强邻辽朝的定期朝贡也是十分必要的。

辽朝自建国之初就已经把势力扩张到了漠北和西域地区,并且与河西地方的甘州回鹘政权建立了友好的关系。据《辽史》卷2《太祖本纪二》载:

> (天赞三年)冬十月,军于霸离思山,遣兵踰流沙,拔浮图城,尽取西鄙诸部。十一月乙未朔,获甘州回鹘都督毕离遏,因遣使谕其主乌母主可汗。

依靠着回鹘商人的帮助,辽朝与西域诸政权开展了长期的、频繁的官方贸易。[35]不仅如此,10世纪末,辽朝甚至还一度深入河西地方的西南边缘,即灵州和河湟一带。[36]

但是,大约在10世纪70年代末以来,随着宋辽关系的紧张以及西夏实力的增强,上述这种经营河西的积极态势大有被颠覆之危险。首先,由于宋辽大战,以阻卜、党项为代表的西部诸族借机掀起了反叛辽朝的狂潮,一时间辽朝通向西域的商道为之阻塞。虽然这个时候,辽朝也曾经派遣朝廷重臣皇太妃[37]和萧挞凛以及边疆大员如西北招讨使耶律速撒、西南招讨使韩德威对叛乱进行了镇压,并且也获得了一定的战果,但是出于对宋作战的需要,辽朝不得不抽调西征的兵力参与南线燕云的战斗[38],因此阻卜叛乱所造成的边疆危机并没有得到根本的解决。其次,西夏不仅在辽朝的卵翼下渐渐成长为西北的强国,而且它不时表现出来的对河西地方甚至西域的野心也让辽朝深感不安。1002 年,西夏从宋朝手里夺取了河西东部重镇灵州,“几乎完全控制了东西交通的命脉”[39]。灵州之役,使得西夏不仅获得了一块“地方千里,表里山河,水深土厚”的“放牧耕战之地”[40],而且据此形成了“西取秦成之群蕃,北掠回鹘之健马”[41]的战略态势。次年,西夏又一度拿下了与甘州唇齿相依的西凉府。[42]这一系列行动无疑对辽朝的“河西贸易的控制权和回鹘附庸国的支配权”[43]等利益构成了潜在的威胁。

因此,在标志着对宋和平的澶渊之盟订立之后,辽朝就迅速地把对外战略的重点,从南方转移到西方,试图全力巩固其在漠北、西域以及河西北部的传统势力范围。

统和二十二年镇州的建立奠定了辽朝重新经营西部贸易的基础,它不仅确保了辽对漠北的统治和与阿萨兰回鹘的贸易路线,并且还成为辽朝维护西南边境的极其重要的根据地。不但如此,辽还积极利用了从这里连接漠北与甘州的所谓“回鹘路”,对甘肃地方进行了攻击。[44]《辽史》卷 14《圣宗本纪五》载:

> (统和二十六年)十二月,萧图玉奏讨甘州回鹘,降其王耶剌里,抚慰而还。

值得注意的是,这次辽朝的军事行动其实是紧接着同年西夏对甘州的攻击之后而发动的。《长编》卷68大中祥符元年春正月条记载说:

壬申,边臣言赵德明邀留回鹘贡物,又令张浦率骑数千侵扰河西。

同年三月条中又载有:

赵德明遣万子等四军领族兵攻西凉府。既至,见六谷蕃部强盛,俱而趋回鹘。回鹘设伏要路,示弱不与斗,俟其过,奋其击之,剿戮殆尽。

西夏总是利用辽朝劳师远征,疲于奔命的机会,对河西地方进行干涉和控制。1009年,前述萧图玉统领的辽军还师国内,西夏乘机再一次入侵了甘州地区。据《宋史》卷485《夏国传上》载:

明年(大中祥符二年),出侵回鹘,恒星昼见,德明惧而还。

这一次西夏的行动的确引起了辽朝的极大担忧。1010年,即统和二十八年,辽朝军队攻伐甘州附近的重镇肃州得手,显示出辽朝强力维护河西霸权的决心。据《辽史》卷15《圣宗本纪六》载:

五月乙巳,西北路招讨使萧图玉奏伐甘州回鹘,破肃州,尽俘其民。诏修土槐口故城以实之。

上述这些关于甘州的事件说明,辽朝对甘州的攻击是与西夏的动向有着直接关联的。每当他国显示出一定要控制河西特别是甘州这个交通贸易之要地的倾向时,辽朝就会越过沙漠企图对河西进行统治。[45]

其后,辽朝以占据肃州为契机,采取了联合河西土著势力的策略,试图削弱西夏在河西地区的影响力。公元1018年,辽朝接受了吐蕃的请求,准备利用一条更直接的路线即通过西夏领土来开展他们之间的官方贸易。《辽史》卷16《圣宗本纪七》记载:

> 开泰七年闰月戊午,吐蕃王并里尊奏,凡朝贡,乞假道夏国,从之。

这段史料提到的吐蕃王并里尊,长泽和俊认为应该是凉州地区吐蕃的首领。[46]但是笔者以为他就是居住在河湟地区宗哥城的唃厮啰吐蕃首领之一李立遵。《宋史》卷492《吐蕃传》记载:

> 唃厮啰者,绪出赞普之后,本名欺南陵温籛逋。籛逋犹赞普也,羌语讹为籛逋。生高昌磨榆国,既十二岁,河州羌何郎业贤客高昌,见厮啰貌奇伟,挈以归,置劖心城,而大姓耸昌厮均又以厮啰居移公城,欲于河州立文法。河州人谓佛"唃",谓儿子"厮啰",自此名唃厮啰,于是宗哥僧李立遵、邈川大酋温逋奇略取厮啰如廓州,尊立之。部族寖强,乃徙居宗哥城,立遵为论逋佐之。立遵或曰李遵,或曰李立遵,又曰郢成兰逋叱。论逋者,相也。立遵贪,且喜杀戮,国人不附,既与曹玮战三都谷不胜,又袭西凉为所败。厮啰遂与立遵不协,更徙邈川,以温逋奇为论逋,有胜兵六七万,与赵德明抗,希望朝廷恩命。知秦州张佶奏请拒绝。泾原钤辖曹玮上言,宜厚唃厮啰以扼德明。而立遵屡表求赞普号,朝议以赞普戎王也,立遵居厮啰下,不应妄予,乃用厮铎督恩例,授立遵保顺军节度使,赐袭衣、金带、器币、鞍马、铠甲等。

经过西夏发动的几次凉州战役之后,该地的潘罗支部日渐衰微,而河湟唃厮啰部则乘机取代了其在整个吐蕃中的强势地位。

李立遵是天禧年间河湟吐蕃中的另外一名重要首领。此名与上述史料并立尊十分接近。不仅如此,前文曾经说过,10世纪末,辽朝曾经把河湟地区纳入其松散的羁縻统治之内。但是,由于西夏崛起后对灵州的占领,以及吐蕃和西夏之间的敌对关系,因此辽朝和吐蕃之间的官方贸易被迫要从唐代以来的"回鹘西路"[47]来进行。这样的道路可以说是十分遥远曲折的。而事实上,由青唐出发,直接通过灵州——夏州一线到达上京是最为便捷的道路。因此,开泰七年,河湟吐蕃向辽朝皇帝请求说"(不要走这样迂回的道路),凡朝贡,乞假道夏国"。这是吐蕃王并里尊企图依靠当时已经侵入漠北、势力强大的辽朝的势力而获得西夏领域内的安全交通权的一次尝试。

对于这个上奏,据《辽史》的记载是"从之"。看来圣宗是答应了他的请求,命令西夏可以让吐蕃通过,但是,这件事看来并未能实现。历来,像西夏这样从事中继贸易的边境政权,如果他按照邻国的意图允许该政权的官方贸易使节和商队可以通过的话,那么其本政权的经济基础就会发生动摇。虽然前载《辽史》中的史料未有明证,但当时西夏王李德明大概是婉言谢绝了这个要求。考虑到西夏与宋朝开始建交和辽侵入河西地方的政治形势,这样的结果是十分可能的。[48]

这次遣使失败后,辽朝一方面积极拉拢沙洲归义军,在开泰八年(1019)春正月,封沙州节度使曹顺为敦煌郡王,翌年秋七月,赐予曹顺衣物,并交换使节。同年冬十月戊寅,使节郎君老自沙州返回。[49]另一方面则寻找借口,耀兵扬武,意图对西夏实施直接的报复。

> 天禧四年(1020),辽主亲将兵五十万,以狩为言,来攻凉甸,德明帅众逆拒,败之。五年,辽复遣金吾卫上将军萧孝诚

赍玉册金印,册为尚书令、大夏国王。[50]

凉州事件是辽夏关系性质转变的一个明显标志。经此事件之后,西夏在辽朝的对外关系中地位和待遇日益上升。1022 年,辽朝首度派遣使节祝贺西夏国王李德明的生日。[51]所以,清代史学家吴广成在凉州事件的按语中评论说:

西夏自继迁跳梁,德明款附,虽有逆顺之分,然其心总量易视中国,畏视契丹,非唯资其援助,抑亦惮其兵威也。契丹知其然,一切不绍假借,故其势常尊。今一战不胜而愿与之平,且称为大夏,是其不竞直与宋同。[52]

西夏对河西地方的蚕食和对辽的抗拒,不断地激化着辽朝西部的边境形势。1026 年,阻卜发动叛乱。辽朝为了彻底剪断漠北与河西诸族的勾结之路,在战胜阻卜以后,迅速地展开了对甘州的第三次攻击。《辽史》卷 17《圣宗本纪八》记载:

(太平六年)是月(三月),阻卜来侵,西北路招讨使萧惠破之。……五月癸卯,遣西北路招讨使萧惠将兵伐甘州回鹘。……八月,萧惠攻甘州不克,师还。自是阻卜诸部皆叛,辽军与战,皆为所败。监军涅里姑、国舅帐太保曷不吕死之。诏遣惕隐耶律洪古、林牙化哥等将兵伐之。

甘州战役的失败,给辽多年以来的西北路经营开始带来巨大的挫折。了解到辽军实力的阻卜诸族,以被萧惠所杀阻卜酋长直刺之子为中心,在各地发动了叛乱。此后,辽忙于镇压漠北诸部,可以说完全放弃了对河西的经营。[53]萧惠的失败,也就意味着辽的入侵河西政策的崩溃。

根据吴广成的推测,这次萧惠进攻甘州,西夏似乎也同时出兵援助了辽军：

> 夏六月，遣兵助契丹攻甘州。甘州回鹘阿萨兰部叛契丹，契丹主遣魏国公萧惠征诸路兵讨之。德明点集蕃众，西出。萧惠攻甘州三日不可，部下阻卜诸酋复叛。急引归，德明兵亦还。[54]

但是，如果结合历次辽夏争先恐后杀向河西的情形来看，所谓西夏援辽攻打甘州之说是值得怀疑的。首先，现存的宋辽时代文献均没有提到辽夏联军攻打甘州的事件。其次，从西夏后来攻打甘州的时间和路线看，也不存在西夏配合辽军的可能。长泽和俊认为“西夏（攻击甘州）的前进基地在甘州那边，因此其进攻路线与辽军的进攻路线应为同一条路线。也就是说，当时西夏进攻甘州的路线是自宁夏经贺兰山、阿拉善沙漠出居延海附近，在此与辽军会合后顺额济纳河南下向甘州进攻的。……倘如此，不顾当时西凉吐蕃的强盛，而要越过该地去攻击甘州，是难以想象的”。[55]但是，事实上，西夏攻击甘州的支点是凉州[56]，其行动路线显然与辽朝的方向是截然不同的，更何况西夏第三次攻击甘州的时间是1028年。所以虽然辽廷和西夏都对甘州发动了攻势，但是这并不意味着他们采取了协同行动的立场。就控制河西及贸易通道而言，辽廷和西夏实际上处于敌对的立场。对于辽廷来说，控制河西的重要性只是限于边缘地区，而对党项政权而言，控制河西则有至关重要的意义。[57]即便西夏参与了辽朝攻击甘州的行动，估计也是抱着火中取栗的动机。因为“对于自鄂尔多斯侵入灵州，不久并欲在此地逐渐发展下去的西夏来说，萧惠的进攻河西虽然是友好政权的行动，但这是关系到政权存亡的重大问题，无疑也会苦思熟虑的。因此，当辽军败退后，虎视眈眈窥伺着良机的西夏，犹如冲破堤堰的洪水杀到了河西。这就是李元昊的第三次侵入河西”。[58]

1028 年，西夏国王德明之子元昊亲提劲旅，袭破甘州。甘州的失陷无疑是影响巨大的。在以后的四年时间内，西夏又接连取得了瓜、沙、凉诸州。至此，河西地方的亲辽势力瓦解殆尽，辽夏之间关于河西地方的明争暗斗实际上是以西夏的全面胜利而宣告结束。

二　部族之争（1033—1068）

前述河西问题仅仅是辽夏斗争的一个开端，下面的一系列问题则将辽夏关系逐步推向了公开破裂的地步。

首先是兴平公主问题。1031 年，辽兴宗继位之初，履行前帝圣宗与西夏的约定，将兴平公主嫁给李德明之子元昊。婚后七年间，两人感情始终不好。1038 年，兴平公主突然染疾而死。对于兴平公主的死因，辽兴宗很是怀疑，专门派遣使臣前往西夏责问。[59]事实上，元昊对兴平公主之死负有很大责任，据宋人的记载：

> 夏国元昊娶契丹女，伪号兴平公主，乃宗真之姊也。元昊待之甚薄，因病被脱，元昊亦不视之，以至于殁。宗真虽忿恨，然亦无如之和。但遣使慰问而已。[60]

这件事情虽然不了了之，但是却给辽夏关系投下了挥之不去的阴影。后来出使辽朝的宋使王拱辰曾利用此事对辽夏极尽挑拨离间之能事：

> 拱辰又云：南朝亦知北朝公主先聘与元昊，殊不礼待，忧郁而卒。契丹主云：直是饮恨而卒，然只是皇族之女。拱辰云：虽知只是宗女，亦须名为陛下公主下嫁，岂可如此不礼！今或陛下更与通亲，毋乃太自屈也。契丹主云：更做甚与他为亲，只封册至今亦未曾与。拱辰虑其通姻好，即与中国不便，

故因而讽之。[61]

其次是边境贸易问题。因为马匹、铜铁等商品是关系到国家安全和经济利益的重要物资，所以辽朝一向采取禁止出口的政策，即使是对于自己的盟友和属国，也不例外。早在统和年间，辽朝就已经颁布了一项全国性法令，意图禁止民间对宋、夏两政权的马匹贸易。据《辽史》卷91《耶律唐古传》记载：

（统和二十四年）迁西南面巡检，历豪州刺史，唐古部详稳。严立科条，禁奸民鬻马于宋、夏界。因陈弥私贩，安边境之要。太后嘉之，诏边郡遵行，著为令。

开泰年间，禁止贸易的范围扩大到了铜铁等物资。“是时（开泰中），诏禁诸路不得货铜铁，以防私铸，又禁铜铁卖入回鹘，法益严矣。”[62]

兴宗上台之后，面对西夏崛起的现实，辽朝对西夏的贸易更是采取了前所未有的管制措施。“重熙二年十二月，禁夏国使沿路私市金、铁。”[63]重熙十一年，“以土浑及党项多鬻马于夏国，诏沿边筑障塞以防之。”[64]这自然要引起西夏的强烈不满。

再次是对宋政策问题。辽朝自澶渊之盟以后，旧时代的制宋政策已经被新时代的善宋政策所取代；与宋朝和平相处、互通商贸已经成为辽朝国家的最高利益。其具体表现为：首先，以盟约为起点，辽朝和宋朝确立了友好往来的制度。其次，在南北往来的有关礼仪中多方面尊重宋；再次，设置官署以管理和发展辽宋边境的贸易往来[65]；最后，在多政权政治交涉中，注重维护辽宋大政权的利益。这一原则在重熙年间西夏问题的处理上有着突出的体现。1038年，西夏李元昊不顾宋朝的反对，公然宣布称帝。在其发给宋朝皇帝的通牒中，元昊要求取得与宋朝几乎平等的政治地位：

> 臣祖宗本后魏帝，赫连之旧国，拓跋之遗业也。远祖思恭，当唐季率兵拯难，受封赐姓。臣祖继迁大举义旗，悉降诸部，收临河五镇，下缘边七州。父德明嗣奉世基，勉从朝命。而臣偶以狂斐，制小蕃文字，改大汉衣冠，革乐之五音为一音，裁礼之九拜为三拜。衣冠既就，文字既行，礼乐既张，器用既备。吐蕃、塔坦、张掖、交河，莫不服从。军民屡请，愿建邦嫁，是以受册，即皇帝位。伏望陛下，许以西郊之地，册为南面之君。[66]

对于西夏独立一事，辽朝的反应史书并未直接载明。根据次年西夏致宋的“嫚书”所称“元昊与契丹联亲通使，积有岁年，炎宋亦与契丹玉帛交驰。倘契丹闻中国违信誓赏，妄乱蕃族，谅为不可”[67]的情况来看，似乎辽朝对此采取了默认的态度。但是笔者认为，这只不过是西夏虚张声势，挟辽制宋的策略而已，辽朝实际上并不见得会支持旨在向澶渊之盟所确立的南北朝体制发起挑战的行为。《辽史》关于宋夏战争的写法从侧面印证了上述观点。卷86《杜防传》云：

> （重熙九年），夏人侵宋。宋遣郭稹来告，请与夏和，上命杜防使夏解之。如约罢兵，各归侵地，拜参知政事。

一个“侵”字足以见辽朝对宋夏战争的原则性立场。1043年（重熙十二年），西夏遣使请求辽朝配合出兵伐宋时，辽朝更是予以明确的拒绝。[68]在辽人眼里，西夏其实是和平局面的麻烦制造者。

可是，上述结论似乎与这一时期辽朝一度实施的联夏伐宋计划又有相悖之处。据《辽史》卷85《萧塔列葛传》载：

> 重熙十一年，使西夏，谕伐宋事，约元昊出别道以会。

如何解释两者的矛盾之处呢？看看这次遣使的前因后果就可以得知，与西夏挟辽制宋一样，辽朝所谓联夏伐宋也不过只是实现其从宋朝方面谋求恢复故土、增加岁币的策略而已，当这些要求得到一定满足之后，辽朝立刻停止了对西夏的支持。先看这次事件的起因，《辽史》卷19《兴宗本纪》记载：

(重熙十一年春正月)庚戌，遣南院宣徽使萧特末、翰林学士刘六符使宋，取晋阳及瓦桥以南十县地，且问兴师伐夏及沿边疏睿水泽，增益兵之故。

宋夏关系紧张后，宋朝在边境地区大修边防工事，积极加强战备，这其中也包括临近辽朝的地段。如1040年4月，宋朝"增补河北强壮军"，6月"增置陕西、河北、河东、京东弓手"[69]；1041年10月，"修河北城池"等等。这明显违背了澶渊之盟中"所有两朝城池，并可依旧存守，淘濠完葺，一切如常，即不得创筑城隍，开掘河道"的规定，辽朝对这种违约行为自然是不能容忍的。宋朝"益兵"之举是辽兴宗南下声言伐宋的直接原因。为了增强对宋声势，辽朝才有遣使西夏，约兵攻宋的举动。必须指出的是，这只是一种用于和宋朝交涉的外交姿态而已，辽朝并没有真正出兵伐宋。如辽朝在致宋朝的国书中写道：

弟大契丹皇帝谨致书兄大宋皇帝。……兼李元昊于北朝，久已称藩，累层尚主，克保君臣之道，实为甥舅之亲。设罪合加诛，亦宜垂报。迩者郭稹特至，杜防又回，虽具音题，而但虞诈谋，已举残民之伐，曾无忌器之嫌？营筑长城，填塞隘路，开决塘水，添置边军，既潜稔于猜嫌，虑难敦于信睦。倘或思久好，共遣疑怀，曷若以晋阳元割之县，俱归当国，用康黎人！……先是，西兵久不决，六符以中国为怯，厌兵，因教其主

> 且聚兵幽、涿，声言欲入寇，而六符及英先以书来求关南十县。[70]

这里虽然也提出了西夏问题，但是其根本目的却在于借此向宋施加压力，索取五代时期被后周夺占的关南十县。辽朝利用西夏问题大做文章只是为了迫使宋朝向辽朝的要求就范。

宋朝面对辽夏交侵[71]的形势，被迫舍轻就重，采取了和辽制夏的对策，即接受辽朝开出的部分条件，同时作为交换，要求辽朝对西夏施加压力、取消帝号，对宋朝继续称臣。经过两国使臣数次往返交锋之后，辽宋双方最终达成了如下协议：宋朝在30万岁币旧额的基础上，每年新增20万，一半是代替关南十县的赋税，一半是"弹遏"西夏的报酬。[72]辽朝随即派遣使臣劝说西夏对宋称臣：

> 梁适口陈夏台之事，已差左金吾上将军耶律祥、彰武军节度使王唯吉赍诏谕元昊令息兵。况其先臣德昭，北朝曾封夏国王，仍许自置官署。至元昊，亦容袭爵，自来遣人进奉，每辞见燕会，并坐于矮殿。今两朝事同一家，若元昊请罪，其册封礼待，亦宜一如北朝。[73]

元昊接到契丹的诏书以后，很快就派出使节贺从勖与宋议和。在西夏呈送给宋朝的书信中，元昊自称"男邦泥定国兀卒曩霄上书父大宋皇帝"[74]，而并未如辽朝所言向宋称臣。贺从勖又称：

> 契丹使人至本国，称南朝遣梁适侍郎来言"南北修好已如旧，惟西界未宁。知北朝与彼未婚姻，请谕令早议通和。"故本国遣从勖来上书。[75]

西夏并未向宋称臣，使得曾经在宋使面前夸下海口的辽兴宗颇感颜面扫地。[76]同样，西夏对辽朝以牺牲西夏利益图宋岁币感到十分愤怒。“贼言,朝廷议和,何必往问契丹?”[77]辽夏两朝因为对宋外交而产生了深刻的隔阂。

最后是边境部族问题。在辽朝的西部边疆,特别是和西夏接壤的西南地区,分布着许多非契丹的部族,其中,大部分是阻卜和党项。这些部族大多过着“逐水草而居”的游牧生活。为了获得较好的栖息环境(气候、草场),他们往往会定期或不定期的在辽夏边境之间迁徙,有时甚至长时期停留在西夏境内。这些跨境部族,在边界两端自由来去和相互之间争夺草场,不仅造成辽夏两政权户口和牲畜的增减,而且诱发辽夏两政权边境地区形势的动荡,因此一直是辽夏关系中最不稳定的因素。

由于族属一致或接近的原因,对这些生活在辽朝边境一侧的党项诸族,西夏有着远比辽朝更为密切的联系和更为强大的影响。在很大程度上,西夏对辽朝的政治向背决定着这些党项部族对辽朝的态度。以统和四年(986)为界,之前夏州和辽朝处于敌对状态,党项一般对辽朝持反抗态度;之后西夏和辽朝建交通好,党项大多对辽朝持顺从态度。澶渊之盟(1004)以后,辽夏竞相开拓河西,党项又与辽朝逐渐离心。开泰二年(1013),居于辽朝西南属地的党项部落,不堪苛重的征敛,纷纷叛逃到黄河北岸,依模赧山而居;其中,曷党、乌迷两部,起初入居叛逃部落遗留下来的地区,后不顾辽朝阻止亦向西迁徙。辽圣宗为了堵塞西夏和党项部落私相结合的道路,便诏令李德明说:“今党项叛,我欲西伐,尔当东击,毋失犄角之势。”由于此时辽夏实力对比悬殊,西夏不得不奉命参加辽朝对党项的征讨。[78]但是,西夏这种无条件服从辽朝从征自己的同族兄弟——党项诸部的情况,随着西夏拓境河西和元昊称帝而已经一去不复返了。特别是重熙年间,辽朝单独对宋媾和以后,西夏暗地里怂恿这些部落叛辽附夏。

兴宗"重熙十一年,党项部人多叛入西夏,候西受诏,巡西边沿河要地,多建城垒以镇之"。[79]重熙十二年(1043)十月,"夏人侵掠党项,遣延昌宫使高家奴问之。"十三年(1044)四月,"南院大王耶律高什奏党项等部叛附西夏。丙辰,西南面招讨使罗汉奴、详稳斡鲁母等奏,山西部族节度使屈烈以五部叛入西夏"。"五月壬戌,罗汉奴奏所发部兵与党项战不利,招讨使萧普达、四捷军详稳张佛奴殁于阵。李元昊来援叛党。"[80]与此同时,还有叫做岱儿族的夹山一带部落八百户也叛辽附夏。[81]辽朝派军讨伐党项诸部,党项暗中得到西夏的支援,转而打败了辽军。辽兴宗为此遣使向西夏提出责问,元昊态度傲慢,不予理睬,"谓契丹为北边。又言请戢所管部落,所贵不失两朝欢好。宗真既以强盛夸于中国,深耻之。"[82]曾参与对辽增币外交的宋使富弼,从旁观者的角度对辽夏交恶的原因作了概括。他指出:

> 契丹始与元昊相约以困中国,前年契丹背约,与中国复和,元昊怒契丹坐受中国所益之币,因此有隙,屡出怨辞。契丹恐其侵轶,于是压元昊境筑威塞州以备之,而岱尔族累杀威塞役兵,契丹又疑元昊使来,遂举兵西伐,验之非诈。[83]

总之,兴宗继位以来的辽夏关系,正是在这种种凸现的矛盾中走向了公开破裂的地步,而部族问题是其直接的导火线。

从1044年起到1053年止,大约七年间,辽夏共发生了三次较大规模的战争。第一次是1044年,辽兴宗亲率十万大军,长驱直入夏境。元昊大败辽军,但西夏获胜后马上求和。第二次是1049年,辽兴宗利用元昊去世之际,兴兵伐夏,欲报上次战败之仇。这一次,辽军小胜大败。第三次是1050年,先是夏兵企图乘胜攻拔辽边境要塞,后是辽朝报复性侵夏。辽军长驱直入西夏首都兴庆府境内大肆劫掠，又破西夏重要的粮食基地摊粮城，尽发廪储而还。直到 1053 年，西夏向辽表示降服，两方战争才宣告结束。关于战争的具体过程，学术界已经有过研究[84]，笔者不再赘言。这里要强调的是部族问题是辽夏冲突的主要症结。在辽夏战争期间，两方历次外交谈判，主要都围绕着部族问题展开的，当部族问题解决时，辽夏关系也就开始好转。据《辽史》卷 115《西夏外纪》载：

> （重熙）二十年二月，遣使索党项叛户。五月，萧友括等使夏还，进谅祚母表：乞如党项权进马、驼、牛、羊等物；又求唐隆镇，仍乞罢所建城邑。以诏答之。……二十三年五月，乞进马、驼，诏岁贡之。……十月，进誓表。

不过，战争带给两方关系的裂痕短期内难以愈合，议和后的辽夏关系在一段时期内并不稳定，双方仍然时有芥蒂。辽朝吸取历次图夏战略中只重视正面战场的经验教训，决定扶植河湟吐蕃等势力从侧翼对西夏进行牵制。据《长编》卷 188 载：

> （嘉祐三年九月）乙亥，秦凤经略司言：西蕃嘉勒斯赉与契丹通姻。先是，嘉勒斯赉纳克垒阿匝尔等族叛归夏国，谅祚乘此引兵攻掠境上，嘉勒斯赉与战，败之，获酋豪六人，收囊驼战马颇众，因降隆博、里恭、玛颇克三族。会契丹遣使送女妻其少子董戬，乃罢兵归。契丹与嘉勒斯赉通姻，数遣使由回鹘路至河湟间，与嘉勒斯赉约举兵取河西。河西，谓夏国也。欲徙董戬凉州，与之相近，嘉勒斯赉辞以道远，兵难合，乃止。

第三节　助夏和宋时期（1068—1120）

从 11 世纪 70 年代以后，辽夏关系逐步走出了战争的阴影，并且又一次呈现出和好的局面。在辽朝灭亡之前的50余年间,双方使节来往频繁,仅史籍记载的一般使节来往就有十多次;西夏向辽贡献方物、俘虏、佛经等也有十多次;有特殊任务的遣使更多达一二十次,合计有四五十次之多。[85]到1105年,辽夏在相隔70余年之后,再次实现了皇室之间的通婚。[86]辽夏关系之所以由冷转暖,从辽朝方面来看,主要有以下几条原因:首先,如前文所述,辽夏之间协商解决了影响双边关系的边境部族问题,西夏以代替叛逃党项输贡的方式满足了辽朝作为宗主国的政治和经济要求。其次,辽朝内部民族矛盾日益尖锐,特别是阻卜诸部的反叛日益扩大,严重威胁了辽朝西部边疆的稳定。在这种情况下,辽朝对西夏采取合作政策,意在利用西夏与阻卜相邻的条件,共同反击和镇压阻卜。如寿隆五年(1099),辽道宗曾诏令西夏国王李乾顺攻打阻卜部族拔思母等部。[87]第三,在宋辽之间的和平对峙中,宋朝对内刷新政治,对外积极开拓,政治地位渐有压过辽朝的趋势。特别是在对夏战争中,宋朝一度取得进取横山、经略河湟等重大战果,这不仅使宋朝扭转了此前对夏斗争的被动局面,而且树立了其在西北政局中的主导地位。如果任由宋盛夏衰的局面发展下去,辽朝担心有朝一日宋人也会把自己当作灭亡的目标。有鉴于此,辽朝大幅度转变了以前敌视西夏的政策,开始积极介入宋夏战争,力助西夏走出败亡的困境。

1071年,宋夏争夺罗兀城地区,西夏失利后,向辽朝请援。辽道宗"发腹里兵三十万往西界"[88],聚集在宋辽边境上对夏表示声援。1072年,辽朝利用宋夏战争的时机,在宋辽边界挑起界河冲突,最终于1074年强行划占了宋方700里领土。此后七年间,受到宋辽紧张关系的影响,宋朝对夏战争的规模和频率大为降低。[89]1081年,西夏由于皇室和外戚的权力斗争,国内政局动荡不安。这自然引起了西夏的相邻政权尤其是宋辽两大政权强烈的觊觎之

心,它们甚至竞相制定侵夏的计划。据宋将种谔报告:

况此西人叛乱,邻国孰不动心?契丹自数年来岁尝三四以拜礼佛塔为名,欲假道兴州,而意在吞并其国;西人平时已常患之,况今国内有乱,窃闻中国弃而不顾,或备而迟留,万一契丹乘此举兵吞并,易若反掌矣。若西夏果为契丹所并,则异日必为大患于中国。故今此事系朝廷为与不为,决与不决耳。所谓楚得之则楚胜,汉得之则汉胜。今西夏疆场若归中国,则契丹孤绝,彼势既孤,则徐为我图矣。兵法曰:先发者治人,后发者治于人。愿陛下留神,早运胜算,此千载一时之会,陛下成万世大勋,正在今日矣。又者,向言元昊将死遗言:异日势衰力微,宜附中国,誓不可胁从契丹,中国仁爱,而契丹负心,若附中国,则子孙安宁,又得官爵,若为契丹所胁,则吾族被戮,无孑遗矣。此语国人皆知,至今相传。今朝廷讨伐,不惟易以成功,西夏素已拒防契丹,则必投戈归命矣。[90]

宋朝最终派遣五路大军伐夏,担心辽朝会先于宋朝入侵西夏恐怕也是其中一个重要理由。1082 年,辽朝即"以夏国遣使入朝,称为南朝无名起兵讨伐,不知事端"为由,对宋朝的行动提出质疑,而宋朝则以"夏国主秉常见受本朝封爵,昨以并边部落来告,秉常为母党所囚辱,比令边吏移问争端,其同恶首领专辄不报,又引兵数万侵犯边略,义当往征。今彼以屡遭败衄,故遣使诡情陈露,意在间惑,想彼已悉察"[91]等理由回复。同年二月,西夏为了邀功和嫁祸,遣使将俘获的宋将张天益献给辽朝。四月,辽朝应西夏之邀遣使青唐,敦促其与西夏结盟抗宋。[92]1092 年,辽朝再次就西夏问题向宋朝施加压力,其函文"称奉辽主旨:夏使告乞应援,缘南北两朝通好年深,难便允从,委涿州牒雄州闻达南朝,相度施行”。[93]这次交涉对推动宋夏之间的议和,尤其是西夏方面贡献颇大。1093年,西夏在向宋请和的表文中明确指出了这一点:

> 本国准北朝札子,备载南朝圣旨,称夏国如能悔过上表,亦许应接。今既北朝解和,又朝廷素许再上表章,欲遣诣阙。[94]

这次议和之后不久,宋朝国内的主战派重新得势,遂对西夏采取强硬的开边政策,导致宋夏大战再度爆发。在战争中,西夏屡屡战败,形势危急,便不得不接二连三地向辽朝派出告急求援的使者。1099年,应西夏的要求[95],辽朝加大干预力度,派出不同一般使节的“泛使”[96]前往宋朝,请其停止对夏战争。关于这次交涉,宋、辽两方面都有记载,但细节略有小异。先看辽人的记载。据《辽史》卷26《道宗本纪六》云:

> (寿隆四年)六月戊寅朔,夏国为宋所攻,遣使求援。……十一月乙巳朔,知右夷离毕事萧药师奴、枢密直学士耶律俨使宋,讽与夏和。辛酉,夏复遣使求援。……己酉,诏夏国王李乾顺伐拔思母等部。……(寿隆五年)夏五月壬戌,药师奴等使宋回,奏宋罢兵。[97]

再看宋人的记载。据《长编》卷507云:

> (元符二年三月)丙辰,辽国遣泛使左金吾上将军签书枢密院事萧德崇、副使枢密直学士尚书吏部侍郎李俨见于紫辰,曲宴垂拱殿。其遣泛使,止为夏国游说息兵及还故地也。

比较一下这两则显然是记载同一事件的不同史料,就会发现宋人和辽人对于使节姓名的写法显然是不同的。那么,两组使节是否存在着对应关系,即它们是否是同一对呢?答案是肯定的。比较明显的是耶律俨和李俨的关系。据《辽史》卷98《耶律俨传》记载：

耶律俨，字若思，析津人。本姓李氏。……宋攻夏，李乾顺遣使求和解，帝命俨如宋平之，拜参知政事。

耶律俨"本姓李氏"，与宋人材料中的李俨恰好相符，这既说明两者是同一个人，同时暗示出耶律俨很可能是一个汉人，耶律是后来辽朝皇帝给他的赐姓。

而萧药师奴与萧德崇的关系，虽然找不到来自姓氏和官职方面直接对应的证据，但是一个合理的解释是萧药师奴是契丹人，药师奴是他的契丹语名字，萧德崇则是他的汉文名字，两者不是互译关系，而是并存关系。以下是笔者依据宋、辽材料对这次交涉情况的复原。

1098(辽寿昌四年)11月，一说12月24日，萧德崇、耶律俨一行奉命出使宋朝。[98]这个使团的高级成员还包括来自西夏的两名使者，他们前来的目的是和宋朝就战争曲直进行辩论。1099年1月，辽朝涿州地方当局以书面形式将萧德崇即将使宋交涉宋朝对夏战争的消息正式通报到了宋朝方面。[99]3月，萧德崇、耶律俨等人抵达宋朝京城开封。宋朝派遣郭知章前往探视。萧德崇说："两朝久和好，小国撮尔疆土，还之可乎?"郭知章回答说："夏人累犯边，法当致讨，以北朝劝和之故，务为优容，彼若恭顺如初，当自有恩者，非使人所能欲知也。"[100]随后萧德崇在紫辰殿拜见宋哲宗的时候再次要求说"北朝皇帝敢告南朝皇帝，西夏事早与休得，即甚好"。在萧德崇带来的国书中也写道：

粤维夏台。实乃藩辅。累承尚主。迭受封王。近岁以来。连表驰奏。称南兵之大举。入西界以为深图。恳求救援之师。用济攻伐之难。理当依允。事贵解和。盖念辽之于宋也，情重子孙；夏之于辽也，义隆甥舅。必欲两全于保合。岂宜一失于绥存。而况于彼此庆历元丰中。曾有披闻。皆为止退。宁谓辄违旨。仍事远征。而后移问稠重。谕言委细。已许令于应接。早复罢于侵争。倘蔽议论以无从。虑造端而有自。则于信誉。谅系谋维。与其小不忿以穷兵。民罹困弊。曷若大为防而计国。世固和成。特戒使,往达诚素。向融淑津。加裕冲襟。[101]

宋廷对此严辞质问说:"西人累年犯顺,理须讨伐,何烦北朝遣使!"德崇等人唯唯而退。[102]辽朝外交使团在宋逗留一月有余,四月辛卯,萧德崇坚决要求宋廷在回复的国书中写明"增休兵马、还复疆土"等语,但是宋人最终没有同意这种写法。[103]5月,萧德崇等返回辽朝,上奏说宋朝决定停止对夏战争。[104]这年12月,西夏遣使向宋谢罪,再进誓表,表现了恭顺的态度,宋朝才决定与西夏恢复和平局面。[105]

宋徽宗时期,蔡京力主开边,对辽夏采取强硬政策。1105年(崇宁四年),宋朝不仅占领了青唐吐蕃地区,同时还在西夏沿边构筑了以堡寨为核心的封锁线,使得西夏的边境安全受到了巨大威胁,因而西夏不得不向辽求援。[106]1105年1月,辽朝派遣枢密直学士高端礼等劝宋罢伐夏兵。第二年1月,辽朝派遣知北院枢密使萧得里底、知南院枢密使事牛温舒等使宋,再次要求宋朝归还所占西夏领土,与夏议和。10月,"宋与夏通好,遣刘正符、曹穆来告"。[107]这次斡旋虽然成功,但是在辽宋交涉过程中却透露出前所未有的紧张气氛。[108]辽朝方面对宋极尽恫吓之能事:

(乾统)五年,夏为宋所败来请和解,温舒与萧得里底使宋,方大燕,优人为道士装,索土泥药炉,优曰:土少不能和。温舒遂遽起,以手籍土怀之。宋主闻其故,温舒对曰:臣奉天子威命来和,若不从当卷土而去。宋人大惊,遂许夏和。[109]宋既许,得里底受书之日,乃曰:始奉命取要约归,不见书辞,岂敢陡还。遂对宋主发函而读。既还,朝议为定。[110]

宋朝方面在后续行动中也显示出不甘示弱的姿态:

契丹复遣泛使同平章事萧保先、牛温舒来为夏人请地,时辽报称北朝点集甚急。泛使至馆,人情汹汹,张康国、吴居厚、何执中、邓洵武皆谓势须与虏交战,赵梃之独曰:吾观虏词甚逊,且遣二相臣为使,乃所以尊中国。况所求但云元符讲和以后所侵夏西界也。上曰:先帝已画封疆,今不复议。云云。[111]摅报聘,京密使激怒之以启衅。入境,盛气以待迓者,小不如仪,辄辨诘。及见辽主,始跪授书,即抗言数夏人之罪,谓北朝不能加责而反为之请。礼出不意,辽之君臣不知所答。及辞,辽使摅附奏,求还进筑夏人城栅。摅答语复不巽,辽人大怒,空客馆水浆,绝烟火,至舍外积潦亦污以矢溲,使饥渴无所得。如是三日,乃遣还,凡饔饩、祖犒皆废。归复命,议者以为怒邻生事,犹除礼部尚书。既而辽人以失礼言,出知颍州。[112]

这次由辽朝促成的宋夏和议大体上维持了7年(1106—1113)多的时间。此后,宋夏关系又一次陷入长期战争的泥潭,期间西夏虽然有过几次大捷,但是总体上败多胜少,胜利的天平越来越向宋朝一方倾斜。这时,又是辽朝及时出面干预,促成了宋夏最终罢兵议和。[113]需要指出的是,调停宋夏期间,辽朝本身也面临着新兴势力金朝的巨大威胁。总之,但凡西夏迫近生死存亡的危急关头,辽朝总要出头迫使宋朝同意西夏议和的要求;宋朝的数次制夏行动之所以半途而废,辽朝从中作梗也是极为重要的因素之一。

如何评价辽朝后期这一系列帮助西夏的行动呢?吴广成认为

这并不是传统意义上的“救难恤邻”，而是辽朝乘宋夏战争，要挟宋朝满足其本国利益的举动。[114]经历这些事件的宋人就曾说过“北虏于夏人唇齿相依，亦为己谋，非特为西夏故也”。[115]诚如吴氏所论，辽朝对西夏的援助其实是有限度和有条件的，即援助西夏的行动不能危及辽宋和好的大局。辽朝在调解宋夏矛盾中虽然曾宣称要一视同仁[116]，但实际上它对与宋朝保持友好关系的兴趣远远高于对辽夏联合反宋的重视。第一，辽朝从来没有因为西夏问题而冒险对宋发动直接战争。相对于宋夏、辽夏之间持续冲突的历史，宋辽自澶渊之盟以来的关系可以说是和平友好的。第二，围绕西夏问题的辽朝对宋外交经常由地方当局办理。辽朝对宋交涉西夏问题有许多是由涿州当局主持的，这显示出辽朝希望把西夏问题控制在很小的范围和较低的层次之内。第三，辽朝对宋交涉西夏问题并不尽心尽力，对夏往往是敷衍了事而已。如文书交涉中，经常是表面上言词激烈，但实际上“首尾语言大约相类，当时回一牒，更不复来。其后数因国信往还诘问，然亦不甚力”。辽人自己就曾承认“不敢以小国害大国和好”。[117]辽朝真正关心的怎样与宋维持和好关系，享受澶渊之盟带来的和平红利——宋朝一年一度的“岁币”。第四，辽朝不主动甚至拒绝参与西夏对宋的军事行动。据《东都事略》附录记载：

> 宣和中，夏人知道中国有事北边，遂与辽国书，约夹攻宋国，天祚不听。

后来建立西辽的耶律大石，曾就此事对宋朝使者感慨说：

> 河西家（指夏）累次上表欲兴兵夹攻南朝，本朝每将表章付与南朝，不肯见利忘义，听用间谍，贵朝才得女真一言即便举兵。[118]

屡屡拒绝联夏攻宋说明对宋和平是辽朝一贯的政策，与宋朝维持和好关系是辽朝在澶渊之盟以后最高的国策。

附表 4—2：辽、宋涉夏泛使表[119]

时间	遣使国	使名	任务	备考
康定一年四月(1040)	宋	郭稹、夏防	告用兵西夏	
康定一年十二月(1040)	辽	杜防	报郭稹之使	
庆历二年二月(1042)	辽	萧英、刘六符	索关南十县地	
庆历二年七月(1042)	宋	富弼、张茂实	再议关南十县地	
庆历二年九月(1042)	辽	耶律仁先、刘六符	送关南誓事	
庆历四年七月(1044)	辽	耶律元衡	告伐西夏	
庆历四年八月(1044)	宋	余靖	报耶律元衡之使	
庆历五年一月(1045)	辽	耶律宗睦	告讨西夏回	
庆历五年十月(1045)	辽	耶律翰林、王纲	赠西征所获	
皇祐一年三月(1049)	辽	耶律信(萧惟信)	复告西征	
皇祐一年三月(1049)	宋	钱明逸、向传范	报耶律信之使	
皇祐二年三月(1050)	辽	耶律益、赵东之	告伐夏还	
皇祐二年三月(1050)	宋	赵既、钱晦	报耶律益之使	
至和一年九月(1054)	辽	萧德、吴湛	告与西夏平且求仁宗像	
至和一年九月(1054)	宋	王拱辰、李绚	报萧德之使	
寿隆三年六月(1097)	辽		调停宋夏	据《辽史》，使名不详
元符二年三月(1099)	辽	萧德崇、代俨(李俨)	为夏国请缓师	

续表

时　间	遣使国	使　名	任　务	备　考
元符二年四月(1099)	宋	郭知章、宋深	报箫德崇之使	
崇宁四年四月(1105)	辽	萧良	为夏国请侵地	
崇宁四年五月(1105)	宋	林攄	报萧良之使	
崇宁四年八月(1105)	宋	刘正夫	续林攄之使	
崇宁五年三月(1106)	辽	萧保先(萧得里底)、牛温舒	再为夏国求还侵地	

第四节　联夏抗金时期(1120—1125)

进入12世纪,辽朝内部长期积累的各种矛盾特别是民族矛盾进一步激化开来,直接导致了辽朝覆亡的命运。1114年,不堪辽朝压迫的女真人在其首领阿骨打的率领下起兵反辽,并于次年建立了金朝。在辽朝和金朝的一系列战役中,辽军可以说是节节败退,失地连连。到1120年,“天下郡县,所失几半,生灵涂炭”[120],辽朝甚至连自己的发迹之地上京临潢府都不能保有。同时,辽朝统治集团内部的相互倾轧愈演愈烈,终于形成分崩离析的局面。[121]值此国家存亡之秋,天祚皇帝不得不向外部势力尤其是西夏寻求支援。[122]

辽朝与西夏不仅互为重要相邻政权,而且维持着既是宗属,又为姻亲的密切关系。长期以来,正是有了辽朝或明或暗的孵翼,西夏才得以在与宋朝的对抗中生存下来。从唇亡齿寒的道理出发,西夏自然不愿意看到辽朝的灭亡。1122年,西夏国主乾顺遣兵数万援辽,袭击了已被金军占领的天德军。《金史》卷72《娄室传》

比较详细地记载了这次战役的情况：

> 夏人救辽，兵次天德，娄室使突捻、补攧以骑二百为候兵，夏人败之，几尽。阿士罕复以二百骑往，遇伏兵，独阿士罕脱归。时久雨，诸将欲且休息，娄室曰："彼再破吾骑兵，我若不复往，彼将以我怯，即来攻我矣。"乃选千骑，与习失、拔离速往。斡鲁壮其言，从之。娄室迟明出陵野岭，留拔离速以兵二百据险守之。获生口问之，其帅李良辅也。将至野谷，登高望之。夏人恃众而不整，方济水为阵，乃使人报斡鲁。娄室分军为二，迭出迭入，进退转战三十里。

是役西夏先小胜而后大败，但并没有停止援辽的行动。六月，当天祚帝被金军追捕的四处逃窜时，西夏派遣大臣曹价前来问候起居，并且馈赠粮饷。[123]八月，西夏再次遣兵攻打天德军未遂。[124]次年一月，西夏又一次伐金，"顿兵于可敦馆"[125]，造成了金朝边境的紧张。五月，为了更好地拉拢西夏共同抗金，流亡途中的天祚皇帝破例册封乾顺为夏国皇帝，并且承认西夏为兄弟之国。这在辽夏关系史上是前所未有的事情。与辽朝平起平坐，这个西夏从前在战场上没有实现的目标，如今却在辽朝岌岌可危的局势下轻易地达到了。只可惜，这一切在金人对西夏的军事和政治攻势中随即就变得毫无意义了。

1123年初，为了瓦解辽夏抗金的同盟和加快灭亡辽朝的步伐，金朝负责西北战局的大将宗望亲自前往阴山前线与西夏议和。金朝提出的议和条件有三项：第一，仿照辽朝旧例，西夏对金称臣纳贡；第二，协助金朝捉拿逃亡的辽朝天祚势力；第三，作为补偿，金朝把辽朝西南部分领土赐给西夏。[126]西夏慑于金朝的兵威，为了保存自己，不得不公开弃辽附金。《金史》卷134《夏国传》记载了双方盟誓的用辞：

天会二年三月，乾顺遣把里公亮等来上誓表，曰："臣乾顺言：今月十五日，西南、西北两路都统遣左谏议大夫王介儒等赍牒奉宣，若夏国追悔前非，捕送辽主，立盟上表，仍依辽国旧制及赐誓诏，将来或有不虞，交相救援者。臣与辽国世通姻契，名系籓臣，辄为援以启端，曾犯威而结衅。既速违天之咎，果罹败绩之忧。蒙降德音以宽前罪，仍赐土地用广籓篱，载惟含垢之恩，常切戴天之望。自今已后，凡于岁时朝贺、贡进表章、使人往复等事，一切永依臣事辽国旧例。其契丹昏主今不在臣境，至如奔窜到此，不复存泊，即当执献。若大朝知其所在，以兵追捕，无敢为地及依前援助。其或征兵，即当依应。至如殊方异域朝觐天阙，合经当国道路，亦不阻节。以上所叙数事，臣誓固此诚，传嗣不变，苟或有渝，天地鉴察，神明殛之，祸及子孙，不克享国。"所谓西北，西南两路都统者宗翰也。盖宗望以太祖命与之通书，而宗翰以便宜割地议和云。

太宗使王阿海、杨天吉往赐誓诏曰："维天会二年岁次甲辰，闰三月戊寅朔，皇帝赐誓诏于夏国王乾顺：先皇帝诞膺骏命，肇启鸿图，而卿国据夏台，境连辽右，以效力于昏主，致结衅于王师。先皇帝以谓忠于所事，务施恩而释过，迨眇躬之纂绍，仰遗训以遵行，卿乃深念前非，乐从内附，饬使轺而奉贡，效臣节以称藩。载锡宠光，用彰复好，所有割赐地土、使聘礼节、相为援助等事，一切恭依先朝制诏。其依应征兵，所请宜允。三辰在上，朕岂食言，苟或变渝，亦如卿誓。远垂戒谕，毋替厥诚。"

其中，用来规定金夏关系性质的外交礼仪几乎完全因袭了辽朝对待西夏的旧礼！虽然如此，西夏和金朝的关系远远不及辽夏关系亲近。西夏甚至还利用辽金激战的时机大肆扩张势力和掠夺边境人口。这一点在宋朝致金朝的国书中有着充分的揭露：

> 夏国素务矫诈，昨闻尝遣使金国贺功。其实力助契丹，至公行文字，诋毁金国甚切；及勾集众兵，借与契丹。闻累与金国接战，已占据契丹金肃、河清军、天德军、云内州，若不讨伐，常作堤防，必为金国深患。[127]

而辽朝的残余势力，也采取联夏的政策继续着抗金复国的大业，此为西辽兴起后的事迹。

注　释

1 陈寅恪：《唐代政治史述论稿》，三联书店，2001 年，第 321 页。

2 《辽史》卷 2《圣宗本纪二》、卷 46《百官志二》、卷 82《耶律德威传》、卷 115《西夏外纪》。

3 张国庆：《略论辽夏"和亲"与辽夏关系的变化》，载《史学月刊》，1988 年第 5 期。

4 顾祖禹：《读史方舆纪要》卷 39，上海书店出版社，1998，第 268 页。

5 辽朝对中原的政策大体可以分为两个阶段：太祖、太宗时期，为开拓时期。这一时期，辽朝锐意南进。它首先从石晋手中攫取了战略位置极为重要的幽蓟地区，从而打开了通往中原的门户。其次，它甚至一度尝试建立对中原的直接统治，但是迎面而来的激烈反抗使其被迫放弃了这个企图统一南北的试验。世宗以后，为羁縻时期。这一时期，在草原本位主义的支配下，辽朝对中原的政策转趋保守，它不再把消灭中原政权作为终极的战略目标，而是采取扶植一个或几个敌对势力的办法来牵制中原统一的步伐和阻止汉族帝国的再度强大。参看陈述：《契丹政治史论稿》，第 110—125 页。

6 《续资治通鉴长编》卷 9，开宝九年七月丙午条。

7 《续资治通鉴长编》卷 25，雍熙元年四月甲辰条。

8 参看廖隆盛：《宋太宗的联夷外交及其二次北伐》，载《台湾师大学报》第 10 期，1982 年。

9 《辽史》卷10《圣宗本纪一》。

10 参看李华瑞:《宋夏关系史》,河北人民出版社,1998年,第18—21页。

11 《宋史纪事本末》卷2《论兵权》:天下之所以四分五裂者,方镇之专地也;干戈之所以交争互战者,方镇之专兵也;民之所以苦于赋繁役重者,方镇之专利也;民之所以苦于刑苛法峻者,方镇之专杀也;朝廷命令不得行于天下者,方镇之继袭也。陈邦瞻:《宋史纪事本末》,中华书局,1977年。

12 《续资治通鉴长编》卷19,太平兴国三年五月乙酉朔条。

13 《旧五代史》卷132《李仁福传》。

14 《宋史》卷325《刘平传》。

15 分析辽夏初期的建交事件,与其说是辽朝与夏州结盟,不如说是辽朝纳降,以继迁之残破部族,岂能成为平等结盟的对象?所以,辽夏之正式的外交一开场就带有主从的性质,辽朝对属国西夏的政治经济具有巨大的影响力。

16 《宋朝诸臣奏议》卷30《张齐贤:上真宗论陕西事宜》,上海古籍出版社,1999年。

17 叶隆礼:《契丹国志》卷21。

18 《辽史》卷41《地理志五》:河清军。西夏归辽,开直路以趋上京。

19 参看杜建录:《西夏与周边民族关系史》,甘肃文化出版社,1998年,第109页。

20 《辽史》卷115《西夏外纪》。

21 《宋史》卷253《折御卿传》。

22 参看林荣贵、罗贤佑:《辽圣宗实行善宋制夏政策及其历史作用》,载《民族史论丛》第一辑,中华书局,1987年。

23 参看《辽史》卷13《圣宗本纪》、卷82《耶律德威》、卷115《西夏外纪》。

24 《辽史》卷103《萧韩家奴传》云:国家大事,唯在南方。

25 陈述:《契丹政治史论稿》,第129页。

26 向南主编:《辽代石刻文编》之《圣宗皇帝哀册》,第194页。

27 辽和宋的关系在中国历史上直到现代为止最接近平等关系。这种非同一般的平等是以两方都自认有权使用唐帝国的口气为依据的,因此,某些新的礼节性言语必须裹上中性语言的外衣。但由于采用了诸如兄弟、叔侄、叔公、侄孙等亲属关系词汇,某些老的辞令得以保存下来。尤其是,宋朝统治者十分注意把他们和辽的平等关系作为一种独一无二的情况,这才能使他们在与其他政权交往时保持某种尊严。王庚武:《小帝国的辞令:宋代与其邻国的早期关系》,载王庚武、姚楠(编译):《历史的功能》,中华书局(香港),1990年,第141—172页。

28 参看陶晋生:《辽夏关系史》,台北联经文化出版公司,1984年,第22—39页。

29 黄仁宇:《赫逊河畔谈中国历史》,三联书店,2002年,第154页。

30 《宋史》卷281《毕士安传》。

31 刘建丽:《西夏与辽朝关系述论》,载《辽宁大学学报》,2005年第3期。

32 《辽史》卷91《耶律唐古传》:(统和二十四年)迁西南面巡检,历豪州刺史,唐古部详稳。严立科条,禁奸民鬻马于宋、夏界。因陈弥私贩,安边境之要。太后嘉之,诏边郡遵行,著为令。

33 此说本于《西夏书事》卷8:德明嗣职期年,未膺封册,蕃族多怀观望。行军司马赵保守言:国家疆宇虽廓,自西凉扰乱,先王(继迁)被害,蕃人惊疑,若不假北朝(辽)威令慑之,恐人心未易靖也。德明遂遣保宁献方物契丹,以请册封。契丹主曰:此吾甥也,封册当时至。待保宁加礼,遣回。而册封之事载于《辽使》卷14《圣宗本纪五》。

34 长泽和俊(著)、钟美珠(译):《丝绸之路史研究》,天津古籍出版社,1990年,第373页。

35 关于辽朝与外族贸易的情况,详见《辽史》卷70《属国表》。

36 《辽史》卷12《圣宗本纪三》:(统和六年秋七月)乙亥,遣(西)南面招讨使韩德威讨河、湟诸蕃违命者。……(统和十年春)二月乙丑朔,……韩德威奏称李继迁称故不出,至灵州俘掠以还。

37 《西夏书事》卷5在统和十二年叙事中,以"附"的形式举出了皇太妃西征的事件。兹先引原文如下。"《辽史·萧挞凛传》:统和十二年,夏人梗边,皇太妃受命总乌古及永兴宫分军讨之,挞凛为阻卜都详稳。凡军中号令,太妃悉委之。师还,以功封兰陵郡王。考《西夏传》,是年书'夏国入贡',而《圣宗纪》不载梗边事。"从该事未被列入正文以及相关考证来看,该书的撰者清代学者吴广成对统和年间皇太妃西征夏国一事是持有怀疑甚至否定态度的。那么此事的真相究竟如何呢?

检索《辽史》,涉及皇太妃西征的史料共有5条。依其所叙述的情形可以分为三类:第一类明确指出皇太妃是因"夏人梗边"而发动西征的。(此类见上引《萧挞凛传》条)第二类未明确皇太妃讨伐之起因与对象,只是含糊地指出行动方向为西边或西北边。(此类见《圣宗本纪四》以及《部族表》,共三条)第三类明确指出皇太妃为开拓疆土而"出师西域"。(此类见《萧韩家奴传》条)。

笔者认为,皇太妃出师西域的说法是正确的,也就是说这次西征实与西夏毫无牵涉。理由如下:第一,出师西域之说叙事通顺、清晰合理,而伐夏之说前后抵牾、颇有矛盾。前说史料本于《辽史》卷103《萧韩家奴传》所载:阻卜诸部,自来有之。曩时北至胪朐河,南至边境,人多散居,无所统壹,惟往来抄掠。及太祖西征,至于流沙,阻卜望风悉降,西域诸国皆愿入贡。因迁种落,内置三部,以益吾国,不营城邑,不置戍兵,阻卜累世不敢为寇。统和间,皇太妃出师西域,拓土既远,降附亦众。自后一部或叛,邻部讨之,使同力相制,正得驭远人之道。从这段史料中可以得知,辽朝统和年间的西征主要是针对横亘在西域和辽朝本部之间的阻卜诸部而发动的。而伐夏之说中萧挞凛不仅所任职务为阻卜都详稳,而且任务为"因讨阻卜之未服者",这显然与伐夏的目的出入颇大。

第二,出师西域之说在宋人一些文献中能够获得证实。一是《武经总要前集》卷22《北藩地理》驴驹儿河条载:"驴驹儿河,源出塞外,在契丹国西北。契丹命齐王妃与建榄捍达靼,即此也。"二是据《宋会要辑稿》第196册《蕃夷一》记载:(至道二年)七月,契丹供奉官李信来归,补供奉官,赐器币冠带。信具道中国事以闻。信云:明纪四子,长者隆绪也,今年三十三;……明纪妻萧氏,今年五十一。萧氏二妹。长适齐王,伪称太后,未曾封册。王死自称齐妃,领兵三万,屯西鄙驴驹儿河,西捍鞑靼,尽降之。因某率其众奔骨历札国,结兵以篡萧氏。……三是《契丹国志》卷13《景宗萧皇后传》中载:(景宗)后(萧氏)有姊二人,长适齐王,王死,自称齐妃,领兵三万,屯西鄙驴驹儿河,尝阅马,见番奴挞览阿钵姿貌甚美,因招侍宫中。后闻之,执挞览阿钵,以沙囊四百而离之。逾年,齐妃请于后,原以为夫。后许之。使西捍鞑靼,尽降之。因某帅其众奔骨历札国,结兵以篡萧氏。后知之,遂夺其兵,命领幽州。上述文献中提到的齐王妃即《辽史》所说的皇太妃胡辇,她是景宗妻萧氏的妹妹、齐王之妻;建榄或挞览阿钵即《辽史》所说的萧挞凛;明纪即辽景宗;隆绪即辽圣宗。关于齐妃"领兵三万,屯西鄙驴驹儿河,西捍鞑靼,尽降之。因某率其众奔骨历札国,结兵以篡萧氏"以及类似"契丹命齐王妃与建榄捍达靼"的记载,从时间(至道二年以前即公元996年之前)、地点(驴驹儿河,今蒙古克鲁伦河)、事件(西捍鞑靼,即西伐阻卜)正与上揭出师西域一事完全吻合。

第三,《辽史》中西边以及西北的含义皆指蒙古高原以及西域地区,即西北路招讨司负责的辖区;而西夏所在地区的部族被称为"西南夷",属于西南招讨司负责的辖区。所以,这类说法实际与"出师西域"意思一致。

第四,正如吴广成所指出的,《西夏外纪》不仅没有提到夏人梗边的事件,反而记载了西夏使节朝贡的事实。何况统和十二年(994),西夏李继迁的势力仍然十分的弱小,控制的地区仅仅局限于银州的沙漠中。这说明这一时期,辽夏关系是正常和友好的。在这种情况下,出现违背时局的伐夏事件是不可理解的。因此,可以断定统和年间皇太妃西征的目标不是西夏,而是扰边的阻卜诸部。

38 如统和十二年以及十七年西征阻卜最重要的将领萧挞凛,在统和二十年之后出现在对宋的南线战场上。参见《辽史》卷14《圣宗本纪五》。

39 长泽和俊(著)、钟美珠(译):《丝绸之路史研究》,天津古籍出版社,1990年,第378页。

40 《续资治通鉴长编》卷44,咸平二年六月戊午条。

41 《宋史》卷257《李继和传》。

42 此次攻击凉州,李继迁先胜后败,逃跑途中伤重而死。此后,回鹘一直在该地区占据着优势。西夏真正控制凉州是在1032年李元昊时期。参见王天顺:《西夏战史》,宁夏人民出版社,1993年,第119—120页。

43 《剑桥中国辽西夏金元史》,中国社会科学出版社,1998年,第193页。

44 参见长泽和俊(著)、钟美珠(译):《丝绸之路史研究》,天津古籍出版社,1990年,第340页。

45 参见前田正名(著)、陈俊谋(译):《河西地理学研究》,中国藏学出版社,1993年,第457页。

46 长泽和俊在《吐蕃遣使考》中指出,开泰七年的遣使来自于凉州,其背景是"辽以占据肃州为转机,企图积极推进河西经营。例如,辽积极拉拢沙洲归义军,在开泰八年(1019)春正月,封沙州节度使曹顺为敦煌郡王,翌年秋七月,赐予曹顺衣物,并交换使节。同年冬十月戊寅,使节郎君老自沙州返回。关于开泰七年之遣使,实际上即在此种形势下进行的。因此,吐蕃王并里尊的遣使估计与沙州同样,是在侵入甘州、肃州的辽驻在机关的怂恿之下,而赴辽的上京去的。考虑到当时的这种形势,看来吐蕃的遣使是自甘州经土槐口故城,然后经西北路招讨使所镇之漠北镇州去往上京的。大概正是这样,所以使节才带来了吐蕃王并里尊的上奏,请求'(不要走这样迂回的道路),凡朝贡,乞假道夏国'的吧"。参看长泽和俊(著)、钟美珠(译):《丝绸之路史研究》,天津古籍出版社,1990年,第360页。

47 所谓"回鹘西路",指沿阴山西行到达居延进而沟通西域或南下的道路。河湟吐蕃前往辽朝首都的路线是从青唐出发西向越过扁都口（古称大斗拔谷）至甘州，然后北行到达居延然后沿着阴山东趋上京。《青唐录》记载"又牦牛城。在青唐北五十余里，其野产牛。城之北行数日，饶大山，其外接契丹。"另按《续资治通鉴长编》卷188，嘉祐三年九月九月癸酉条云：契丹既与唃厮啰通姻，数遣使由回鹘路至河湟间，与唃厮啰约举兵取河西，河西谓夏国也，欲徙董毡凉州，与之相近。唃厮啰辞以道远兵难合，乃止。此据高永年《陇右日录》并汪藻《青唐录》。参看前田正名（撰），张鉴衡、陈宗祥（译）：《西夏时代河西南北的交通路线》，载《西北史地》，1983年第1期；李明伟主编：《丝绸之路贸易史》，甘肃人民出版社，1997年，第492页；杨蕤：《关于西夏丝路研究中的几个问题》，载《中国历史地理论丛》，2003年第4期。

48　长泽和俊（著）、钟美珠（译）：《丝绸之路史研究》，天津古籍出版社，1990年，第360页。

49　《辽史》卷70《属国表》。

50　《宋史》卷485《夏国传》。

51　《辽史》卷16《圣宗本纪七》。

52　吴广成（著）、龚世俊等（校）：《西夏书事校正》卷10，第121页。

53　长泽和俊（著）、钟美珠（译）：《丝绸之路史研究》，天津古籍出版社，1990年，第381页。

54　吴广成（著）、龚世俊等（校）：《西夏书事校正》卷7，甘肃文化出版社，1995年，第124页。

55　长泽和俊（著）、钟美珠（译）：《丝绸之路史研究》，天津古籍出版社，1990年，第378页。

56　西夏李德明攻击凉州，虽然没有获得彻底胜利，但是却也在此建立了一个稳固的根据地。《续资治通鉴长编》卷85，大中祥符八年（1015）九月丙子条：可汗王夜落纥上表言，巴乌公主病死，以西凉人苏守信劫乱日与交斗，不时奏闻。……苏守信者，夏州所遣，领兵七千马五千，戍西凉者。故夜落纥奏及之。初，甘州回鹘国可汗夜落纥，数与夏州交战，其贡奉多为夏州抄掠。及总葛尔族感悦朝廷恩化，乃遣人援送其使，故频年得至京师。又《续资治通鉴长编》卷88大中祥符九年（1016）十二月辛卯条：甘州回纥可汗夜落下纥圭呼，遣使来贡。……又言：苏守信死，其子罗奔领西凉府事。回纥遣兵，攻破其族帐百余，斩级三百，夺其马牛羊甚众。西夏就是依托凉州而发动历次对甘州的攻击的。《续资治通鉴长编》卷68,大中祥符元年春三月条记载说:赵德明遣万子等四军领族兵攻西凉府。既至,见六谷蕃部强盛,俱而趋回鹘。回鹘设伏要路,示弱不与斗,俟其过,奋其击之,剿戮殆尽。

57 傅海波、崔瑞德:《剑桥中国辽西夏金元史》,中国社会科学出版社,1998年,第202页。

58 长泽和俊(著)、钟美珠(译):《丝绸之路史研究》,天津古籍出版社,1990年,第381页。

59 《辽史》卷18《兴宗本纪一》:(重熙七年三月)夏四月己巳,以兴平公主薨,遣北院承旨耶律庶成持诏问夏国王李元昊,公主生与元昊不睦。殁,诘其故。

60 田况:《儒林公议》卷下。

61 《续资治通鉴长编》卷177,至和元年九月辛巳条附注。

62 《辽史》卷60《食货志下》。

63 《辽史》卷18《兴宗本纪一》、卷115《西夏外纪》。

64 《辽史》卷70《属国表》、卷115《西夏外纪》。

65 参看林荣贵、罗贤佑:《辽圣宗实行善宋政策及其历史作用》,载《辽金史论丛》第一辑,中华书局,1987年。

66 《续资治通鉴长编》卷123,宝元二年正月辛亥条。

67 《续资治通鉴长编》卷125,宝元二年闰十二月壬子条。

68 《辽史》卷19《兴宗本纪二》

69 《宋史》卷10《仁宗本纪二》

70 《续资治通鉴长编》卷135,庆历二年三月己巳条。

71 《续资治通鉴长编》卷124,宝元二年九月条:是月太子中允,直集贤殿院富弼上疏曰:……西北相结,乱华为虞,自古闻之,于今见矣。顷者,元昊援契丹为亲,私自相通,共谋寇难;缓则指为声势,急则假其师徒,至有犄角为奇,首尾相应。彼若多作牵制,我则困于分张。盖已先结大敌之援,方敢立中原之敌。

72 关于辽宋增币外交的讨论,详见陶晋生:《宋辽关系史研究》第四章《北宋庆历改革前后的外交政策》,第59—96页。

73 《续资治通鉴长编》卷142,庆历三年七月癸巳条。《辽史》也载:遣同知析津府耶律敌烈、枢密院都承旨王惟吉谕夏国与宋和。

74 《续资治通鉴长编》卷139,庆历三年正月癸巳条。

75 《续资治通鉴长编》卷139,庆历三年正月癸已条。

76 《续资治通鉴长编》卷139,庆历三年二月乙卯条云:昨梁适使契丹之时,国主面对行人,遣使西迈,意气自若,自言:"指呼之间,便令元昊依旧称臣。"今来昊贼不肯称臣,则是契丹之威不能使西羌屈伏,彼自丧气,岂能来责!

77 《续资治通鉴长编》卷142,庆历三年七月癸已条。

78 《辽史》卷15《圣宗本纪六》。另按:学术界普遍认为德明没有听从辽朝征讨党项的诏令,但从辽朝战后给予西夏奖赏一事来看,德明应该是听从了从征的命令。参看吴天墀:《西夏史稿》,第93页。

79 《辽史》卷92《耶律侯西传》。

80 《辽史》卷19《兴宗本纪二》。

81 《续资治通鉴长编》卷152,庆历四年十月条:是月,……契丹夹山部落岱尔族八百户归元昊,契丹主责还,元昊留不遣,契丹主遂亲将至境上,各据山,严兵相持。

82 田况:《儒林公议》卷下页3下。

83 《续资治通鉴长编》卷151,庆历四年八月甲午条

84 参看王天顺:《西夏战史》,宁夏人民出版社,1993年。

85 陈炳应:《辽夏关系及其相互政策》,载《宁夏社会科学》,1991年第4期。

86 《辽史》卷27《天祚本纪一》、卷115《西夏外纪》。

87 《辽史》卷26《道宗本纪六》、卷115《西夏外纪》。

88 《续资治通鉴长编》卷220,熙宁四年二月庚午条。

89 参看李华瑞《宋夏关系史》,河北人民出版社,1998年,第376—377页。

90 《续资治通鉴长编》卷312,元丰四年四月丙子条。

91 《续资治通鉴长编》卷322,元丰五年正月癸卯条。

92 《续资治通鉴长编》卷325,元丰五年四月丙寅条。

93 《续资治通鉴长编》卷476,元祐七年八月己巳条。

94 《续资治通鉴长编》卷480,元祐八年正月辛卯条。

95 辽人对于这点并不避讳。据《续资治通鉴长编》卷505记载:(元符二年正月丙寅)先是,辽使萧昭彦谓接伴刘逵曰:北朝遣泛使只为西人煎迫住不得,若南朝肯相顺甚善。逵曰:事但顺理,无顺情。

96 这里的泛使,指的是为紧急或意外事件而派遣的专使。宋辽缔结澶渊之盟时约定,除正旦以及生辰外,不遣泛使。但是,这一规定很快就遭到了破坏。据魏泰

《东轩笔录》卷15记载:厥后,北蕃欲讨高丽,遣耶律宁持书来告,是时雄州李允则不能如约止绝,乃遣人引送耶律宁至京。泛使至京,自此始矣。至康定中,西戎扰边,仁宗泛使郭稹奉使人北朝,北朝亦遣萧英、刘六符等至京,自此泛使纷纷矣。值得注意的是,辽朝派往宋朝的泛使相当一部分与交涉西夏问题有关。关于辽朝历次因为西夏问题而派遣泛使的情况,参看本节末《宋辽涉夏泛使表》。

97 另见《辽史》卷91《药师奴传》:药师奴……夏王李乾顺为宋所攻,求解,帝命药师奴持节使宋,请罢兵通好,宋从之。《辽史》卷98《耶律俨传》:耶律俨,字若思,析津人。本姓李氏。……宋攻夏,李乾顺遣使求和解,帝命俨如宋平之,拜参知政事。

98 《辽史》卷26《道宗本纪六》。

99 《续资治通鉴长编》卷505,元符二年正月十四日条。

100 《宋史》卷355《郭知章传》。

101 《续资治通鉴长编》卷507,元符二年三月壬戌条。

102 《续资治通鉴长编》卷507,元符二年三月丙辰条。

103 李埴:《皇宋十朝纲要》,卷14。

104 《辽史》卷26《道宗本纪六》

105 参看吴天墀:《西夏史稿》,四川人民出版社,1980年,第98页。

106 参看李华瑞:《宋夏关系史》,河北人民出版社,1998年,第380页。

107 《辽史》卷27《天祚本纪一》

108 李华瑞:《宋夏关系史》,第381页。

109 《辽史》卷86《牛温舒传》。

110 《辽史》卷100《萧得里底传》。

111 《续资治通鉴长编拾补》卷26,崇宁五年三月丁未条。

112 《宋史》卷110《林摅传》。

113 《宋史》卷468《董贯传》:关右既困,夏人亦不能支,乃因辽人进誓表纳款。

114 《西夏书事》卷31按:周氏《发明》谓:"是役也,辽有恤邻之谊。"故《续纲目》以书"人予之"。夫夏于辽、宋中间屡造兵端,然宋常为敌,而辽时为援。故夏兵胜,则辽乘之以肆要求;夏势衰,则辽因之以示排解。虽救难恤邻,《春秋》贤之,而辽之此举,则未必然也。观于玉带之礼方将,钤辖之师旋出,不必辽人明知其计,已令宋人难以为情。况乎德崇入境,辽亦宿兵北道。时集贤殿修撰张近知瀛州,请出秦甲以伐其谋。两国之狡,概可见矣。

115　《宋会要辑稿》蕃夷二之三〇,第7707页。

116　《续资治通鉴长编》卷507,元符二年三月壬戌条:盖念辽之于宋也,情重子孙;夏之于辽也,义隆甥舅。必欲两全于保合。岂宜一失于绥存。

117　《续资治通鉴长编》卷504,绍圣四年十月壬辰条。

118　《三朝北盟汇编》卷8《政宣上秩八》宣和四年六月六日条,上海古籍出版社,2008年。

119　注:本表据傅乐焕《宋辽泛使表》(载傅乐焕:《辽史丛考》,中华书局,1984年)和聂崇岐:《宋辽泛使表》(载聂崇岐:《宋史丛考下》,中华书局,1980年)析出涉夏泛使而制成。

120　《契丹国志》卷11《天祚本纪中》。

121　吴天墀:《西夏史稿》,第99页。

122　《辽史》卷115《西夏外纪》记载:辽亡,求援二国(高丽、西夏),虽能出师,岂金敌哉。又《大金吊伐录》卷1载西夏言:及称奉昏主之命,军州及土地人民权令守护招集。中华书局,2001年,第69页。

123　《辽史》卷115《西夏外纪》。

124　《契丹国志》卷11《天祚本纪》:及夏国引兵数万袭天德军,国主遣偏师七千击破之。

125　《金史》卷72《娄室传》。

126　《金史》卷134《夏国传》。

127　《三朝北盟会编》卷9《政宣上秩九》宣和四年九月十八日条,上海古籍出版社,2008年。

第五章
西辽与西夏的关系

在辽朝覆亡前夕,皇族耶律大石北走漠北建立政权,后又率部西征,先后降服高昌回鹘王国、东西两个喀喇汗王朝、花剌子模沙国,建立起强大的西辽帝国,穆斯林和西方史籍称之为哈喇契丹(Qara - Khitay)。西辽王朝虽统治时间只有88年(1124—1211),但在中亚历史上是一个重要的朝代。[1]

目前学术界对西辽史的研究在很多领域已经获得了丰硕的成果。[2]但是,囿于史料缺乏以及学者兴趣所向,西辽的对外关系问题一直是一个薄弱的环节。而在这个问题中,本节所关注的西辽与西夏的关系更是处于一种未被人知的境地。近年来,学术界在对西夏文本《天盛改旧新定律令》的深入解读中[3],发现了一些与此有着关联的珍贵史料,为我们探索这一问题带来了一丝曙光。

第一节　政治关系

西辽建立之初,面对金朝的进逼,采取了"借力诸蕃,翦我仇敌,复我疆域"[4]的斗争策略。联合故辽的政治盟友西夏是这一政策的主要内容之一。据《金史》卷74《宗翰传》记载:

(天辅五年)太宗下诏伐康王。河北诸将欲罢陕西兵,并力南伐。河东诸将不可,曰:"陕西与西夏为邻,事重体大,兵不可罢。"宗翰曰:"初与夏约夹攻宋人,而夏人弗应。而耶律大石在西北,交通西夏。吾舍陕西而会师河北,彼必谓我有急难。河北不足虞,宜先事陕西,略定五路,既弱西夏,然后取宋。"宗翰盖有意于夏人也。议久不决,奏请于上,上曰:"康王构当穷其所往而追之。俟平宋,当立籓辅如张邦昌者。陕右之地,亦未可置而不取。"于是娄室、蒲察帅师,绳果、婆卢火监战,平陕西。

同书卷73《完颜希尹传》记载此事说:

是时,夏人已受盟,辽主已获,耶律大石自立,而夏国与娄室书责诸帅弃盟,军入其境,多掠取者。希尹上其书,且奏曰:"闻夏使人约大石取山西诸郡,以臣观之,夏盟不可信也。"上曰:"夏事酌宜行之。军入其境,不知信与否也。大石合谋,不可不察,其严备之。"

西夏是否参加了西辽联合抗金的斗争呢?从其后10年间(1126—1136)西夏不断地攻打和骚扰金朝领有的天德河东甚至其他地区的情况[5]来看,的确存在着呼应西辽对金战争的倾向。当然,在这一系列援助西辽行动的背后,西夏的目的主要是为了争夺辽朝和北宋崩溃以后,在其边境地区形成的暂时处于权力真空状态的大片领土,[6]并不是想真正去援助西辽。这一点可以从西辽迁到中亚立国之后,历次想借道西夏伐金未被允许的情况中得到证实。

根据南宋方面的报告,迁移到中亚的西辽政权曾经多次有过借道西夏伐金的计划,然而这些最终都被证明只是传言而已。如

1184年,宋帝“近得边报,达实契丹假道夏国侵犯金人,未知然否?卿可分遣间探明斥堠,以诇其实。若所传虚诞,切不可妄动,果或有之,机会似不可失。宜遣文武兼备之人,与之会议,毋使一见信服,事可有济。然此皆传闻,卿更审察事宜,贵于详密,以副朕怀”。[7]又如1185年,“或传大石林牙将加兵于金,忽鲁大王分据上京,边臣结约夏国。必大皆屏不省,劝上持重,勿轻动。既而,所传果妄”。[8]如1186年宋帝“吴挺结约夏国,放达实契丹过界,他时用敌国礼,亦须先卜之上天事。……但以夏人之戎狄之性,自来翻覆,……结约似未可轻”。[9]为什么西辽没有实现过境西夏伐金的计划呢?这其中除了准备不足以外,必然还存在着西夏拒绝提供其行军通道的困境。如1134年,耶律大石伐金就是因为绕道漠北,万里行军,“牛马多死”而失败的。[10]

虽然围绕着过境问题,西辽和西夏之间可能存在着一定的利益冲突,但是,就这80余年的大局来看,和平共处是两边关系的主流。在西辽和金朝的冲突中,西夏虽然表面上追随新的宗主国,但暗地里则采取维护西辽的政策。如1030年,金朝遣使西夏,要求其追踪西迁和州的耶律大石残部,但是西夏方面却以“小国与和州壤地不相接,且不知大石所在也”为由婉拒金人的命令。[11]1082年西夏西南都统、昴星嵬名济在写给宋朝大将刘昌祚的议和书信中就提到了西辽势力的影响:

> 况夏国提封一万里,带甲数十万,南有于阗作我欢邻,北有大燕为我强援,若乘间伺便,角力竞斗,虽十年岂得休哉![12]

文中的于阗,也就是西辽的附庸国东喀喇汗王国。西辽王朝的东南疆界以其附庸国东部喀喇汗王朝和高昌回鹘汗国的边界为限,包括哈密、若羌,隔沙漠与西夏为邻。[13]它是西夏重要的相邻政权之一。这里,西夏方面不仅使用“欢邻”这样的词汇来描述其与西辽的关系,而且把西辽的援助看作其抗宋的资本加以炫耀,这从一个侧面反映了西辽与西夏的友好互助关系。

第二节　经济关系

据王天顺的考证,《天盛改旧新定律令》(简称《律令》)[14]的制定时间为西夏仁宗天盛十四年至乾祐元年之间,即 1162 年到 1170 年之间。[15]在这部珍贵的法典当中,保留了不少涉及西夏与西域、中亚之间商业贸易的法律条文。由于这一时期的西域、中亚主要是处在西辽王朝的名义统治之下,因此这些官方政策也就可以看作是西夏与西辽间的经济关系的一种写照。

作为控制着丝绸之路主要地段——河西走廊的政权,西夏可以说是非常重视对走廊两端诸国的商业贸易。反映着国家意志的《律令》,就为此专门设计了《他国买卖门》,对西夏与其他政权之间的官方贸易作出了细致的规定[16]。比如规定出使人员在“他国”买卖官、私物,不许与官物争价,先私后公;不许用官驮负私物;抽盗、调换官物、保管失职当承罪。[17]另外,《律令》卷 11《使来往门》则明确了使节贸易的法律责任:

> 他国来使,住于京师馆驿,依官买卖,未住诸人不许随意买卖。若违律买卖不纳税,则承诸人买卖逃税之罪,赐举告赏当与前相同。依税法纳税,并因不应买卖,徒二年。[18]

毫无疑问,这些宏观性的国家外贸政策中提到的“他国”,自然也包括着西辽及其附属国家。而《律令》中还有一些直接和明确记载西夏与西辽诸政权贸易关系的条文。如记载西辽和西夏贸

易关系的,《律令》卷19《供给驮门》载:

皇城、三司等往汉、契丹卖者,坐骑骆驼预先由群牧司分给,当养本处,用时驮之。

同卷《畜患病门》载:

马院所属熟马、生马及予汉、契丹马等中之患病、生癞者,当速告局分处,马工当遣医视之。

这里的"汉"指的是南宋王朝,"契丹"则指的是西辽王朝。[19]这则史料传递出西夏与西辽之间存在着直接贸易的信息。西辽的马匹似乎是西夏外来商品中有名的一种。当然,由于西夏与西辽之间还隔着西辽的属国喀喇汗王国、高昌回鹘汗国等政权,因此他们之间的经济关系更多地表现为经过中间政权之手的间接贸易。

再如记载西夏与西辽附属国的,《律令》卷7《敕禁门》载:

向他国使人及商人等已出者出卖禁物时,其中属于大食、西州国等为使人、商人,已买禁物,已过敌界,则按去敌界卖禁物法判断,已起行,他人捕举告者当减一等,未起行则当减二等,举告赏亦按起行、未起行和举告赏法获得。大食、西州国等使人、商人,是客人,给予罚罪,按不等价当还给。此外其余国使人、商人来者,买物已转交,则与已过敌界同样判断。若按买卖法价格已言定,物现未转交者,当比未起行减一等。

大食、西州国等买卖者,骑驮载时死亡,及所卖物甚多,驮不足,说须守护用弓箭时,当告局分处,按前文所载法比较,当买多少,不归时此方所需粮食当允许卖,起行则所需粮食多少当取,不允超额运走。若违律无有谕文,随意买卖,超额运走时,按卖禁法判断。

这里的大食当指喀喇汗王国[20]，西州则指西州回鹘。在当时，这些国家都属于政治上效忠于西辽的一派。他们和西夏之间保持着更为密切的贸易往来。喀喇汗王国出口到西夏的本国商品是骆驼和西瓜等。[21]

对于研究西辽和西夏经济关系的学者而言，上引这段史料的不同凡响之处还在于它暗示着西夏对西辽诸政权实施了不同于其他国家的优待性的贸易政策。如在对越界使团、商人的处理中，“大食、西州国等使人、商人，是客人，给予罚罪，按不等价当还给。此外其余国使人、商人来者，买物已转交，则与已过敌界同样判断”。再如“大食、西州国等买卖者，骑驮载时死亡，及所卖物甚多，驮不足，说须守护用弓箭时，当告局分处，按前文所载法比较，当买多少，不归时此方所需粮食当允许卖，起行则所需粮食多少当取，不允超额运走”。即在特殊情况下，西夏甚至可以拿粮食、弓箭等禁物供给西辽诸政权的使人。[22]

总之，从现有的资料来看，西夏与西辽的关系仍然维持辽末以来密切而友好的形势。追究个中原因，双方与金朝之间的矛盾和斗争应该是最主要的。[23]

注　释

1　余太山：《西域通史》，中州古籍出版社，1996 年，第 303 页。

2　其基本情况是：“赵俪生《西辽史新证》（《社会科学战线》1978：4），对耶律大石西行路线及西辽疆域有所讨论。周良霄《关于西辽史的几个问题》（《中华文史论丛》1981：3）、陈得芝《耶律大石北行史地杂考》（《历史地理》2，1982），解决了大石西行中的一些历史地理问题。王治来《关于“后西辽”》（《新疆社会科学》1983：1）、余大钧《耶律大石创建西辽帝国过程及纪年新探》（《辽金史论集》，1987），也是对西辽史的贡献。魏良弢《西辽史研究》（宁夏人民，1987），对西辽的政治、疆域、民族、社会经济、宗教文化、纪年等，做了全面的研究；他又有《西辽史纲》（人民，

1991),在前书的基础上,阐述西辽历史发展进程及社会经济文化的总体面貌。纪宗安《西辽史论·耶律大石研究》(新疆人民,1996),主要论述了耶律大石的事迹和历史地位。姚大力《曲出律败亡地点考》(《元史及北方民族史研究集刊》5,1981),则研究了西辽灭亡过程。"参看荣新江:《西域史研究的回顾与展望》,载《历史研究》,1998 年第 2 期。

3 国内所见关于《天盛律令》的译释主要有(苏联)E·克恰诺夫(俄译)、李仲三(汉译):《西夏法典(1—7 章)》,宁夏人民出版社,1988 年;史金波、聂鸿音、白滨译注:《天盛改旧新定律令》,法律出版社,2000 年。

4 《辽史》卷 30《天祚本纪四》。

5 参看刘建丽:《略论西夏与金朝的关系》,载《宁夏社会科学》,2005 年第 3 期。

6 吴广成评价这一时期的夏金关系时说:匹夫不可夺志,矧一国之主哉!当乾顺救辽之时,问起居,请临幸,苟守此志不渝,金源虽狡,焉得致之。乃始惧兵威,继贪土地,渐易初心,顿忘旧好。虽金人实诱之,而乾顺之为德不终,亦无所辞罪矣。(《西夏书事》卷 33)这是一个非常理性的判断。

7 《文忠集》卷 148《奉诏录三》。

8 《宋史》卷 391《周必大传》。

9 《文忠集》卷 149《奉诏录四》。

10 《辽史》卷 30《天祚本纪四》:(康国元年)三月,以六院司大王萧斡里剌为兵马都元帅,敌剌部前同知枢密院事萧查剌阿不副之,茶赤剌部秃鲁耶律燕山为都部署,护卫耶律铁哥为都监,率七万骑东征。以青牛白马祭天,树旗以誓于众曰:"我大辽自太祖、太宗艰难而成帝业,其后嗣君耽乐无厌,不恤国政,盗贼蜂起,天下土崩。朕率尔众,远至朔漠,期复大业,以光中兴。此非朕与尔世居之地。"申命元帅斡里剌曰:"今汝其往,信赏必罚,与士卒同甘苦,择善水草以立营,量敌而进,毋自取祸败也。"行万余里无所得,牛马多死,勒兵而还。大石曰:"皇天弗顺,数也!"

11 《金史》卷 121《粘割韩奴传》记载:(天会)八年,遣耶律余都、石家奴、拔离速追逃大石,征兵诸部,诸部不从,石家奴至兀纳水而还。余都报元帅府曰:"闻耶律大石在和州之域,恐与夏人和,当遣使索之。"夏国报曰:"小国与和州壤地不相接,且不知大石所在也。"

12 《宋史》卷 486《夏国传下》。

13 魏良弢:《西辽史研究》,宁夏人民出版社,1987 年,第 129—130 页。

14　本章对《天盛改旧新定律令》条文的汉译采用史金波、聂鸿音、白滨译注本（法律出版社，2000 年）。

15　王天顺：《〈天盛律令〉与西夏社会形态》，载《中国史研究》，1999 年第 4 期。

16　史金波、聂鸿音、白滨译注：《天盛律令》卷 18，第 568—571 页。

17　王天顺：《西夏天盛律令研究》，甘肃文化出版社，1998 年，第 27 页。

18　史金波、聂鸿音、白滨译注：《天盛律令》卷 11，第 396 页。

19　有人可能会质疑此处的"契丹"会不会不是指代西辽，而是指代女真人建立的金朝？我们认为西夏人形成这种误读的可能性不大。一是因为这一时期，建都上京的辽朝早已被金朝灭亡多年，能够被称为契丹国的只有立国于中亚的西辽王朝了；二是因为《律令》中仍然保存有"女真"一词，如卷 1《弃守营垒城堡溜等门》"与沿边异国除为差旅外，西番、回鹘、鞑靼、女直相和倚持"（《天盛律令》，第 211 页），这说明西夏人清楚契丹和女真是两个不同的民族。

20　《辽史》、《宋史》、《金史》等宋代文献中的大石国、黑衣大石和大食国，多指喀喇汗王国。参看钱伯泉：《大石国史研究——喀喇汗王朝前期史探微》，载《西域研究》，2004 年第 4 期。

21　《天盛律令》卷 19《畜利限门》有"大食之骆驼数依所成幼仔交纳"、"大食之骆驼毛绒、酥不须交纳，牧者持之"（第 577—578 页）；西夏汉文《杂字·果子部》有"大食瓜"。参见史金波：《西夏汉文本〈杂字初探〉》，载《中国民族史研究》第二集，中央民族学院出版社，1989 年。

22　《天盛律令》严禁将人口、牛、马、骆驼、军披、铠甲、弓箭、枪剑、刀、铁连枷、马鞍、装剑袋、金银、种种铁柄、披甲、编连碎段、毡垫、粮食、骡、驴、钱、牛皮、骆驼皮、马皮贩卖到敌界（《天盛律令》卷 7《敕禁门》）。

23　《金史》卷 134《夏国传》对金夏关系的评估是：自天会议和，八十余年与夏人未尝有兵革之事。及贞祐之初，小有侵掠，以至构难十年不解，一胜一负精锐皆尽，而两国俱弊。西辽自视为辽朝的遗族，自然与亡其家国的金朝处在对立当中。

第 六 章
宗藩关系与东西贸易

占据着中间地带的西夏，对辽朝和西域诸政权的贸易关系有着强大的影响。据《辽代西域诸国朝贡表》可以看出，辽朝与西域诸政权的贸易有过四次明显的波动（也可以说是阶段）。第一次波动的界标是辽统和四年（986）西夏李继迁叛宋附辽事件，这导致了辽朝与西方诸政权的贸易获得了突破性进展。第二次波动发生在1006年到1038年间。这一时期，西方诸政权与辽朝前一阵子频繁交易的热闹场景渐趋萧条，甚至从1020年之后，河西和西域地方的政权已经停止了对辽朝的朝贡。其原因在于宋夏关系的改善和辽朝对河西地方的经营完全归于失败。第三次波动是1038年到1068年。在由西夏元昊称帝问题而激发的宋夏、辽夏战争背景下，为了配合对西夏的军事行动和经济制裁，每到辽夏大战之后，辽朝不仅积极地恢复传统的、依靠着漠北草原到达西域诸政权的交通贸易，而且还试图通过西域和西夏南面的河湟吐蕃构建同盟关系。它实际上意味着辽朝通过西夏和避开西夏与西方诸国交通贸易的新局面的确立。1068年是辽朝与西方贸易史的第四次波动界标。这一年，辽夏和解，双方恢复了友好关系。直到1114年旷日持久的辽金大战爆发，西域地区的回鹘、漠北草原的阻卜终于对辽朝实现了差不多年均一次的常态化朝贡。总之,大体上,辽夏关系友好的时候,辽朝与西域诸政权的贸易就顺畅;当辽夏关系敌对的时候,辽朝与西域诸政权的贸易就迟滞。当西夏逐渐垄断了河西走廊贸易权利的时候,辽朝就日益重视通过草原丝绸之路来加强与西方诸政权的贸易。尽管如此,辽夏关系的好恶始终影响着辽朝与西方的贸易频率和质量。在辽夏贸易关系中,外来物品的交易是一项重要的内容。随着西夏的崛起,唐代以来中国陆上丝路贸易的形态发生了较大的变化:一是交通路线多元化;二是商品流向二元化;三是贸易形态中继化。

第一节　辽夏关系与东西交通

在辽朝与西域诸政权的贸易史上,占据着中间地带的西夏究竟扮演着什么样的角色呢?关于这一问题,日本学者藤枝晃先生在其名作《李继迁的兴起与东西交通》[1]一文中给我们留下了一段精辟的结论和一份细致的年表。这段结论是:

> 大体上说,西域诸国在向辽国持续朝贡期间,不向宋国朝贡;相反,在朝觐宋国的时候也终止朝贡辽朝。特别是西夏李继迁叛宋附辽前后,这一现象表现至为明显。

这份年表是《李继迁兴起与西域朝贡年表》。不过,让人比较遗憾的是,这份年表和这一结论所涵盖的时间范围只是从968年到1022年,而其后截止辽朝灭亡之际的一百余年中,辽夏关系的变动对东西方贸易走向的影响如何?藤枝晃先生并没有进一步发覆,后来的学者也未见回应,值得我们继续追问和思考。

西夏的崛起为什么会对西域诸政权与辽朝之间的贸易关系尤

其是以贡赐贸易为基本形式的官方贸易产生重大影响呢？对此，藤枝晃先生做出了合乎当时情形的解释：

古往今来在河西立国的政权，往往都要利用其控制西域诸国入华咽喉的地理位置，专擅中继贸易的利益，西夏自然也不会独为例外，它也要通过经营中继商品交易和引领转道使节而致富强。况且当时在它的东面还有两大帝国南北对峙，西夏即此离彼，巧妙地游离于二国之间，逐渐发展壮大。对于这一情形，《金史·夏国传》的赞语中论述说：立国二百余年，抗衡辽金宋三国，偭乡无常，视三国之势强弱，以为异同焉。其实西夏的向背不单单是西夏一国的问题，不能不看到，在它背后还伴同着经过西夏的西方贸易的利益，然而掌握着贸易通道控制权的国家如果过分垄断这一利益或者过久的把持这一利益，自然会引起一些国家的不满。在这当中，首先是被过重的过境税率所困厄的西域诸国，其次是因为不满意它独占这一利益而试图与之竞争的各个国家。这样避开西夏的交通道路就发展起来。[2]

在陆上丝绸之路上处于中间位置的西夏是怎样具体的影响了辽朝与其他西方诸政权的贸易呢？在回答这一问题之前，有必要沿着前贤指示的方向，对西夏兴起以后辽朝与西域诸国的经贸关系史进行细致梳理，以便能够找出纠缠其中的西夏因素。以下表格显示了在辽夏关系延续的一个半世纪中，西域诸政权对辽朝遣使入贡的概况。

辽代西域诸政权朝贡表[3]

(968—1125)

公元纪年	辽朝纪年	朝贡藩部或政权	备　注
968			
969	保宁元年		
970	二年		
971	三年	六月,回鹘。	
972	四年		
973	五年	五月,阿萨兰回鹘。	
974	六年		
975	七年		
976	八年		
977	九年	七月,回鹘、党项。	
978	十年	二月,阿萨兰回鹘。	
979	乾亨元年		
980	二年		
981	三年		
982	四年		李继迁叛宋。
983	统和元年		
984	二年		
985	三年		
986	四年	李继迁来降、回鹘等。	
987	五年		
988	六年	闰五月,阿萨兰回鹘;六月,党项、沙州。	

续表

公元纪年	辽朝纪年	朝贡藩部或政权	备注
989	七年	二月,回鹘、于阗、狮子、吐蕃、党项。三月,李继迁。十月,于阗。	
990	八年	正月,夏国。二月,于阗、回鹘。三月,夏国。六月,阿萨兰回鹘、于越达剌干。九月,夏州。十二月,回鹘、李继迁。	
991	九年	二月,夏国。四月,夏国、回鹘。六月,突厥。七月,夏国。十月,阿萨兰回鹘、夏国。	
992	十年	十一月,夏国。十二月,回鹘。	
993	十一年	正月,回鹘	
994	十二年	二月,回鹘。六月,回鹘。九月,党项。	
995	十三年	回鹘。十一月,阿萨兰回鹘。十二月,夏国。	
996	十四年	正月,夏国。二、六、七月,回鹘。十一月,阿萨兰回鹘。	
997	十五年	正月,夏国。三月,党项、夏国。六月,夏国。七月,党项。	
998	十六年	十二月,夏国。	
999	十七年	二月,夏国。	
1000	十八年	十二月,回鹘、夏国。	
1001	十九年	三月,夏国。	
1002	二十年	正月、六月,夏国。	

续表

公元纪年	辽朝纪年	朝贡藩部或政权	备　注
1003	二十一年	五月,夏国。六月,党项。七、八月,阻卜。九月,夏国。	
1004	二十二年	三、七月,夏国。八月,党项、阻卜。十月,夏国。	澶渊之盟。
1005	二十三年	二月,夏国、回鹘。四月,阿萨兰回鹘、党项。六月,阻卜、达旦国九部、阿萨兰回鹘。	
1006	二十四年	八月,沙州。	景德和约。
1007	二十五年	夏国。	
1008	二十六年		
1009	二十七年		
1010	二十八年	九月,夏国。	
1011	二十九年		
1012	开泰元年	四月,夏国。	
1013	二年	八月,夏国。	
1014	三年	正月,阻卜。四月,沙州。	
1015	四年	二月,于阗。	凉州陷夏国。
1016	五年	二月,阻卜。六月,回鹘。	
1017	六年		
1018	七年		
1019	八年	正月,沙州。七月,阻卜。	
1020	九年	七月,沙州。十月,沙州、大食。	辽夏凉州之役。

续表

公元纪年	辽朝纪年	朝贡藩部或政权	备　注
1021	太平元年	十月,党项。十一月,夏国。	
1022	二年	九月,夏国。	而后开通由宋朝秦州的交通路线。
1023	三年		
1024	四年		
1025	五年		
1026	六年		萧惠讨伐甘州和阻卜。
1027	七年		萧惠再讨甘州兵败。
1028	八年		
1029	九年		
1030	十年		
1031	景福元年		
1032	重熙元年		
1033	二年	正月,夏国。	
1034	三年		
1035	四年		
1036	五年		
1037	六年	十二月,阻卜。	
1038	七年	三月,夏国。七月,阻卜。	元昊称大夏皇帝。

续表

公元纪年	辽朝纪年	朝贡藩部或政权	备　注
1039	八年		宋夏第一次战争。
1040	九年		
1041	十年	十一月,回鹘。	
1042	十一年		
1043	十二年	四月,夏国。六月,阻卜、回鹘。八月,阻卜。	辽夏第一次河曲之战。
1044	十三年	七月,夏国。	
1045	十四年	正月,夏国。六月,阻卜、夏国。十二月,阿萨兰回鹘。	
1046	十五年		
1047	十六年	六月,阻卜。十二月,阿萨兰回鹘。	
1048	十七年	三月,铁不得(吐蕃)。五月,阻卜。	
1049	十八年	三月,高昌。六月,阻卜、夏国。	辽夏第二次河曲之战。
1050	十九年	二月,拔思母。七、八、十一月,阻卜。	
1051	二十年	二月,吐蕃。	
1052	二十一年	十一月,阿萨兰回鹘。	
1053	二十二年	二月,阿萨兰回鹘。七月,阻卜。	

续表

公元纪年	辽朝纪年	朝贡藩部或政权	备注
1054	二十三年	一、五月,夏国。六月,吐蕃。十一月,阻卜。	
1055	清宁元年		
1056	二年	六月,阻卜。	
1057	三年		
1058	四年		
1059	五年		
1060	六年		
1061	七年		
1062	八年		
1063	九年		
1064	十年		
1065	咸雍元年	五月,夏国。	
1066	二年	六月,回鹘、阻卜。	
1067	三年	十一月,夏国。	
1068	四年	四月,阿萨兰回鹘。十二月,夏国。	辽册秉常为夏国王。
1069	五年	六月,吐蕃。	
1070	六年	二、七月,阻卜。	
1071	七年	六月,阻卜。十二月,回鹘。	
1072	八年	十月,回鹘。	
1073	九年	十月,回鹘。十二月,夏国。	

续表

公元纪年	辽朝纪年	朝贡藩部或政权	备注
1074	十年	二月,阻卜。	
1075	大康元年	六月,吐蕃。	
1076	三年	六月,回鹘。	
1077	四年	六月,阻卜。十一月,回鹘。	
1078	五年	六月,阻卜。	
1079	六年	十月,夏国。	
1080	七年	六月,阻卜。	
1081	八年	六月,阻卜、夏国。	
1082	九年	六月,阻卜。	
1083	十年	五月,阻卜。	
1084	十一年		
1085	大安元年		
1086	大安二年	六月,阻卜。	
1087	三年		
1088	四年		
1089	五年	五月,回鹘。	
1090	六年		
1091	七年	六、七月,回鹘。	
1092	八年	四月,阻卜。	
1093	九年		
1094	十年		
1095	寿隆元年	六、七月,阻卜。十一月,夏国。	

续表

公元纪年	辽朝纪年	朝贡藩部或政权	备注
1096	二年	七月,阻卜。	
1097	三年		
1098	四年		
1099	五年	六月,阻卜。	
1100	六年	六月,阻卜。	
1101	乾统元年	七月,阻卜。	
1102	二年		
1103	三年	十月,吐蕃。	
1104	四年	六月,吐蕃。	
1105	五年	六月,夏国。	
1106	六年	七月,阻卜。	
1107	七年		
1108	八年	诸蕃。	
1109	九年		
1110	十年	六月,阻卜、夏国。	
1111	天庆元年		
1112	二年	六月,和州回鹘、阻卜。	
1113	三年	六月,夏国。十二月,回鹘。	
1114	四年		辽金战争。
1115	五年		
1116	六年		
1117	七年		

续表

公元纪年	辽朝纪年	朝贡藩部或政权	备　注
1118	八年		
1119	九年		
1120	十年		
1121	保大元年		
1122	二年		
1123	三年		辽封册乾顺为夏国皇帝。夏金议和。
1124	四年		
1125	五年		辽亡。

从上表可以看出,辽朝与西域诸政权的贸易有过四次明显的波动(也可以说是阶段)。第一次波动的界标是986年。在此之前的近20年间,辽朝主要依靠着太祖时代开辟的草原道路[4]与阿萨兰回鹘(即高昌回鹘)以及辽朝边境党项诸部维持着十分稀疏的联系。而在此之后的20年间,辽朝与西方诸政权的贸易却获得了突破性进展。几乎河西地方以及西域的重要政权都向遥远的上京频繁地派遣了大批的使团和商队。辽朝与西方的贸易,为什么会在很短的时间内形成如此巨大的反差呢?显然,作为转折点的986年是值得深究的。到底这一年发生了怎样的事件从而导致西方诸政权一夜之间潮水般地涌来呢?考诸《辽史》,发生于统和四年的西夏李继迁叛宋附辽事件恰好显示出这样的划时代性质。《辽史》卷82《耶律德威传》记载说:

> 夏州李继迁叛宋内附，德威请纳之。既得继迁，诸夷皆从，玺书褒奖。

这件事情在《韩德威墓志》也有记载，称：

> 西河之部落咸宁，其家族称臣而内附。土番之酋长请结其婚姻，事大以来庭也。[5]

西夏叛宋附辽的举动不仅使辽朝的对宋战争多出一个援手，而且为辽朝争取到了大批的友邦。为什么当时还十分弱小的西夏却能够号令众多的西方政权与辽朝通好呢？这是由于这一时期夏州还保持着五代以来东西交通的枢纽地位，进而能够在很大程度上控制往来贸易的主动权。藤枝晃先生就此分析说：

> 首先要注意的是太平兴国年间到达宋朝的西域朝贡使节基本上都是经由夏州而来的。其次是前面已经简单提到过，统和四年（宋雍熙三年，公元986年）李继迁归附辽国（年表中标注Ⅰ来表示）是一个转折点。此后西域各国全都转向辽国朝贡。到了至道二年，好不容易甘州回鹘又来入贡了，可是它的贡使却是附从鞑靼的使节从间道到达宋朝的。这说明当时向宋廷朝贡已经成为一件非同寻常的举动。换句话说，就是以往通过夏州与宋朝往来的各国，由于夏州已与辽国相连手，他们也就又在夏州的牵引下与辽国相往来了。《辽史》卷82《韩德威传》云“既得继迁，诸夷皆从”，这句话并不是说李继迁可以号令西边远方的诸蕃都前来朝贡，而是指李继迁既然是党项诸部的魁首，因而他一旦归附，邻近诸部也就不敢站在相反的立场上了。而李继迁的属下以及与他相互联结的各个部族，正是以前向宋朝卖马和引导经由其地的各国使节的人。由夏州西北行，有一条道路横贯所谓九族鞑靼的住地

> (即横贯今宁夏沙漠)的道路,这是当地极为重要的一条道路,其中有一个部族就被称为"茅女王子开道族"。此外,以前我曾注意到过有一个党项酋长还带有开道使的称号。可以肯定,李继迁在成为附近一带部族的统领之后,控制了由西域进入中国的门户,因而他把达到这里的各国使节全部引到了辽国。[6]

辽朝与西方诸政权贸易的第二次波动发生在1006年到1038年间。这一时期,西方诸政权与辽朝频繁交易的热闹场景渐趋萧条,甚至,从1020年之后,河西和西域地方的政权停止了对辽朝的朝贡。考察个中原因,西夏与宋朝关系的解冻自然是首当其冲的。1006年,旷日持久的宋夏战争因为景德和约的订立而宣告结束。和平的到来以及对宋朝朝贡的高额回报,很自然地激发了西方诸国前往开封贸易的热情。一时间,长久以来停滞不行的,由河西走廊经过灵夏前往开封的道路又充满了西方各政权的使团和商队。相对而言,西方诸政权和辽朝贸易的劲头自然就大打折扣了。在一种危机意识的刺激下,辽朝以新建的镇州为基地,对那些带头亲宋的政权如阻卜和甘州展开了讨伐,意图巩固和拓展太祖以来辽朝在西北的霸权。但是,这种镇压不仅遭遇了这些土著势力的反抗,而且也遭遇了早就视河西为禁脔的西夏明里暗里的抵制。从1003年起,西夏就多次潜入河西部分地区进行侵略和扩张。甚至,1020年,西夏为了争夺凉州贸易的控制权而一度与辽朝公开爆发了冲突。所以,很难设想,当辽朝同时与河西诸政权、西夏的关系都出现问题的时候,还会有什么政权的使节愿意冒着生命与财产风险通过河西走廊和"直道"来到上京表达敬意。不仅如此,由于辽朝与阻卜和甘州的大战,还导致了依靠漠北草原之路通行的阿萨兰回鹘、大食[7]、于阗[8]等国使节不见了踪迹。1026年的甘州兵败标志着辽朝对河西地方的经营完全归于失败,在此之后的近10年时间内,西夏犹如决堤的洪水,一举席卷了包括瓜、沙、甘、凉等重镇的整个河西走廊。于是,当西夏完全占领河西以后,在与辽朝通商的官方商队中,就只剩下了来自漠北、西域以及西亚国家的使节了。[9]换句话说,"虽然西夏一如既往,仍然经营着中继贸易,但是它已经不再是(西方诸国)朝贡契丹的中介者"[10]。

从1038年起,辽朝对西方诸政权的贸易看起来出现了复苏的迹象。这一年,西夏李元昊公然宣布要建立与宋、辽对等的帝制国家。不仅仅是在宋朝方面,而且在辽朝方面,西夏国王称帝的行为都会被视为是一种试图挑战以澶渊之盟为基石的国际关系两极化格局的叛逆行为。因此,在宋朝迫不及待地对西夏发动了三年战争之后,辽兴宗也借口部族问题率大军先后两次侵入西夏。为了配合对西夏的军事行动和经济制裁,每到辽夏大战之后,辽朝不仅积极地去恢复传统的、依靠着漠北草原到达西域诸政权的交通贸易,而且还试图通过西域和西夏南面的河湟吐蕃构建同盟关系。这就是辽朝与西方诸政权贸易史上的第三次波动,它实际上意味着辽朝通过西夏和避开西夏与西方诸政权交通贸易的新局面的确立。[11]但是,必须承认,辽夏关系的反复恶化以及辽夏战争范围的扩大对辽朝与西方的交往还是产生了严重的负面影响。从1055年到1065年间,辽朝和西域诸政权的官方贸易完全处于断绝的地步。

1068年是辽朝与西方贸易史的第四次波动界标。这一年,辽朝终于接受了西夏的和解建议,并且举行了中断已久的、对西夏国王的册封仪式,双方的关系逐步恢复了正常和友好的局面。交通贸易须依安定的政治环境为基础,由于再也不用担心战争的波及,从这一年开始，直到1114年旷日持久的辽金大战爆发，西域地区的回鹘、漠北草原的阻卜对辽朝实现了差不多年均一次的常态化朝贡。

藤枝晃先生针对968年到1022年之间的西域诸政权朝贡情况总结道：大体上说，西域诸政权在向辽国持续朝贡期间，不向宋国朝贡；相反，在朝觐宋国的时候也终止朝贡辽朝。特别是西夏李继迁叛宋附辽前后，这一现象表现至为明显。[12]笔者认为，如果把剩余的辽朝与西方贸易史补齐分析的话，恐怕还要加上以下几句话比较妥当，即当西夏逐渐垄断了河西走廊贸易权利的时候，辽朝就日益重视通过草原丝绸之路来加强与西方诸政权的贸易。尽管如此，辽夏关系的好恶始终影响着辽朝与西方的贸易频率和质量。

第二节　辽夏贸易中的外来商品

《契丹国志》卷21“外国贡进礼物”条下记录了辽朝回赐外国贸易的范围和交易物品。其中，关于西夏国部分的清单是这样的：

> 西夏国贡进物件
>
> 细马二十匹，粗马二百匹，驼一百头，锦绮三百匹，织成锦被褥五合，苁蓉矸石井盐各一千斤，沙狐皮一千张，兔鹘五只，犬子十只。
>
> 本国不论年岁，惟以八节贡献。
>
> 契丹回赐，除羊外余并与新罗同，惟玉带，改为金带，劳赐人使亦同。

案：辽朝赐给新罗的物品有犀玉腰带二条、细衣二袭、金涂鞍马二匹、素鞍马五匹、散马二十匹、弓箭器仗二副、细锦绮罗绫百匹、衣着绢一千匹、羊二百口、酒果子不定数等[13]。这里只要把上引清单中的羊二百口去掉,将玉带改为金带,就是辽朝回赐给西夏使团的物品清单了。

在怀疑性地指出辽朝赐给西夏的物品中可能存在着原本来自宋朝补偿给辽朝的纺织品这个事实之后,我们所要提出的问题是这份清单是否能涵盖辽夏贸易的全部内容呢?答案是否定的。因为,如果考虑到西夏曾经长期部分地甚至全部地占据着东西贸易的著名商道——河西走廊这一历史事实的话,那么就应该相信在西夏与辽朝的贡赐贸易当中相当一部分是关于外来物品的交易。[14]这种交易其实是通过两种方式得以实现的。

一种是西夏从其邻国那里直接输入所需物品,然后再转手倒卖给其他邻国。如宋嘉祐七年(1062),西夏派往北宋贺正旦的使臣,"其所贸易约八万贯。安息香、玉、金青石之类,以估价贱,却将回。其余硇砂、琥珀、甘草之类,虽贱亦售"[15]。安息香产自波斯,金青石为阿富汗的特产,玉以于阗的品质最好,说明西夏的确把他国的商品贩卖到了宋朝。在宋夏沿边进行的榷场贸易中,就充斥着大量的外来商品。[16]西夏使臣自己就曾经承认"本界西北,连接诸蕃,以茶数斤,可以博羊一口"。[17]

其实,不只是西夏,凡是河西地方的土著势力,几乎无一例外地做起了贩运他国商品的贸易。如沙州曹氏政权的使团就曾经把大食国马和美玉等运送到了上京,而圣宗则赐给他们衣物和银器。[18]

关于夏辽之间,更有以他国物品充当贡品的情况发生。《辽史》卷115《西夏外纪》记载:

(西夏)遣使进回鹘僧、金佛、梵觉经。

这里的回鹘僧、金佛以及梵觉经都不是西夏所产，可以说是一种明显的转手贸易。另外一种是西夏允许西方诸政权的使团和商队过境前往辽朝寻求官方和私人的贸易，但是其条件是各国必须通过缴纳税收来让西夏分享贸易的红利。《宋史》卷490《大食传》记载：

先是，其入贡路系沙州，涉夏国，抵秦州。乾兴初，赵德明请道其国中，不许。至天圣元年来贡，恐为西人钞略，乃诏自今取海路由广州至京师。

李德明之所以要求朝贡宋朝的大食使团过境西夏，主要是想乘机"钞略"即通过征税来分享大食与宋贸易的利润。一个更为典型的例子来自于非常熟悉外交事务的南宋人洪皓游历漠北的记载：

回鹘，自唐末浸微，本朝盛时，有入居秦川为熟户者，女真破陕，悉徙之燕山。甘、凉、瓜、沙，旧皆有族帐，后悉羁縻于西夏。唯居四郡外地者，颇自为国，有君长。其人卷发浓目，眉修而深，自眼睫而下多虬髯。土多瑟瑟，珠玉。帛有兜罗绵，毛毡，戎锦，注丝，熟绫，斜褐。药有腽肭脐，硇砂。香有乳香，安息、笃。善造镔铁刀剑、乌金银器。多为商贾于燕。载以橐驼，过夏地，夏人必率十指一，必得其最上品者。贾人苦之，后以物美恶，杂储毛连中，毛连以羊毛绳之，单其中，两头为袋，以毛绳或线封底。然所征亦不赀。其来浸熟，始厚赂税吏，密识其中下品，俾指之。尤能别珍宝，蕃汉为市者，非其人为侩，则不能售价，奉释氏最甚。[19]

这里虽然描述的是金代回鹘与辽朝贸易的情形。但是，"这种情况看来在辽代一定也差不多。《辽史·地理志》中所载的留居上京的回鹘商贾,设有回鹘营一节便是明证。此处所叙述的河西四郡的回鹘,全都隶属于西夏,而塔里木盆地的回鹘则各自独立,与辽频繁地进行着贸易,西夏人要收取十分之一的通行税,商贾苦于交税,往往把商品藏匿起来或向官吏行贿”。[20]

另外,引文中所谓的回鹘物产,不仅与《契丹国志》中所载西方诸政权的进贡物品极为相似,而且与西夏外来的物品也相当一致。

上引《契丹国志》记载:

诸小国贡进礼物

高昌国、龟兹国、于阗国、大食国、小食国、甘州、沙州、凉州。

以上诸国,三年一次,遣使约四百余人,至契丹贡献玉、珠、犀、乳香、琥珀、硇砂、玛瑙器,宾铁兵器、斜合(褐)、黑皮,褐黑丝、门德丝、怕里呵、褐黑丝。

已上,皆细毛织成。契丹回赐,至少亦不下四十万贯。

将西夏文献和宋朝文献对堪,所谓珊瑚、乳香、玉石、硇砂、玛瑙、琥珀、琉璃、白毡等物品其实都不是西夏本地的产品,而属于外来商品之列。[21]

这些现象说明西域诸政权和西夏“互相结合成了中原王朝及辽朝的复杂的中继贸易关系。而且,这些势力运到中原王朝及辽朝去的商品,很多并不是河西地方的特产,而是象玉、硇砂、波斯锦,安西白纪等西方产物。即使从商品方面来看,这些中继诸政权的贸易活动可以说正如字面上所表现的那样,的的确确是中继贸易”。[22]判断这些物品的产地以及流通地区,可以看出这种中继贸易的范围:

除了河西地方的沙州、甘州、凉州，塔里木盆地的高昌国、龟兹国、于阗国外，还包括更远的岭西诸国的大食国、小食国。西夏在与辽的贸易中，实际上成为了外来物品输入辽朝的中转站，起了沟通辽与西方诸国经济联系的纽带作用。

如果看一看《辽史》卷56《仪卫志》，《金史》卷43《舆服志》等，就可以了解到这些征服王朝十分憧憬中原的文化，竞相模仿汉人的服饰。大量使用金、玉、象牙、犀角、各种宝石、玻璃等物来装饰服装。宋夏斗争期间，对于失去了宋朝这个客户的西域诸政权来说，辽金无疑是个绝好的贸易市场。西夏之所以能与宋反复进行斗争，并能很好地积蓄国力，实际上就是依靠中继贸易所获的莫大利润。[23]

第三节　辽宋时期中国陆上丝路贸易的特点

通过对宋、辽政权与西方诸政权贸易关系的考察，可以发现汉唐以来就一直存在着的陆上丝路贸易到这时不仅已经失去了昔日的繁荣景象[24]，而且其自身的形态也发生了深刻的变化。

首先，交通路线由一元走向多元。汉唐时期，虽然也存在着多条线路通往长安的形势，但是河西走廊始终担负着迎送东西使团和商队的主要任务。到了10世纪，因为西夏的崛起及其与宋朝的长期敌对、与辽朝的短期冲突，使得河西走廊成为风险巨大的路线，因此刺激了那些绕过西夏的道路即通向上京的草原路和前往开封的河湟道的兴盛。不仅如此，这些线路的主要结点如镇州、秦州、熙州等都发展成为能够抗衡灵州、夏州的地区性贸易中心之一。于是，以前那种以河西走廊为主、其他道路为辅的东西交通格局便被以草原路、河湟道、河西走廊平行并进的格局所取代。

其次，商品流向由中原转往东北。西夏与宋、辽之间的关系变化极大的影响了来自西方诸政权的商品流向。“以前依靠陆路的东西贸易，一直是以关中为其东方的中心据点，人们经常经由河西路与西方进行贸易。但是，自十一世纪辽在东北兴起后，贸易的比重逐渐转移到了东北方面，有众多的商贾甚至到达遥远的上京。这种倾向在李继迁兴起后，随着西夏席卷了河西、甘肃地区，独占了当时东西贸易的中继而变得越发显著。尤其是金代，宋迁至江南后，历来依靠陆路的东西贸易完全从河西经鄂尔多斯，流入到燕京和南满地方。”[25]这是因为，在大部分时间内，位于东西贸易中间地带的西夏与宋朝的政治关系经常性地处于紧张对抗当中，而其与辽、金的政治关系则基本上维持了和平的局面。这样，宋朝与西方诸政权的贸易在陆路受阻的同时，那些准备贸易的商品就会自然而然地转往了辽朝。

第三，远程直接贸易被短途中继贸易取代。唐末以来中国的西北地区，长期陷于政治分裂和军事战争之中，所以实际上那种东西之间双向的远程贸易的成本和风险都空前的增加，这无疑造就了借助中间地带政权进行的中继贸易[26]的兴盛，并促成了贸易网络的形成。隋唐时期，中原政权不仅与西域诸胡保持着频繁的贸易往来，而且还与东罗马帝国、波斯帝国以及阿拉伯人有密切的政治经济交往。但是，到了宋代，与宋朝和辽朝开展贸易的政权绝大部分都来自于西域和河西地方。更为遥远的西方国家使节可以说是已经难觅踪迹了。但是，奇怪的是我们总是能够从西域和河西国家输入的商品中找到大宗来自于更遥远西方的商品。这的确说明依靠着由甲国到乙国再到丙国这样一种推第原理运作的中继贸易正是那个时代颇为流行的贸易方式。只要陆上丝路贸易被人为切割的现实不被消除，那么分享商品流通利润的中继贸易就不会停止。[27]

注　　释

1　藤枝晃(撰)、辛德勇(译):《李继迁的兴起与东西交通》,刘俊文(编):《日本学者研究中国史论著选译(九)》,中华书局,1993年。

2　藤枝晃(撰)、辛德勇(译):《李继迁的兴起与东西交通》,刘俊文(编):《日本学者研究中国史论著选译(九)》,中华书局,1993年。

3　本表在藤枝晃《李继迁的兴起与东西交通》文所附《李继迁兴起与西域朝贡年表》基础上,根据《辽史》卷70《属国表》及卷115《西夏外纪》等补充完成。

4　这条道路的走向与辽初阿保机西征的路线以及辽末耶律大石西行的路线大体一致。关于大石西行路线,参见钱伯泉:《耶律大石西行路线研究》,载《西域研究》,1999年第3期。

5　盖之庸:《内蒙古辽代石刻文研究》,内蒙古大学出版社,2002年,第91页。

6　藤枝晃(撰)、辛德勇(译):《李继迁的兴起与东西交通》,刘俊文(编):《日本学者研究中国史论著选译(九)》,中华书局,1993年。

7　这里的大食显然不是唐人所指的西亚阿拉伯帝国了,而是立足于西域葱岭地区的由西迁回鹘人建立的喀喇汗王国。参见钱伯泉:《大石国史研究—喀喇汗王朝前期史探微》,载《西域研究》2004年第4期。

8　这里的于阗也不是宋初那个由尉迟(李氏)家族后裔统所统治的佛教古国了,而是在喀喇汗王朝统治下的回鹘黑韩王政权了。参见钱伯泉:《一场喀喇汗王朝与宋朝联兵进攻西夏的战争——藏经洞封闭的真正原因和确切时间》,载《敦煌研究》,2000年第2期。

9　此后,《属国表》中出现的回鹘已经不是甘州回鹘了,很可能是西域地区的西州回鹘。

10　藤枝晃(撰)、辛德勇(译):《李继迁的兴起与东西交通》,刘俊文(编):《日本学者研究中国史论著选译(九)》,中华书局,1993年。

11　与此同时,通过河湟吐蕃的"青海道",西方诸国与宋朝的贸易也开辟了新的繁荣局面。详细情况请参看廖隆盛:《国策、贸易、战争——北宋与辽夏关系研究》之《北宋对吐蕃的政策》,(台北)万卷楼图书公司,2002年,第87—89页。

12　藤枝晃(撰)、辛德勇(译):《李继迁的兴起与东西交通》,载《日本学者研究中国史论著选译(九)》中华书局,1993 年。

13 叶隆礼:《契丹国志》卷 21,上海古籍出版社,1985 年,第 205 页。

14 当然辽夏贸易的另一种方式就是通过榷场进行的边贸了。《大金国志》卷 13《海陵炀王纪上》:天德二年春,除故庐镇夏国、鞑靼沿边招讨,提点两国市场。市场在云中西北,过腰带上石楞坡,天德、云内、银翁口数处有之。契丹时亦置市场,唯铁禁甚严,禁不得夹带交易,至大金则不然,唯利是视,铁禁遂驰。……北地贵铁,百姓多由火山军、武州、八馆之天德、云内货钱于北方。……北方得之多作军器,甚而有以坚甲利兵与之回易者,爪牙既成,始不易制矣。

15 龚鼎臣:《东原录》,《丛书集成初编》本。

16 《宋史》卷 180《食货志下》记载:西夏自景德四年,于保安军置榷场,以缯帛、罗绮易驼马、牛羊、玉、毡毯、甘草,以香药、瓷漆器、姜桂等物易蜜蜡、麝脐、羱羚角、硇砂、柴胡、苁蓉、红花、翎毛,非官市者听与民交易,入贡至京者纵其为市。

17 《续资治通鉴长编》卷 149,庆历四年五月甲申条。

18 《辽史》卷 14《圣宗本纪五》:(统和二十四年八月),沙州敦煌王曹寿遣使进大食国马及美玉,以对衣、银器等物赐之。

19 《松漠纪闻》卷 1,参见《宋会要辑稿》蕃夷四之一〇。

20 长泽和俊:《丝绸之路史研究》之《西夏之侵入河西与东西交通》,天津古籍出版社,1999 年,第 400 页。

21 杨蕤:《西夏外来商品小考》,载《宁夏社会科学》,2002 年第 6 期。

22 长泽和俊:《丝绸之路史研究》之《五代宋初河西地方的中继贸易》,天津古籍出版社,1999 年,第 321 页。

23 长泽和俊:《丝绸之路史研究》之《西夏之侵入河西与东西交通》,天津古籍出版社,1999 年,第 400 页。

24 这一时期陆上丝路贸易趋于衰落的原因主要有两条,一是沿线地区普遍的政治割据和旷日持久的战争严重干扰了陆上丝路的进行;二是海路的开拓和航海技术的日臻完善使得海路比较安全、运载量大的优势迅速超过陆路成为中原和外界经济贸易交往的主要管道。参看李明伟主编:《丝绸之路贸易史》,甘肃人民出版社,1997 年,第 479—480 页。

25 长泽和俊:《丝绸之路史研究》之《关于马可波罗所通过的河西以东路线》,天津古籍出版社,1999 年,第 649 页。

26　关于中继贸易的概念,目前学界尚未有确定的说法。笔者认为,经过中间方或中介方而实现的甲乙两方之间的商品流通叫做中继贸易。通常情况下它是以抽过境税的方式表现出来,有时也会出现商品从甲方之手转卖入丙方(中介)再流入乙方的实物流通情况。

27　参看杨蕤:《北宋时期陆上贸易初探》,载《西域研究》,2003 年第 3 期。

第　七　章
辽朝对西夏的边防机构

辽夏两政权疆土接壤的部分主要有两段。“东段略近南北走向，大致从金肃军西境外围开始，循西北向河清军、天德军西境外围延伸，旁近阴山以西至内蒙古乌拉特中期阿登高勒北境一线。西段做东西走向，从上段北终点向西延伸，大致循我国与蒙古国边界中段向西延伸至蒙古阿尔泰省东南部一线。”[1] 根据学者测算，辽夏边界的长度约为 1575 公里。[2]

由于“辽国官制，分北、南院。北面治宫帐、部族、属国之政，南面治汉人州县、租赋、军马之事”[3]，而西夏为辽朝属国之一，因此辽朝对西夏的边防在《辽史》中被归入北面边防官系统。然而，在北面边防官系统下，《辽史》有关辽朝对夏边防各个机构的记载却是纷繁芜杂的，存在着重新厘清的必要性和急迫性。目前学术界对这个问题的研究，主要集中在对个别机构尤其是作为辽朝对夏边防枢纽的西南招讨司的探讨方面，相对缺乏对文献记载的其他机构的具体考实。[4] 本节拟在对这些具体机构逐一做出考证的基础上，对辽朝对夏边防体系做出宏观的描述。

第一节　西京诸司

关于辽朝对夏边防机构的设置情况，基本的史料有两条。第一条来自《辽史》卷46《百官志二》北面边防官条下：

西南面安抚使司。

西南面安抚使。

西南面都招讨司。太祖神册元年置。亦曰西南路招讨司。

西南面招讨使。

西南边大详稳司。

西南路详稳司。

西南面五押招讨司。

五押招讨大将军。

西南路巡察司。又有西南巡边官。

西南路巡察将军。

西南面巡检司。

西南面巡检。

西南面同巡检。

西南面拽剌详稳司。

山北路都部署司。又有知山北道边境事官。

金肃军都部署司。

南王府。见北面朝官。

北王府。

乙室王府。

山金司。一作山阴司。置在金山之北。

以上西京诸司，控制西夏。

第二条来自《契丹国志》卷21：

> 云中路控制夏国。
>
> 置西南路招讨府、西京兵马都部署司、金肃、河清军、五花城、南北大王府、乙室王府、山金司。[5]

对两条史料加以比较，其中相同或近似的地方是：第一，都认为对夏防务是由西京诸司（或称云中路[6]）来负责的。第二，举出的对夏边防机构中相同的有西南面都招讨司（府）、金肃（军）、南北大王府、乙室王府、山金司等。第三，都没有指出西京诸司之间的上下隶属关系。不同的地方是：在列举的对夏边防机构中，《辽史》中多出了西南面安抚使司、西南边大详稳司、西南边详稳司、西南面五押招讨司、西南路巡察司、西南面巡检司、西南面拽剌详稳司、山北路都部署司等机构，而《契丹国志》则多出了西京兵马都部署司、河清军等机构。

这些机构中，哪些才是真正指向西夏的边防机构？这些机构之间究竟又有什么样的关系？在回答这个问题之前，我们有必要对记载这些机构的史料逐条进行考察与勘正。

关于西南面安抚司。该机构设于易州（今河北），最初叫做易州飞狐招安使司。《辽史》卷48《百官志三》载：

> 易州飞狐招安使司。圣宗统和二十三年改安抚使司。

它属于防御宋朝的南面边防官系统，主要负责安抚宋辽边境居民。其长官叫做西南面安抚使，大概是由易州知州兼任。如萧文“寿隆末，知易州，兼西南面安抚使”。[7] 把西南面安抚司及其职官安抚使置于北面边防官系统的西京诸司下是不对的，应当从中加以排除。

关于西南面都招讨司（西南面招讨府）。[8] 西南面招讨司也叫

西南路招讨司,[9] 始设于太祖神册元年(916 年)。《辽史》卷 1《太祖本纪》记载:

> (神册元年)十一月,攻蔚、新、武、妫、儒五州,斩首万四千七百余级。自代北至河曲踰阴山,尽有其地。遂改武州为归化州,妫州为可汗州,置西南面招讨司,选有功者领之。

其最初的治所似乎在妫州(可汗州)。[10] 神册五年(920 年)以后[11],又迁移至天德军。《辽史》卷 41《地理志五》记载了有关情况:

> 天德军,本中受降城。唐开元中废横塞军,置天安军于大同川。乾元中改天德军,移永济栅,今治是也。太祖平党项,遂破天德,尽掠吏民以东。后置招讨司,渐成井邑,乃以国族为天德军节度使。有黄河、黑山峪、庐城、威塞军、秦长城、唐长城;又有牟那山,钳耳觜城在其北。

顾名思义,西南路招讨司应该是负责辽朝西南路方面"招讨"事务的机构。根据宋人余靖的记载,西南路招讨司主要的任务就是"掌河西边事"[12],即负责对西夏的边防事务。

西南招讨司最高的长官叫西南招讨使。招讨使一职本是中原官制,起自唐代,为临时性军职。"招讨使。贞元末置。自后,随用兵权置,兵罢则停"。[13] 其职掌于元帅、都统一样为"掌征伐,兵罢则省。都统总诸道兵马,不赐旌节。"[14] 就招讨使的这种临时性质而言,宋朝也是继承了这个传统的。"招讨使。掌收招讨杀盗贼之事,不常置。"[15] 但是当辽金王朝采用招讨使等职官时,它们已经演变为控制着道、路等大地区军政机构大权的常设性职位。[16] 有辽一代,史籍中出现的西南面招讨使的共有 35 人(次)。从这些招讨使的出身来看,出任西南面招讨使的人物不仅大多是战功赫赫的将领,而且以皇族耶律和后族萧姓占绝大部分,具有强烈的家族垄断性质。以下为辽朝历任西南面招讨使的统计。

附表7—1:辽朝历任西南面招讨使统计表

何天明先生亦曾作过类似表格(载《辽代政权机构史稿》,何天明著,内蒙古大学出版社,2004年)。本表的推进之处在于:一是各招讨使的任职期限考察更为精确;二是补充了何表中未载的招讨使耶律刘哥、耶律安端、政事令斜轸、耶律佛顶等四人;三是修正了何表中的一个错误,即前后所见耶律挞不也是一个人。

任期(公元纪年)	姓 名	出 处	备 注
936——947(天显十一年——会同五年)	耶律鲁不古(于越信恩)	《辽史》卷3《太宗本纪上》、卷4《太宗本纪下》、卷76《耶律鲁不古传》	《太宗本纪上》称为西南招讨,《本纪下》及《本传》皆称西南边大详稳。
947——?(会同五年——?)	明王隈恩	《辽史》卷4《太宗本纪下》	
?——?(太宗时期)	耶律刘哥	《辽史》卷113《耶律刘哥传》	称"西南边大详稳"。
947——?(天禄元年——?)	耶律安端	《辽史》卷112《耶律察哥传》	
964——?(应历14年——?)	耶律挞烈	《辽史》卷7《穆宗本纪下》	应历十八年为西南面都统。
?——976(?——保宁八年)	耶律斜轸	《辽史》卷8《景宗本纪上》	

续表

任期(公元纪年)	姓　名	出　处	备　注
977——981?(保宁九年——乾亨二年?)	宋王耶律喜隐	《辽史》卷9《景宗本纪下》	
981——983(乾亨三年——乾亨五年)	秦王韩匡嗣	《辽史》卷9《景宗本纪下》、卷74《韩匡嗣传》、《内蒙古辽代石刻文研究》页65《韩匡嗣墓志》	《辽代石刻文编》第448页《韩瑞墓志》误将韩匡嗣任职移到韩知古身上。
983——991(乾亨末——统和十四年)	韩德威(耶律德威)	《辽史》卷10《圣宗本纪一》、卷82《耶律德威传》、《内蒙古辽代石刻文研究》页90《韩德威墓志》	
1004——?(统和二十一年——统和?)	楚国王耶律隆祐	《辽史》卷10《圣宗本纪五》、卷64《皇子表》	
1013——?(开泰二年——?)	政事令斜轸	《辽史》卷15《圣宗本纪六》	此必然是另外一斜珍,因为统和十七年(1000)魏王耶律斜珍死。
1012?——1021(开泰中)	韩德凝	《辽史》卷74《韩德凝传》	

续表

任期(公元纪年)	姓 名	出 处	备 注
1012？——1021？（开泰间）	萧塔列葛	《辽史》卷85《萧塔列葛传》	
1023——？（太平三年——？）	东平王萧排押	《辽史》卷88《萧排押传》	
1013？——？（约圣宗期间）	耶律欧里思	《辽史》卷81《耶律欧里斯传》	
1019——？（开泰八年——？）	左夷离毕萧解里	《辽史》卷16《圣宗本纪七》	
1023——？（太平三年——？）	豳王萧解里	《辽史》卷16《圣宗本纪七》	豳王萧解里即前面的左夷离毕萧解里晋升。
？——1037（？——重熙六年）	萧惠	《辽史》卷93《萧惠传》	开泰末一太平七年（1021—1027）为西北路招讨使。[17]
1037——？（重熙六年——？）	耶律信宁	《辽史》卷16《兴宗本纪一》	
？——1044（？——重熙十四年）	萧普达	《辽史》卷19《兴宗本纪二》、卷92《萧普达传》	

续表

任期(公元纪年)	姓　名	出　处	备　注
1045——1050(重熙十五年——重熙十九年)	萧蒲奴	《辽史》卷20《兴宗本纪三》、卷87《萧浦奴传》	
1049——1050(重熙十八年——重熙十九年)	耶律仆里笃	《辽史》卷91《耶律仆里笃》	重熙十八年，摄西南招讨使。
1050——?(重熙十九年——?)	萧迭里得	《辽史》卷114《萧迭里得传》	
1055——?(清宁初——?)	耶律撒剌	《辽史》卷99《耶律撒剌传》	
1055——?(清宁初——?)	萧撒抹	《辽史》卷92《萧夺剌传》	清宁初，也曾任西北路招讨使。[18]
1066——?(咸雍二年——?)	萧韩家奴	《辽史》卷96《萧韩家奴传》	
1068——?(咸雍四年——?)	耶律赵三	《辽史》卷94《耶律那也传》	
1070——?(咸雍七年——?)	拾得奴	《辽史》卷22《道宗本纪二》	
1075——?(大康初——?)	耶律铎鲁斡	《辽史》卷105《耶律铎鲁斡传》	

续表

任期(公元纪年)	姓　名	出　处	备　注
1078——？（大康四年——？）	萧韩家奴	《辽史》卷96《萧韩家奴传》	
1075——1084？（大康中）	萧得里特	《辽史》卷110《萧得里特传》	
1080——1082（大康六年——太康八年	耶律挞不也	《辽史》卷96《耶律挞不也传》	初任。
1083——？（大康九年——？）	萧陶隗	《辽史》卷90《萧陶隗传》	
1092——1093（大安八年——大安九年）	耶律挞不也（即耶律庆嗣）	《辽代石刻文编》页457《耶律庆嗣墓志》。	再任。太康六年（1080）初任西北路招讨使。后改任西南路招讨使。大安八年（1093），再任西北路招讨使。[19]
1100？——？（乾统初——？）	耶律大悲奴	《辽史》卷95《耶律大悲奴传》	
？——1113（？——天庆三年）	萧乐古	《辽史》卷27《天祚本纪一》	
1115——1118（天庆五年——天庆八年）	萧得里底	《辽史》卷28《天祚本纪二》	乾统二年—乾统四年（1102—1104）任西北路招讨使。[20]

续表

任期(公元纪年)	姓　名	出　处	备　注
1116（天庆六年）	萧奉先	《契丹国志》卷10《天祚皇帝上》	
1122（保大二年）	萧乙薛	《辽史》卷101《萧乙薛传》	未赴任也。
?——1122（?——保大二年）	耶律佛顶	《辽史》卷29《天祚本纪三》	
1125（保大五年）	党项小斛禄	《辽史》卷30《天祚本纪四》	

除了招讨使以外,《辽史》记载的西南招讨司的职官能够确定的还有“西南路招讨都监”[21]、“西南路招讨副使”[22]、“西南面拽剌”[23]等。

关于西南边大详稳司。详稳一词,在《辽史》卷116《国语解》中解释为“诸官府监治长官”。由此,西南边大详稳也就是治理西南边疆的大长官之意。据杨若薇考证,西南边大详稳司是契丹语对汉语西南面招讨使司的称呼,两者实为一个机构。《百官志》将其并列为二司,实为重复。[24]关于“详稳”,韩儒林认为该词相当于汉官“将军”,在外蒙突厥文碑中作sengun,辽金时之“相温”、“详稳”、“详衮”,元代之“桑昆”、“想昆”,并为中国官号北游返国之面目。时代不同,故有多种译法。[25]村上正二和亦邻真认为“详稳”一词其实就是后来《蒙古秘史》中提到“想昆毕勒格”一名中的“想昆”,蒙古语拼做“sengun”。它应当是汉语“将军”在契丹语中的音写。辽金汉人中也有把其译为“相公”的。[26]拉施特主编的《史集》也称："鲜昆，相当于汉语的相公。"[27]但是"公"字是带"—ng"的后鼻音，而"相稳"中稳字从蒙古语的正字法作"—gun"，是一个前鼻音字，他本应该是"军"的音写。所以，"相公"很可能是辽金汉人在将详稳一词回译中的误读。[28]

辽朝许多机构中都设有详稳。元帅府属下设大详稳，有详稳、都监、将军、小将军、军校、队帅等职，辖有军队。各军中分设详稳司。在朝中的府、监、治等局长官亦为详稳。皇族、国舅及遥辇诸帐，均设详稳司，有详稳、都监、将军、小将军等官，辖有军队。皇族帐并设有都详稳。各部族设某部详稳司，有详稳、都监等官。但是，在整部《辽史》中西南边大详隐一职仅见于辽太宗时期，共三人。一个是耶律鲁不古，一个是耶律刘哥，再有一个是耶律安端。关于刘哥任此职的记载出于《辽史》卷113《耶律刘哥传》：

> 刘哥，字明隐，太祖弟寅底石之子。幼骄狠，好陵侮人，长益凶狡。太宗恶之，使守边徼，累迁西南边大详稳。

关于安端的事迹为：

> 世宗即位于镇阳，安端闻之，欲持两端。察割曰："太弟忌刻，若果立，岂容我辈！永康王宽厚，且与刘哥相善，宜往与计。"安端即与刘哥谋归世宗。及和议成，以功封泰宁王。会安端为西南面大详稳，察割佯为父恶，阴遣人白于帝，即召之。既至上前，泣诉不胜哀，帝悯之，使领女石烈军。出入禁中，数被恩遇。帝每出猎，察割托手疾，不操弓矢，但执炼锤驰走。屡以家之细事闻于上，上以为诚。[29]

这说明西南面大详稳的叫法大概只是流行于辽朝早期。这是否跟世宗以来契丹人的进一步汉化有关系，值得探讨。

关于西南路详稳司。此机构《辽史》仅具名而已，或为西南路招讨司下辖机构,或者根本不存在,或者为西南路大详稳司的简写。从西南路都招讨司也可以写作西南路招讨司的情况来看,最后一种情况的可能性比较大。

关于西南面五押招讨司。《辽史》中"五押"一名仅两见。一是卷46《百官志二》"北面边防官"条下有"西南面五押招讨司"的机构并其职官"五押招讨大将军";二是卷35《兵卫志中》"大首领部族军"条下有"五押军"一种。由于宋元以来的有关历史文献,并未对"五押"一词给出任何的定义或阐释,因此关于其性质和含义,长期以来学术界一直存有较大的疑惑。目前所见到的关于该问题的推论一共有五种:第一种观点认为"五押"是官名,"五押军"并非辽朝"经久存在的军队名号"[30];第二种观点认为"五押"是人名,或指耶律郎五(也叫耶律忠)[31],或指韩五押(德威)[32],而"五押军"则是这些名为"五押"的部族大首领的私人武装;第三种观点认为"五押"当系"五院大王"的简称[33];第四种观点认为"五押"就是以控鹤、义勇、护圣、虎翼等五军组成的中央侍卫军之一[34];第五种观点认为"五押军"是西南面五押招讨司统辖的,在各部族或其他部队征集、编组的五支边境戍兵[35]。笔者通过对包括近年来出土墓志在内的相关原始史料的清理,以辽代官称的历史渊源为考察视角,初步推定"五押"可能是一种源于唐代"六押"制度的官职称谓,是辽代对"行军都统"的雅称。

在现有的历史文献中,载有"五押"的史料本身就非常稀少,如果从史料来源和表达意义上再加以追究的话,那么事实上关于"五押"的有研究价值的直接记载只有七条(组)。为了方便讨论,现将这些史源一一列出:

第一,《辽史》卷46《百官志二》载:

北面边防官

西南面安抚使司。

西南面安抚使。

西南面都招讨司。太祖神册元年置。亦曰西南路招讨司。

西南面招讨使。

西南边大详稳司。

西南路详稳司。

西南面五押招讨司。

五押招讨大将军。

……

已上西京诸司,控制西夏。

第二,《辽史》卷35《兵卫志中》载:

大首领部族军

辽亲王大臣,体国如家,征伐之际,往往置私甲以从正事。大者千余骑,小者数百人,著籍皇府。国有戎政,量借三五千骑,常留余兵为部族根本。

太子军。

伟王军。

永康王军。

于越王军。

麻答军。

五押军。

第三,韩匡嗣家族墓志系列有关韩德威官职的记述:

《韩匡嗣墓志》(乾亨四年薨):

有子九人:……次曰德威,西南面招讨使兼五押、彰武军节度使、太师。[36]

《韩德威墓志》：

西南面五押招讨大将军、开府仪同三司、检校太师、同政事门下平章事(统和十四年)。……(保宁)十一年授宣徽北院使、彰武军节度使。……(乾亨)四年，以公为西南面五押招讨大将军。……统和六年，加开府仪同三司、同政事门下平章事。……以丙申岁(甲子纪年法，即996年)孟冬既望之翌日，薨于天德部内之公署。[37]

第四，宋琪的《平燕蓟十策》：

琪本燕人，究知敌帐车马、山川形胜，所言悉有归趣。俄又上疏言：……晋末契丹主头下兵，谓之大帐，有皮室兵约三万人骑，皆精甲也，为其爪牙。国母述律氏头下，谓之属珊，有觽二万，是先戎主阿保机牙将，半已老矣。每南来时，量分借得三五千骑，述律常留余兵为部族根本。其诸大首领太子、伟王、永康、南北王、于越、麻答、五押等，大者千余骑，次者数百人，皆私甲也。……蕃汉诸族，其数可见矣。[38]

第五，《长编》卷27"雍熙三年(丙戌，986)八月"条下载：

八月，初徙云、朔、寰、应四州民，诏潘美、杨业等以所部兵护送之，时契丹国母萧氏与其大臣耶律汉宁、南北皮室及五押惕隐，领觽十余万，复陷寰州。[39]

第六，《宋会要辑稿·蕃夷一》之二三载：

至道二年)六月，仡党族首领迎罗信及长嗟、黄屯三人诣府州内附，云：春初，契丹将韩五押领兵来剽略，遂与战，杀获多,又擒大将妲连。旧居山后,今乞渡河,居于勒马尾族地。诏安抚之,各赐锦袍银带器币等。[40]

第七,李宗谔的《曹武惠王彬行状》载:

乾德初(963年),改左神武将军充内客省使。河东来攻平晋军,命彬与郭进、张彦进、陈万通援之,未至一舍贼遁去。时初克辽州,河东召契丹五押骑六万余来攻。又命彬与李继忽、罗彦环、郭进、武怀节援之,大败虏骑于城下。[41]

对上述七组一手史料略加观察,可以发现它们所记载的"五押"大体可以分为三类:一类是较为明确的职官称谓,如第一条中之"西南面五押招讨司"、第三条(组)中之"西南面五押招讨大将军";另一类似乎是人物姓名,如第六条中之"韩五押";还有一类既像人名又像官名,如第二条大首领部族军中之"五押军"、第四条中"其诸大首领太子、伟王、永康、南北王、于越、麻答、五押等"中之"五押"、第五条中之"五押惕隐"、第七条中之"契丹五押"。下面我们先对第三类史料逐一进行考证辨章,以期对这些尚处于官名和人名两可之间的"五押"作出明确的划分。

第二条史料。《辽史·兵卫志》中"大首领部族军"条下有关五押军的记载,根据邓广铭先生的考订,这段材料的史源直接抄自《契丹国志》,而间接出自《续资治通鉴长编》所引北宋初年大臣宋琪的一道奏章,[42]也就是笔者所列出的第四条材料《平燕蓟十策》。宋琪《平燕蓟十策》奏陈的时间是雍熙三年(986),而关于"大首领部族军"的这段描述,作者宋琪更是在文中明言"晋末"。如此看来,《兵卫志》的这段关于大部族首领军的记载存在着断章取义和以偏概全的毛病,即它没有说明该材料实际上反映的是辽朝早期太宗举兵犯晋时期的情形,进而让阅读者误以为这就是整个辽代的基本情况，[43]由此，《兵卫志》“大首领部族军”条大体上已经失去了作为一手史料的价值，而第四条的《平燕蓟十策》才是真正能说明包括“五押军”在内的“大首领部族军”问题的代表性史源。目前，学者们对于宋琪上疏中所举的除“五押”以外的“诸大首领”的指向达成了一致的结论，认为他们显然不是“长期存在的封爵和部队的名号”，不是泛指整个辽代的定制，而是专指太宗犯晋时期统率私人武装的一些部族大首领。具体而言，“太子”指的是阿保机第三子李胡；伟王指的是阿保机弟安端；“永康王”是辽世宗兀欲即位前的封爵；南北大王指的是耶律吼和耶律洼；“于越”系指“国舅萧翰”；“麻答”指的是解里，即耶律拔里得，阿保机的侄子。[44]对于这里的“五押”，邓广铭先生根据《辽史·百官志二》中载“西南面五押招讨司”和《辽史·国语解》并未对其特做解释以及宋琪上疏中“南北王”、“于越”平列的现象，指出“五押”不是人名，而是一种职位名称；而李锡厚先生则猜测说“五押”可能指的就是《契丹国志》卷17所记的耶律郎五。[45]笔者认为，根据这段史料的背景，此处“五押”必须和辽太宗举兵攻晋时的战略部署或行动对应起来才有落在实处的可能性。据《辽史》载，太宗对后晋的两次重大战役爆发于会同六年至会同九年之间（943—946）。会同六年的部署为“十二月丁未，如南京，议伐晋。命赵延寿、赵延昭、安端、解里等由沧、恒、易、定分道而进，大军继之”。[46]大军指的是辽太宗亲自率领的军队，跟随他的将领中还有南院大王耶律吼[47]；会同九年的行动为“（九月）赵延寿与晋张彦泽站于定州，败之。……（冬十一月戊子朔）南院大王迪辇、将军高模翰分兵由瀛州间道以进”。[48]与赵延寿同行的还有惕隐耶律朔古[49]、定州节度副使耶律郎五（即耶律忠）[50]。根据前引学者的研究，安端、解里、迪辇（即耶律洼）、耶律吼分别是宋琪上疏中的部族大首领伟王、麻答、北院大王、南院大王。此外,《资治通鉴》还记载了辽将萧翰侵晋之事[51],萧翰就是宋琪上疏中的"于越"。排除这些人物,"五押"有可能是上述赵延寿、赵延昭、高模翰、耶律朔古、耶律郎五等人物中的一位。据《辽史》卷 76 赵延寿、高模翰、耶律朔古的本传,他们在侵晋之役中担任的职务分别是燕王、统军副使、惕隐,耶律郎五则是定州节度使[52]。至于会同年间的"五押"具体是谁,由于缺乏直接的证据我们尚无法回答。

第五条史料。这里的"五押惕隐"中间其实应该加顿号点断为宜,表示是两个人或两类职官而非一个人或一种职官。五押当为韩德威;惕隐为瑶升,即耶律善补。《辽史》德威本传记败杨继业者即是德威和善补;而《圣宗纪》统和四年四月庚子条、庚戌条,五月庚子、戊子、壬辰条都记两人一直并肩作战;而且,当年的惕隐一职领兵者只有瑶升(善补)一人。因而"五押惕隐"应为两人;惕隐为瑶升,则"五押"必为韩德威。[53]

第七条史料。《曹武惠王彬行状》提到了乾德初年(乾德元年为 963 年),应北汉政权的请求,六万多契丹五押军队在辽州与宋军作战的事件。[54]而这一事件在《辽史》中也有记叙。《辽史》卷 7《穆宗本纪下》载:

> (应历十四年春正月)戊戌,汉以宋将来袭,驰告。二月壬子,诏西南面招讨使挞烈援汉。……夏四月,汉以击退宋军,遣使来谢。……(十八年)九月戊子,杀详稳八剌、拽剌痕笃等四人。己丑,登小山祭天地。戊戌,知宋欲袭河东,谕西南面都统、南院大王挞烈豫为之备。……冬十月辛亥朔,宋围太原,诏挞烈为兵马总管,发诸道兵救之。

同书卷 77《耶律挞烈传》亦载:

应历初,升南院大王,……时周人侵汉,以挞烈都统西南道军援之。周已下太原数城,汉人不敢战。及闻挞烈兵至,周主遣郭从义、尚钧等率精骑拒于忻口。挞烈击败之,获其将史彦超,周军遁归,复所陷城邑,汉主诣挞烈谢。及汉主殂,宋师来伐,上命挞烈为行军都统,发诸道兵救之。既出雁门,宋谍知而退。……河东单弱,不为周、宋所并者,挞烈有力焉。

显然,宋人《曹武惠王彬行状》中的“五押”,也就是辽应历年间的“五押”,实际上应该就是耶律挞烈。

从以上考证来看,本组史料中的“五押”分别指的是会同年间的某人、统和四年的韩德威、应历十四年的耶律挞烈。从不同时期有不同人物为“五押”的现象可以判定,与邓广铭先生的推论一致,“五押”不是人名,而是一种官称。以此观点为基础,我们再来分析前两类关于“五押”的史料。

第六条史料。《辽史·圣宗本纪四》记载的“统和十四年(996年)三月)甲寅,韩德威奏讨党项捷”的事件,与本条资料中的“韩五押”的作为,从时间和对象上一致,两书所记显为同一件事同一个人[55]。可见,统和十四年间的“五押”就是韩德威,显然,宋人是以官称“五押”代指韩德威其人的。

第一组史料记载的辽代控制西夏的边防机构“西南面五押招讨司”的长官称谓“五押招讨大将军”,在第三组韩氏家族诸墓志中得到了证实。据《韩德威墓志》及其孙《耶律元佐墓志》记载,韩德威生前最主要的职务就是“西南面五押招讨大将军”。不过,这里还有一个问题没有解决,就是在这两方志文中,并没有出现过像《辽史·韩德威传》所提到的传主曾经担任过西南面招讨使的任何文字。这似乎是在暗示所谓“西南面五押招讨大将军”就是“西南面招讨使”。但是,看一下《韩匡嗣墓志》和《秦国太夫人墓志》,

我们发现韩德威担任的职务应该是“西南面招讨使兼五押、彰武军节度使”。[56]韩德威在担任西南面招讨使期间,还兼任着五押、彰武军节度使的职务。一个“兼”字说明,“西南面五押招讨大将军”与“西南面招讨使”是不同的两个官号;一个“兼”字还说明,“西南面五押招讨司”与“西南面招讨司”办事地点是同一的,都是韩德威死在任上时所在的“天德部内之公署”。从前揭韩德威相关史料的讨论来看,从统和三年(984)至统和十一年(993)再到统和十四年(982—996),韩氏长期担任着“五押”这一职务。

明确了“五押”作为官号这一性质之后,需要回答的问题有两个:第一,“五押”是契丹“国语”吗?第二,“五押”究竟是什么意思呢?

关于第一个问题,学术界通常下意识的是把“五押”作为汉语词汇来讨论的,笔者这里为这样的结论补充两条理由。首先,也是最重要的一条,就是《辽史·国语解》一卷,并没有收录“五押”一词,而通检《辽史》,也没有关于“五押”的解释。其次,其他关于“五押”的史料都来自汉族文人的记载,同样也没有对其进行任何的说明。这种现象不正暗示着“五押”可能是一个被当时文人熟稔词义的汉语词汇,就是因为大家比较熟悉,所以就没必要多加解释。

关于第二个问题,学术界存在着较大的分歧,目前主要有以下三种推论。其一,盖之庸先生认为所谓“五押”,其实就是《韩橁墓志》[57]所载的控鹤、义勇、护圣、虎翼等五支辽朝中央侍卫军。[58]我们先来看看盖先生所引的这段史料:

八年秋,逆贼大延琳,窃据襄平,盗屯肃慎。……假公(韩橁)押领控鹤、义勇、护圣、虎翼四军,充攻城副部署。贼平,就拜永清军节度,贝、博、冀等州观察、处置等使。管押义勇军，驻泊于辽东。

从韩橁的事迹来看，这里的"押领"是统率的意思，传主统率的部队只有四支，并不是特指以"五押"或"四押"为番号的军队，而且控鹤诸军系宫廷禁卫军之一，它不符合大首领部族军是私人武装的定义。此外，墓主一生的仕宦经历中并没有担任以"五押"命名的职务。因此，笔者不赞同这个说法。

其二，李桂芝等先生认为"'五押'当即'五院'。据《韩匡嗣墓志》，德威以西南面招讨使兼五押，当系以西南面招讨使兼五院大王"。[59]可是根据韩氏家族诸墓志及《辽史》，均未见韩德威担任五院大王的记述。事实上，根据辽制，未出宫籍之人是根本没有资格出任五院大王（北大王）的。韩氏家族最终摆脱官奴地位是在统和二十二年（1004），这时韩德威早已去世。因此，笔者也很难接受这一表述。[60]

其三，刘国生等先生则认为，"五押军"是在各部族或其他部队征集、编组而成的五支军队的跨系统集合，属于由西南面五押招讨大将军统辖的边境戍兵。[61]笔者对这一解释持基本赞同的立场，这时因为首先这一观点从字面上满足了汉语词汇"五押军"以五成军的数目要求；其次是这一观点与史料中"五押"大多是伴随着"西南面招讨使"而出现的现象相符。不过，在他们的立论基础上，笔者以为尚有一些需要澄清和补充的地方。

一是"五押军"为跨系统私人武装的证据。《辽史·兵卫志》大首领部族军序言中说：

> 辽亲王大臣，体国如家，征伐之际，往往置私甲以从正事。大者千余骑，小者数百人，著籍皇府。国有戎政，量借三五千骑，常留余兵为部族根本。

从这一段话以及“五押军”名称来分析，其与诸如太子军、麻答军等几军明显不同，似不是某部族首领之军，大概是由各部、各地征集来的、几种“私甲”的混合编组。从相关战役史实考察可以看出，这一军队征集编组后，指挥权归由辽帝任命的“统军使”一类的差遣官（一般多为勋戚）“押领”，否则就不会有“著籍皇府”之说了。[62]而据《韩匡嗣墓志》可知，韩得威出任“五押”不迟于统和三年（985）。这与《辽史》卷82《韩德威传》所载情况有呼应的地方，先引有关传文如下：

乾亨末，丁父丧，强起复职，权西南招讨使。统和初，党项寇边，一战却之。赐剑许便宜行事，领突吕不、迭剌二纠军。以讨平稍古葛功，真授招讨使。

乾亨末年，韩德威代理西南面招讨使，统和初年，由于战功而加领“突吕不、迭剌二纠军”。这正好呼应了《韩匡嗣墓志》中兼领“五押”的情况。“突吕不部”为小部族，其军事力量（节度使管军）原来归西北路招讨司管理；迭剌部原系辽朝初年最强大的部族，太祖为了削弱分裂势力，特意把它解剖为五院、六院部，其军事力量通常由北、南大王统率。辽廷把突吕不、迭剌等这样原本来自不同部族的混编部族军交给西南面招讨使指挥，统称为“五押军”，招讨使另外肩负的一项职务就是“西南面五押招讨大将军”。

二是“五押”官号或许指的是“西南面行军都统”。让我们重读上引有关耶律挞烈的史料，不难发现传主事迹中存在着一种特殊的同时身兼二职的现象。应历十四年，身为西南面招讨使的挞烈同时还兼任着“西南面行军都统”一职，任务是“都统西南道诸军”。关于都统一职，宋人的解释是“元帅、都统、招讨使，掌征伐，兵罢则省。都统诸道兵马，不赐旌节”。[63]在《辽史》的记载中，都统一职几乎都是临时征伐任命,因此多称行军都统。《辽史》卷46《百官志二》北面行军官下载有很多关于行军都统的机构,其中就有西南面行军都统所。行军都统所内部的职官有行军都统、行军副都统、行军都监等。西南面招讨使一职是辽朝西南方向的一种常设性的固定边防建制,而西南面行军都统则是一种便于行军打仗的战时军事建制。挝烈的有关材料可以说明"契丹五押"和"西南面行军都统"存在对应的关系。"五押"可能就是"西南面行军都统"的非正式的雅称。从此逻辑出发,韩德威的官号或许可以称为"西南面招讨使兼行军都统(五押)、彰武军节度使"。那么,前面遗留的会同年间的"五押"具体指谁的问题也大致可以下个结论,即曾经担任过"统军副使"的高模翰可能就是一名"五押"。

三是"五押"的历史渊源。作为一项专有的制度,"五押"的名称应当有历史的承接。笔者大胆猜想其或许源自唐代的"六押"制度。这是一种由中书舍人批札尚书省六部奏章的制度[64]。直到宋代,"六押"一词仍然是一个用来称呼中书舍人的专有雅号。宋人苏轼就曾说过:

> 国家董正百官之治,聿追三代之隆。用事考言,因名责实。然而宪台省闼,无预于文词;儒馆学官,不关于政理。惟此六押之任,要须二者之长。非该通经术,则不足以代王言;非晓达吏方,则不足以分省事。是为文士之极任,岂止时人之美谈。[65]

到了辽代,尚书省并入枢密院,所统六部减改为"五房",即吏房、户房、兵房、刑房、厅房(也就是工部)。这样原来中书舍人分漕理事的"六押"制度就转变为"五押"制度。至于为什么要把"行军都统”称为“五押”，笔者认为需要从枢密院的军事性质多加考虑，也许正是基于这一方面，才使得“行军都统”具备了“中书舍人”参与枢密院“五房”事务的职能。把“都统”和“五押”联系起来也不是没有历史惯例可循的，下面这则笔记或许有助于我们进一步的思考：

检校右仆射总，元和末节制东平。长庆二年六月十日午时，寝熟，梦二军吏乘马入中门，及阶而下，一人握刀拱手而前，曰：“都统屈公。”公惊曰：“都统谁耶？”曰：“见则知矣。”公欲不去，使者曰：“都统之命，仆射不合辞。”不觉衣服上马。一吏引，一吏从，遂出郓州北郭门数百里，入城又数十里，见城门题曰：“六押大都统府”。门吏武饰，威容甚严。入一二百步，有大衙门，正北百余步，有殿九间，垂帘下有大声曰：“屈上阶。”阴知其声，乃杜司徒佑也，遂趋而升，二阍竖出卷帘。既而见之，果杜司徒也。公素承知友，交契甚深，相见极喜，慰劳如平生。遂揖坐，都统曰：“莫怪奉邀否？佑任此官，年劳将转，上司许自择替。中朝之堪付重权者，今揣量无逾于阁下者，将欲奉托耳。此官名‘六押大都统’，□□不是过也，且以大庇亲族知友耳。人之生世，白驹过隙，谁能不死。而又福不再遇，良时易失，苟非深分，岂荐自代。权位既到，幸勿因循。”公曰：“生为节制，死岂为民？阳禄方崇，阴位谁顾。直使为王且不愿，况都统哉？”杜曰：“上请授公，天命难拒。文符即下，何能违天！”公曰：“天听甚卑，亦从人欲，奈何自取求替，诬其天命乎？”杜曰：“终与公，公岂能免。”公曰：“终不受，都统安能与？必若以鬼相逼，岂无天乎？”杜乃顾谓群吏曰：“公既拒，事不谐矣！”公曰：“渴，请两盂茶。”杜仍促煎茶。从吏曰：“仆射既不住，不合饮此茶。况时热，不可久住，宜速命驾。"俄而牵马立于故处,公辞将去,都统步步送之。既下阶,执手曰:"勉修令图,此位终奉。"遂乘马南行,旧吏引从如初,乃却从故道……[66]

综合本章论述,可以得出如下结论:五押至少存在于会同年间至统和末年;可考的"五押"是耶律挞烈和韩德威;"五押军"是在各部族或其他部队征集、编组的,交由西南面五押招讨司统辖的边境戍兵,其中可考的部队为突吕不、迭剌二纠军;"五押"或许是"西南面行军都统"的雅称,或许起源于唐代以来的"六押"制度。

由于"五押"本身就是非正式的官称,加之辽代制度史原始史料存世稀少,因此"五押"就成为扑朔难解的历史之谜。

关于西南路巡察司。《辽史》卷46《百官志二》记载说"西南路巡察司。又有西南巡边官"[67]。这说明两者的性质是接近的,即都是巡查边境的负责者。"巡察"在《辽史》中仅三见,除了前引一例之外,还有《辽史》卷17《圣宗本纪八》记载:

(开泰八年)二月戊子,燕京留守萧孝穆乞于拒马河接宋境上置戍长巡察,诏从之。

以及《辽史》卷46《百官志二》所载:

距马河戍长司。圣宗开泰七年,沿距马河宋界东西七百余里,特置戍长一员巡察。……已上南京诸司,并隶元帅府,备御宋国。

这两例"巡察"指的都是戍长这个官员的职责,即负责巡视宋辽沿距马河700余里的边境。这可能意味着辽朝并无"巡察司"这样一个机构。即便其存在,也应该是属于西南面招讨司的下属机构。

关于西南路巡检司。《辽史》卷48《百官四》南面边防官条下有"巡检使司"的记载：

巡检使司。耶律合住，景宗保宁中为巡检使。

关于耶律合住任巡检使的事迹在其本传中也有记载：

以宋师屡梗南边，拜涿州刺史，西南兵马都监、招安、巡检等使，赐推忠奉国功臣。[68]

比较一下就可以明白，巡检使司的全称其实就是西南路巡检使司。显然，《辽史》把原本该属于南面官系统的西南路巡检使司误植到北面官系统下对夏的边防系统了！当然，这个错误也是有诱因的。据《辽史》卷91《耶律唐古传》记载：

统和二十四年，述屋质安民治盗之法以进，补小将军，迁西南面巡检，历豪州刺史、唐古部详稳。严立科条，禁奸民鬻马于宋、夏界。因陈弭私贩，安边境之要。太后嘉之，诏边郡遵行，著为令。

从耶律唐古任西南面巡检等职务期间"严立科条，禁奸民鬻马于宋、夏界。因陈弭私贩，安边境之要"的事迹来看，西南路巡检使司也许是与对夏防务有着关联的吧。

关于西南面拽剌详稳司。拽剌是《辽史》中常见的名称，"走卒谓之拽剌"。[69]王国维最早认识到拽剌一词实际上源于唐代的"曳落河"一词，[70]意思是"勇士"。[71]而根据陈述的考证，安禄山军队中精锐的"曳落河"军，就是《辽史》中的"拽剌军"。[72]在《辽史》中，拽剌一词可以指代各种各样的勇士（军队），有旗鼓拽剌详稳、舍利拽剌详稳、千拽剌详稳、奚拽剌详稳、西南面拽剌。从关于拽剌的各种记述来看，他们一个基本的任务是侦候。西南面拽剌这种官职是存在的。《辽史》卷98《萧兀纳》明确记载说：

萧兀纳，一名挞不也，字特免，六院部人。其先尝为西南面拽剌。

那么西南面拽剌与西南面招讨使又有什么关系呢？据《辽史》卷10《圣宗本纪》记载：

西南路招讨使大汉奏，近遣拽剌跋剌哥谕党项诸部，来者甚众。

显然，西南面拽剌是西南面招讨使的下属。韩德威派遣的拽剌实际上是代表西南招讨使去招谕敌军。从《辽史》其他地方都没有拽剌详稳司的记载来看，所谓的西南面拽剌详稳应该不存在，系附会西南面拽剌一职而成。

关于山北路都部署司。罗继祖《辽史校勘记》认为山北路属于西北路之误。[73]但是，辽朝的确存在着以"山北"为单位的机构和职官。如萧夺剌曾经"知山北道边境事"[74]、耶律弘古"太平元年，……出为彰国军节度使，兼山北道兵马都部署，徙武定军节度使"。[75]这里的"山北"与太祖神册元年所收"山北八军"[76]当指同一地方，即新州附近的阴山以北地区。《辽史》卷2《太祖本纪二》记载：

(神册六年)冬十月癸丑朔，晋新州防御使王郁以所部山北兵马内附。

这个新州就是后来被辽改称的奉圣州。《辽史》卷41《地理志五》记载：

奉圣州，武定军，上，节度。本唐新州。后唐置团练使，总山后八军，庄宗以弟存矩为之。军乱，杀存矩于祁州，拥大将卢文进亡归。太祖克新州，庄宗遣李嗣源复取之。同光二年升威塞军。石晋高祖割献，太宗改升。有两河会、温泉、龙门山、涿鹿山。东南至南京三百里，西北至西京四百四十里。兵事属西京都部署司。

“山北”就是“山后”。由此可见，山北道都部署司不仅存在，而且在军事上也可能是隶属于西京都部署司的。

关于金肃军都部署司。金肃军亦称金肃州。《辽史》卷41《地理志五》记载：

金肃州，重熙十二年伐夏置。割燕民三百户，防秋军一千实之。属西南招讨司。

根据《中国历史地图集》第六分册，第7—8图，金肃州治所在鄂尔多斯东胜县治所正东和准格尔旗治所西北，属于西南招讨司。据《辽史》卷91《耶律仆里笃传》记载：

重熙十六年，知兴中府，以狱空闻。十八年，伐夏，摄西南面招讨使。十九年，夏人侵金肃军，败之，斩首万余级，加右武卫上将军。时近边群牧数被寇掠，迁倒塌岭都监以治之，桴鼓不鸣。二十年，知金肃军事。

这说明，金肃州无疑是辽夏战争的前线，在此设置军事机构“金肃军都部署司”是非常必要的。

关于河清军。河清军是辽朝一个重要的边防城。《辽史》卷41《地理志五》记载：

河清军，西夏归辽，开直路以趋上京。重熙十二年建城，号河清军。徙民五百户，防秋兵一千人实之。属西南招讨司。

和金肃州一样，河清军都处在防御西夏入侵的前线。根据《中国历史地图集》第六分册，第7—8图，河清军的治所在今东胜北、达拉特旗树林召南，军事上属于西南招讨司。河清军同时还是辽夏之间一个极其重要的驿站。“西夏归辽，开直路以趋上京”。根据《隆平集》卷20记载说，西夏从都城过黄河向东北，“十有二驿而达契丹之境”。[77]

关于五花城。《辽史》没有记载。大概也是辽朝一个边防城堡。其隶属关系存疑。

关于山金司。又叫做山阴司。它位于阴山地区，是辽朝重要的矿冶基地。《辽史》卷116《国语解》记载：

山金司。以阴山产金，置冶采炼，故以名司；后改统军司。

后来改为统军司，说明其军事地位逐渐重要。其隶属情况《辽史》虽然没有明载，但是据《辽史》卷17《圣宗本纪八》太平七年五月条所讲的“西南路招讨司奏阴山中产金银，请置冶，从之”的情况来看，它很可能是隶属于西南面招讨司的。

关于西京兵马都部署司。西京在辽初叫做云州大同军，重熙十三年升为西京。这一时期“正是在辽夏边境部族大量叛逃西夏，辽对西夏作战失败之后。按照前述辽朝建京的通例，是出于加强控制当地异族之用意。西京之建，除有加强对辽周边部族的控制和统治的意义外，另一方面是欲以临近西夏的西京为据点，加强对西夏的战争态纵以图征服和控制西夏土地和人民。《辽史》卷47《百官志》南面京官条说‘西京多边防官’，道出了设置西京是直接出于军事目的。重熙十五年（宋庆历六年，1046），宋使包拯使辽，了解到辽廷实情，向宋廷汇报说‘自创云州作西京以来,不辍添置营寨,集军马,兵粮积聚不少,但以西讨为名,其意殊不可测'。"[78]西京兵马都部署司极有可能就是重熙年间辽夏关系紧张的产物,是辽军对夏作战的重要指挥中心之一。从《辽史》中"西京兵马都部署司"统辖州县的情况来看,它应该和西南招讨司属于平级。该机构在军事上统辖的州军有奉圣州(武定军)、蔚州(忠顺军)、应州(彰国军)、朔州(顺义军)等。[79]从这些州军的地理分布以及前引宋人议论来看,西京兵马都部署司诸机构主要担负着配合西南招讨司对夏侧翼作战以及后勤保障的任务。

关于南北大王府。南北大王府也叫做五院、六院。《辽史》卷46《百官志二》载:

> 五院部。有知五院事,在朝曰北大王院。
>
> 六院部。有知六院事,在朝曰南大王院。

五院、六院是太祖分裂部落的产物。《辽史》卷33《营卫志三》记载:

> 五院部。其先曰益古,凡六营。阻午可汗时,与弟撒里本领之,曰迭剌部。传至太祖,以夷离堇即位。天赞元年,以强大难制,析五石烈为五院,六爪为六院,各置夷离堇。会同元年,更夷离堇为大王。部隶北府,以镇南境。

南、北大王府(院)的职责都是"分掌部族军民之事"。[80]其部族五院部、六院部隶属于北宰相府,驻扎在辽宋边境上,担负着对宋防御与战争的重任。而南、北大王及都监春秋两季有着不同的驻地。[81]路振《乘轺录》:"西南至山后八军八百余里,南大王、北大王统之。皆耶律氏也。二王陆梁难制,虏每有征发,多不从命。……"[82]

关于乙室王府。乙室王府是乙室部在朝廷的代表。据《辽史》卷46《百官志二》载：

> 乙室部。在朝曰乙室王府。有乙室迪骨里节度使司。

乙室部本身隶属于北院的南宰相府，其大王及都监统领乙室部族军镇驻西南之境，司徒领民户居鸳鸯泊。[83]

通过逐个考证，我们认为《辽史》和《契丹国志》所认定的控制西夏的“西京诸司（云中路）”中名副其实的只有7个，即西南面都招讨司（西南边大详稳司、西南面详稳司）、西京兵马都部署司、金肃（军）、河清军、乙室王府、山金司、山北路都部署司。其中属于一级机构的有西南面都招讨司、西京兵马都部署司、乙室王府；属于二级机构的有金肃（军）、河清军、山金司、山北路都部署司等。所谓的西南面五押招讨司、西南面拽剌详稳司以及西南路巡察司应该不存在，属于《辽史》的附会。南、北大王府主要负责对宋的战争与防务。至于西南路巡检司和西南面安抚司则显然属于把南面官系统的职官误植到北面边防官系统了。

然而细检《辽史》，我们发现辽朝针对西夏的边防设置远不止上面提到的所谓“西京诸司”，其复杂程度和系统性都远远超出传统史家估计。

首先，辽朝的西南面招讨司和西京兵马都部署司还辖有很多重要的边防机构。以下是根据《辽史》卷34《兵卫志》的记载，统计得出的关于西南面招讨司在军事上统辖的二级单位情况。

附表 7—2

西南面招讨司	
部族节度使[84]	州县兵事[85]
涅剌部	天德军(丰州)
迭剌迭达部	开远军(云内州)
品达鲁虢部	镇西军(宁边州,本唐隆镇,辽置。)
乌古涅剌部	武兴军(东胜州)
涅剌越兀部	金肃军(亦称金肃州)
斡突乌古部	河清军
梅古悉部	
颉的部	
匿讫唐古部	
鹘剌唐古部	
南唐古部	

由上表可以看出,西南面招讨司管辖的机构主要有两类:一类是部族节度使;一类是州、军。关于部族制度,杨若薇曾经有过形象的描述,也可以作为辽朝西南地区部族戍边情形的写照,兹引如下:

> 辽国内各部族部分别隶属于其一招讨司或统军司,平时受其调遣,担负着一定区域的边防守卫任务,战时则受其统率,出征讨敌,各部并非全体成员驻扎在边境线上,而是由部民轮流到防卫区去担当屯戍任务,从戍的原则是选部落中的富民组成戍军,而其家属及未尝抽调的部落成员则依旧留在部族的牧地,从事畜牧生产,称作“留后户”;由于屯戍地常常

距离部族牧地很远，戍军与留后户要分别统领、管理，这恰是《辽史》卷三十三《营卫志》品部条所说的："凡戍军隶节度使，留后户隶司徒。"但是，由于游牧生产的移动性，戍军与留后户又并不总是相距很远，有时部落直接驻在屯戍地界，与戍军邻近。特别是当大规模战争爆发时，全体部落成员出动，家用随行，便没有或很少有"留后户"了。[86]

关于西南面招讨司统辖的州军情况如下：

丰州。即天德军[87]。其管辖范围包括鄂尔多斯所属的今乌拉特前旗的部分和乌梁素海以东的大片地区。神册五年(920)，辽皇太子耶律倍率军西征。辽军势如破竹，攻下了当时还在晋王李存勖势力范围内的天德军。从此，这一地区归辽朝所有。辽朝将这里的官吏和民众向东迁徙到阴山以南，天德军遂废。后来，辽朝西南招讨司设治所在这里，于是渐成井邑；并以国族(契丹族)为天德军节度使。[88]在军事方面，天德军的地位颇为重要，它担负着防御西夏和西北部族的任务。

云内州。即开远军，本唐朝中受降城。其管辖范围很大，包括鄂尔多斯所属包头以西，乌拉特前旗以东的狭长地带。辽初置代北云朔招讨司，道宗清宁年间改云内州。辖有威塞军、古可敦城、大同川、天安军、永济栅、安乐戍、拂云堆等堡寨。[89]

东胜州。即武兴军。该州辖有黄河由北向南转变一段的两岸广大地区，包括鄂尔多斯的准格尔旗、达拉特期的一部分。治所在黄河东岸的托克托县境内。辽太祖阿保机早在神册元年(916)就占据了鄂尔多斯的胜州，移其民于河东，胜州遂废。后晋初年，辽建东胜州在此。

宁边州。即镇西军，今内蒙古准格尔旗东南。本名唐隆镇，原属西夏。1049年,辽侵夏时设置。1051年,西夏曾经遣使请求赐还该地,辽朝没有答应。这说明宁边州在地理战略上地位十分重要。[90]

此外,《辽史》卷46《百官志二》还提到两个机构,似乎也与对夏防御有关。它们是“节制西南诸军事”的西南面节制司和西南面都统军司。

关于西南面节制司。“节制”一词在《辽史》中总共两见。除《百官志》西南面节制司一见外,还有一处是卷83《耶律斜轸传》所载的:

> 保宁元年,枢密使萧思温荐斜轸有经国才,上曰:“朕知之,虽佚荡,岂可羁屈?”对曰:“外虽佚荡,中未可量。”召问以时政,占对剀切,帝器重之。妻以皇后之侄,命节制西南面诸军,仍援河东。改南院大王。

由此看来,所谓的西南面节制司不过就是由耶律斜轸“节制西南面诸军”的事迹附会而来。

关于西南面都统军司。《辽史》记载辽朝的中央官制(北面朝官)中有北院都统军司和南院都统军司两机构[91],地方官制中有乌古敌烈部都统军司(后称西北路统军司[92])、东北路统军司、东京统军司、保州都统军司、南京都统军司(又名燕京统军司,圣宗统和十二年复置。)山西兵马都统军司、倒塌岭统军司、东征统军司、西征统军司、南征统军司、西南面都招讨司等统军司[93]。关于北(南)院都统军司的具体职责《辽史》记作“掌北(南)院从军之政令”[94],这说明统军司是辽朝负责征召士兵和组建军队的机构。统军司的长官叫做统军使,下级官员有副统军使和统军都监。[95]以此可以推知西南面都统军司也应该是西南路负责西南地区征召和组建军队的机构。可是,与统军在其他地区频繁出现的情况不同的是,在《辽史》中,除了《百官志》列出的以外,西南路方面的统军及其机构都军司再没有被记载过。因此,除非有新的材料出现,对于这个机构的存在我们表示怀疑。

另外,《辽史》中还有所谓的“西南面都统”一名。在《辽史》中,这一名称的记载共两条,都是关于耶律挞烈的。一条记载为卷7《穆宗本纪下》:

(应历十八年)九月戊子,杀详稳八剌、拽剌痕笃等四人。己丑,登小山祭天地。戊戌,知宋欲袭河东,谕西南面都统、南院大王挞烈豫为之备。

第二条记载是卷77《耶律挞烈传》:

应历初,升南院大王,均赋役,劝耕稼,部人化之,户口丰殖。时周人侵汉,以挞烈都统西南道军援之。周已下太原数城,汉人不敢战。及闻挞烈兵至,周主遣郭从义、尚钧等率精骑拒于忻口。挞烈击败之,获其将史彦超,周军遁归,复所陷城邑,汉主诣挞烈谢。及汉主殂,宋师来伐,上命挞烈为行军都统,发诸道兵救之。既出雁门,宋谍知而退。

显然,两条记载叙述的都是同一个事件同一个人物,指的是耶律挞烈率西南道诸军救援被北宋攻击的北汉政权一事。从两则材料比较可知,挞烈这时的职务全称是西南面行军都统。都统一职,宋人的解释是“元帅、都统、招讨使,掌征伐,兵罢则省。都统总诸道兵马,不赐旌节”。在《辽史》的记载中,都统几乎都是临时征伐任命,因此多称为行军都统。《辽史》卷46《百官志二》北面行军官下载有很多关于行军都统的机构,其中就有西南面行军都统所。行军都统所内部的职官有行军都统、行军副都统、行军都监等。

上述挞烈援助北汉的事件发生在应历十八年，而应历十四年(964)间，挞烈的职务是西南招讨使。他经常性地要去援助处于北宋围困中的北汉政权。据《辽史》卷7《穆宗本纪下》：

(应历十四年)二月壬子，诏西南面招讨使挞烈进兵援汉。……宋兵石州来告。

四年后，挞烈再一次统领西南道军援汉。这个时候，他的官称中便多了一项任命叫做西南面行军都统。这样看来，西南面都统其实就是一种行军时的军职建制，通常由西南路招讨使来担任，而西南面行军都统所就是战时的指挥中心。

第二节　西北路诸司

除西京诸司以外，西北路诸司是控制西夏的另外一套比较重要的军政设置，负责防御辽夏边界的西段。和西京诸司一样，在《辽史》中提到的西北路诸司，仍然存在着大量的错乱重叠。这里只是讨论一下与辽夏战争有着密切关系的西北路招讨司。

陈得芝在《辽代的西北路招讨司》一文中，对该机构的设置、职掌、治所、属部和辖境，已经有过深入详细的研究，本章不再赘述。[96]这里只是要强调指出，西北路招讨司也是辽朝对夏边防和战争的重要侧翼。它的建立和发展，“不仅确保了辽对漠北的统治和与阿撒兰回鹘的贸易路线，并且还成为辽朝维护西南边境的极其重要的根据地。不但如此，辽还积极利用了从这里连接漠北与甘州的所谓回鹘路，对甘肃地方进行了干涉，特别是对新兴的西夏屡次采取了以西南招讨司和西北路招讨使联合夹击的政策”[97]。西北路招讨司有时能够单独实施对夏作战计划。如：

> 天禧四年(1020),辽主亲将兵五十万,以狩为言,来攻凉甸,德明帅众逆拒,败之。[98]

这里,辽军通往凉州的路线只能连接漠北和甘州的回鹘路。作为负责道路安全的西北路招讨司必然在这次行军中起过巨大的作用。

利用南北两大军区夹击西夏的策略最早是在982年出现的。这一年,西北路招讨使耶律速撒在战胜祖卜以后,奉诏讨伐党项,以配合西南面招讨使韩德威的行动。[99]其次是在两次著名的辽夏大战中,特别是第二次辽夏大战,均能看到西北路招讨司大军配合主力部队作战的情形。关于第二次辽夏战争的参战部队,《辽史》卷20《兴宗本纪》有过记载:

> (重熙十八年)六月壬戌朔,以韩国王萧惠为河南道行军都统,赵王萧孝友、汉王贴不副之。……秋七月戊戌,亲征。八月辛酉朔,渡河。夏人遁,乃还。九月丁未,萧惠等为夏人所败。冬十月,北道行军都统耶律敌鲁古率阻卜诸军至贺兰山,获李元昊妻及其官僚家属,遇夏人三千来战,殪之;乌古敌烈部都详稳萧慈氏奴、南克耶律斡里死焉。[100]

宋人从旁观者的角度对战争过程也有过追述:

> (皇祐二年三月)庚子,契丹遣殿前副点检耶律益、忠正军节度使、彰德军节度使赵谏之来告伐夏国还。益自言契丹三路进讨,契丹主出中路大捷。北路兵至西凉府,获羊百万,囊驼二十万,牛五百,俘老幼甚众。惟南路小失利。恐夏人妄说军胜,夸南朝。然得边奏,皆以为辽主济河不遇贼,无水草,马多死,耶路贯宁大败于师子口;惟刘五常获陕西所陷属户羌二十余人,因而来献。其言多俘获,益妄也。[101]

材料中出现的北道行军都统耶律敌鲁古以及阻卜诸军或北路军其实和西北路招讨使及其统率军队是一回事。《辽史》卷93《萧惠慈氏奴传》对此提供了更为清晰的证据：

> 征李谅祚，为统军都监，与西北路招讨使敌鲁古率蕃部诸军由北路趋凉州，获谅祚亲属。夏人扼险以拒，慈氏奴中流矢卒，年五十一，赠中书门下平章事。

和其他方面的军队相比，来自西北路招讨司统率着漠北祖卜的北路兵队似乎更加骁勇善战。

第三节　辽朝对西夏的边防体系

了解了诸边防机构之后，我们就可以就辽朝对西夏的边防体系作出一个大致的说明。辽朝东南方向的边防以西京兵马都部署司为核心，由奉圣州（武定军）、蔚州（忠顺军）、应州（彰国军）、朔州（顺义军）等城市组成侧翼支援和后勤供应体系；西南方向的边防则以西南招讨司为核心，由天德军、云内州、东胜州、金肃州、河清军、镇西军等城市和涅剌部、迭剌迭达部、品达鲁虢部、乌古涅剌部、涅剌越兀部、斡突乌古部、梅古悉部、颉的部、匿讫唐古部、鹤剌唐古部、南唐古部等部族武装组成进攻和防御体系，辅之以乙室王府等独立机构作为策应；西北方向的边防则以西北招讨司为中心，形成对夏战争的另一个主攻方向。此外，在辽朝国家正规的防御体系之外，还配合有各个属国、属部的武装。“有事则遣使征兵，或下诏专征；不从者讨之。助军众寡，各从其便，无常额。”[102]如此周详的边防制度，无怪乎史家称赞说：

> 辽境东接高丽，南与梁、唐、晋、汉、周、宋六代为劲敌，北

邻阻卜、术不姑，大国以十数；西制西夏、党项、吐浑、回鹘等，强国以百数。居四战之区，虎踞其间，莫敢与撄，制之有术故尔。观于边防之官，太祖、太宗之雄图可见矣！[103]

注　释

1 林荣贵:《北宋与辽并立时期的疆域格局》，载《中国边疆史地研究》，1998年第3期。

2 王天顺:《西夏地理研究》，甘肃文化出版社，2002年，第32页。

3 《辽史》卷45《百官志一》。

4 参见绪论学术史回顾部分。

5 为了便于说明问题，以上两条史料均依照原文引录。

6 辽朝西京大同府也称云中。《辽史》卷41《地理志五》记载：西京大同府，陶唐冀州之域。虞分并州。夏复属冀州。周职方，正北曰并州。战国属赵，武灵王始置云中郡。秦属代王国，后为平城县。魏属新兴郡。晋仍属雁门。刘琨表封猗卢为代王，都平城。元魏道武于此遂建都邑。孝文帝改为司州牧，置代尹，迁都洛邑，改万年，又置恒州。高齐文宣帝废州为恒安镇，今谓之东城，寻复恒州。周复恒安镇，改朔州。隋仍为镇。唐武德四年置北恒州，七年废。贞观十四年移云中定襄县于此。永淳元年默啜为民患，移民朔州。开元十八年置云州。天宝元年改云中郡。乾元元年曰云州。乾符三年，大同军节度使李国昌子克用为云中守捉使，杀防御使，据州以闻。僖宗赦克用，以国昌为大同军防御使，不受命。广明元年，李琢攻国昌，国昌兵败，与克用奔北地。黄巢入京师，诏发代北军，寻赦国昌，使讨贼。克用率三万五千骑而南，收京师，功第一，国昌封陇西郡王。国昌卒，克用取云州。既而所向失利，乃卑词厚礼，与太祖会于云州之东城，谋大举兵攻梁，不果。克用子存勖灭梁，是为唐庄宗。同光三年，复以云州为大同军节度使。晋高祖代唐，以契丹有援立功，割山前、代北地为赂，大同来属，因建西京。

7 《辽史》卷105《萧文传》。

8 西南面招讨司是辽金两代王朝专治一方的重要军政机构。学界对于它的探讨却显得非常冷落和沉寂。仅有王颋的《辽的西南面经营及其与西夏的关系》(《元史及北方民族史研究集刊》第六期)，何天明的《辽代西南面招讨司探讨》(《内蒙古社会科学》,1990 年第 6 期),樊文礼的《辽代的丰州、天德军和西南面招讨司》(《内蒙古大学学报》,1993 年第 3 期)等文章。

9 辽朝的“道”“路”制度有两种情况:第一,指的是既定的军事区域,如西北路、东北路等。这种“路”其实是北朝“道”制度的发展。“北朝的道设于重要军事地区,置大行台、行台,以统一军事指挥与调度,有的还‘巡方黜徙’,是一种临时性的军事兼监察区域。”这种道、路制度发展到两宋时期,“原来(唐朝)仅作为地理上划分的道,便为具体行政区划的路所代替了”。即这个时候,“路”已经是指根据长期军事行动的需要,依据山河道路的便利设立的固定的军事区域了。第二,《辽史》还记载了以五京为中心的“道”制度。但是,近年学者研究认为,辽代并没有“道”一级的行政区划。所谓五京道,是借鉴唐宋人的习惯,作谋篇的方式而已。用“道”来对辽代的政区进行编排,并不完全科学。实际上,辽朝实行府、节镇州—防、刺州—县三级行政制度,并踵唐五代惯例,以道指称节度使辖区,有时或指直隶朝廷、宫卫的防、刺州。辽朝效法宋朝的转运使路制,在州县地区相继建置了 8 个专司理财的路。参看张修桂:《辽史地理志汇释》第 4 页(安徽教育出版社,2001 年)和关树东:《辽朝州县制度中的“道”“路”问题探研》(《中国史研究》,2003 年第 2 期)。

10 学术界一般认为西南路招讨司的治所在丰州天德军(今内蒙古呼和浩特地区)。参看谭其骧:《中国历史地图集·第六册》,第 10—11 页。

11 《辽史》卷 30《兵志》:(神册)五年,征党项,俘获二千六百口;攻天德军,拔十有二栅,徙其民。

12 《武溪集》卷 17《契丹官仪》。

13 《旧唐书》卷 44《职官志三》。事实上,早在玄宗天宝十五年就有招讨使的设置,元贞说不确:夏四月丙午,以赞善大夫来瑱为颍川太守、招讨使。《旧唐书》卷 9《玄宗本纪下》。

14 《新唐书》卷 49《百官志四》。

15 《宋史》卷 167《职官七》。

16 遗憾的是,《辽史》并没有留下关于招讨司机构设置情况的记载,不过,我们可以参考金朝的情况对此略作说明。据《金史》卷 57《百官志三》载:招讨司。三处置,西北路、西南路、东北路。使一员,正三品。副招讨使二员,从四品,招怀降附、征讨贰离。判官一员,从六品,纪纲职务、签判司事。

17 陈得芝:《辽代的西北路招讨司》,载《宋辽金史论丛》第一辑,中华书局,1985 年。

18　陈得芝:《辽代的西北路招讨司》,载《宋辽金史论丛》第一辑,中华书局,1985年。

19　陈得芝:《辽代的西北路招讨司》,载《宋辽金史论丛》第一辑,中华书局,1985年。

20　陈得芝:《辽代的西北路招讨司》,载《宋辽金史论丛》第一辑,中华书局,1985年。

21　《辽史》中比较常见,如卷19《兴宗本纪二》:(重熙十三年夏四月)丙辰,西南面招讨都监罗汉奴、详稳斡鲁母等奏,山西部族节度使屈烈以五部叛入西夏,乞南、北府兵援送实威塞州户。诏富者遣行,余留屯田天德军。都监也是中原官制,系兵马都监之省称。"宋朝兵马都监,有路分,掌本路禁旅、屯戍、边防、训练之政令,以肃清所部"。(《通考·职官》一三)辽朝都监的职能应该与之相似。西南面招讨都监也就是掌管西南地区军队的各种政令纪律的官员。而樊文礼在其《辽代的丰州、天德军和西南面招讨司》一文中认为西南面招讨都监就是招讨副使。载《内蒙古大学学报》,1993年第3期。

22　《辽史》卷9《景宗本纪下》:三月丁亥,西南面招讨副使耶律王六、太尉化哥遣人献党项俘。

23　《辽史》卷98《萧兀纳传》:萧兀纳,一名挞不也,字特免,六院部人。其先尝为西南面拽剌。《辽史》卷10《圣宗本纪十》西南路招讨使大汉奏,近遣拽剌跋剌哥谕党项诸部,来者甚众,下诏褒美。

24　杨若薇:《契丹详稳考》,载《契丹王朝政治军事制度研究》,中国社会科学出版社,1991年,第268页。

25　韩儒林:《穹庐集—元史及北方民族史论集》之《突厥官号考释》,上海人民出版社,1982年,第323页。

26　余靖:《武溪集》卷17《契丹官仪》记载:其东北有挞领相公,掌黑水等边事。《辽史·国语解》:挞林,官名。后二室韦部改为仆射,又名司空。

27　拉施特(波斯):《史集》,余大钧、周建奇中译本,商务印书馆,1983年。

28　村上正二(译注):《蒙古秘史》第1册,第55页。

29　《辽史》卷112《耶律察割传》。

30　邓广铭:《〈辽史兵卫志〉"御帐亲军"、"大首领部族军"两事目考源辨误》,载《北京大学学报》,1956年第2期。

31　李锡厚:《头下与辽金"二税户"》,载《文史》第38辑。

32　天放:《"西南面五押招讨司"辨》,载《东北地方史研究》,1991年第4期。

33　提出这一观点的是李桂芝,参见白寿彝(主编):《中国通史》第七卷《中古时代·

五代辽宋夏金时期》第十七章韩氏家族注解三，上海人民出版社，1999年。

34 盖之庸据《韩椅墓志》中“假公（韩椅）押领控鹤、义勇、护圣、虎翼四军”的记载，认为这里的四军就是四押，另一押其名未知。参见盖之庸（编著）：《内蒙古辽代石刻文研究》，内蒙古大学出版社，2002年，第94页。

35 刘国生、王玉亭：《辽“五院”与“五押”问题分析》，载《赤峰学院学报》（哲学社会科学版），2006年第1期。

36 另见《秦国太夫人墓志》（统和十一年薨）：“有子九人：……次曰德威，西南面招讨使兼五押、彰武军节度使、同政事门下平章事。”志文参见盖之庸（编著）：《内蒙古辽代石刻文研究》，内蒙古大学出版社，2002年。

37 另见《耶律元佐墓志》（大康九年薨）：“翁，西南面五押招讨使，同政事门下平章事耶律德威。”志文参见盖之庸（编著）：《内蒙古辽代石刻文研究》，内蒙古大学出版社，2002年。

38 《续资治通鉴长编》卷27“雍熙三年（丙戌，986）春正月戊寅”条。另见《宋史》卷264《宋琪传》、《契丹国志》卷之二三“兵马制度”条、《历代名臣奏议》卷三二二御边门，以及《宋会要辑稿》蕃夷一之一四等。

39 另见《宋史》卷272《杨业传》、《契丹国志》卷之七《圣宗天辅皇帝》。

40 《宋会要辑稿》蕃夷一之二三，第7684页。

41 杜大珪编《名臣碑传琬琰之集》卷43李宗谔书《曹武惠王彬行状》。

42 邓广铭：《〈辽史兵卫志〉“御帐亲军”、“大首领部族军”两事目考源辨误》，载《北京大学学报》，1956年第2期。

43 参见邓广铭：《〈辽史兵卫志〉“御帐亲军”、“大首领部族军”两事目考源辨误》，载《北京大学学报》，1956年第2期。

44 邓广铭：《〈辽史兵卫志〉“御帐亲军”、“大首领部族军”两事目考源辨误》，载《北京大学学报》，1956年第2期；李锡厚：《头下与辽金二税户》，载《文史》第38辑。

45 李锡厚：《头下与辽金二税户》，载《文史》第38辑。

46 《辽史》卷4《太宗本纪下》。

47 《辽史》卷77《耶律吼传》。

48 《辽史》卷4《太宗本纪下》。

49 《辽史》卷76《耶律朔古》。

50 《辽史》卷76《张砺传》：会同初，升翰林承旨，兼吏部尚书，从太宗伐晋。入汴，诸将萧翰、耶律郎五、麻答辈肆杀掠，砺奏曰："今大辽始得中国，宜以中国人治之，不可专用国人及左右近习。苟政令乖失，则人心不服，虽得之亦将失之。"上不听。改右仆射，兼门下侍郎、平章事。

51 《资治通鉴》卷285，开运二年十一月条：契丹以大兵当晋军之前，潜遣其将萧翰、通事刘重进将百骑及羸卒，并西山出晋军之后，断晋粮道及归路。

52 《旧五代史》卷100《汉高祖纪下》：（天福十二年夏五月）乙巳，契丹永康王乌裕自镇州还蕃，行次定州，以定州节度副使耶律忠为定州节度使，孙方简为云州节度使。

53 天放：《"西南面五押招讨司"辨》，载《东北地方史研究》，1991年第4期。

54 《宋史》卷258《曹彬传》对此事的记载是：乾德初，改左神武将军。时初克辽州，河东召契丹兵六万骑来攻平晋，彬与李继勋等大败之于城下。（《续资治通鉴长编》卷5，乾德二年春正月丁未条）

55 天放：《"西南面五押招讨司"辨》，载《东北地方史研究》，1991年第4期。

56 这里的彰武军节度使属于遥授性质，韩德威并没有真正到任，这和其祖父辈的情况一样。《辽史》卷73《韩知古传》："神册初，遥授彰武军节度使。"卷82《耶律隆运传》：韩德让"侍景宗，……转上京皇城使，遥授彰武军节度使，代其父匡嗣为上京留守"。

57 见向南（辑录）：《辽代石刻文编》，河北教育出版社，1995年，第203页。

58 盖之庸：《内蒙古辽代石刻文研究》，内蒙古大学出版社，2002年，第94页。

59 白寿彝（主编）：《中国通史》第七卷《中古时代·五代辽宋夏金时期》第十七章韩氏家族注解三。上海人民出版社，1999年。

60 详细辩驳见刘国生、王玉亭：《辽"五院"与"五押"问题分析》，载《赤峰学院学报》，2006年第1期。

61 刘国生、王玉亭：《辽"五院"与"五押"问题分析》，载《赤峰学院学报》，2006年第1期。

62 刘国生、王玉亭：《辽"五院"与"五押"问题分析》，载《赤峰学院学报》，2006年第1期。

63 《新唐书》卷49《百官志四》。

64 关于"六押"制度，参见袁刚：《唐代的五花判事和六押制度》，载《安徽史学》，1996年第4期。

65 苏轼:《苏轼集》之《答彭舍人启》,载余冠英等主编《唐宋八大家全集》,国际文化出版公司,1998 年。

66 牛僧孺撰,程毅中点校:《玄怪录》卷四之“马仆射总”条,中华书局,2006 年。

67 “西南巡边官”又见《辽史》卷 92《耶律侯哂传》:哂初为西南巡边官,以廉洁称,累迁南京统军使,寻为北院大王。

68 《辽史》卷 86《耶律合住传》。

69 《辽史》卷 46《百官志二》。

70 王国维说:又如《三爷老大明乐》、《病爷老剑器》二本,爷老二字,中国夙未闻有此,疑是契丹语。《唐书·房管传》:“彼曳落河虽多,岂能当我刘秩等。”愚谓曳落河即《辽史》屡见之拽剌。《辽史·百官志》云:“走卒谓之拽剌”,元马致远《荐福碑》杂剧,尚有曳剌,为傔从之属。爷老二字,当亦曳剌之同音异译,此必北宋与辽盟聘时输入之语。见王国维:《宋元戏曲史》,上海古籍出版社,1998 年。

71 《资治通鉴》卷 126,天宝十年二月丙辰:“胡言壮士也。”

72 陈述:《曳落河考释及其相关诸问题》,《历史语言研究所集刊》7 本 4 分册,1938 年,第 547—573 页。

73 《辽史》卷 25《道宗本纪五》注释(七)。

74 《辽史》卷 92《萧夺剌传》。

75 《辽史》卷 95《耶律弘古》。

76 《辽史》卷 34《兵卫志一》。

77 王天顺:《西夏地理研究》,甘肃文化出版社,2002 年,第 186 页。

78 杨若薇:《契丹王朝政治军事制度研究》,中国社会科学出版社,1991 年,第 185 页。

79 《辽史》卷 34《兵卫志一》。

80 《辽史》卷 46《百官志二》。

81 《辽史》卷 33《营卫志三》:五院部。部隶北府,以镇南境。大王及都监春夏居五院部之侧,秋冬居羊门甸。……乌古之地。六院部。隶北府,以镇南境。其大王及都监春夏居泰德泉之北,秋冬居独卢金。……乌古。

82 路振:《乘轺录》,见《宋朝事实类苑》卷 77。

83 《辽史》卷 33《营卫志三》以及卷 35《兵卫志中》。

84 参看第二章《辽朝对境内党项的经营》。

85 辽朝对汉地州、县的管理方式实际上分为两层,民政归南面官系统的州县管理,而军事归北面官系统，也就是所谓的"兵事属"。如丰州(天德军)，"兵事属于西南招讨司"。

86 杨若薇：《契丹王朝政治军事制度研究》，中国社会科学出版社，1991 年，第 261 页。

87 关于辽朝天德军的位置，学术界尚存争议。天德军究竟如谭《地图集》所绘偏在乌拉特前旗还是如樊文礼所言与丰州城(呼和浩特地区)同治一地呢？我们认为《地图集》所指不差。曾公亮《武经总要前集》卷 18《北蕃地理》：故丰州九原郡，隋开皇中置丰州。又云唐贞观中平突厥置州，天宝中于木剌山置横塞军，寻改为天德军，郭子仪为之使，仍兼九泉太守，以归附之众置都护府，惟领蕃兵，西受降城在州北河外九十里。辽朝建立后东徙丰州城，但其名相沿成俗，故仍以天德军称呼原唐丰州地区。至于辽丰州天德军并举，是史家误会唐辽丰州不是一个导致。参看樊文礼：《辽代的丰州、天德军和西南面招讨司》，载《内蒙古大学学报》，1993 年第 3 期。

88 《辽史》卷 1《太祖本纪一》。

89 《辽史》卷 41《地理志五》。

90 《辽史》卷 115《西夏外纪》。

91 《辽史》卷 45《百官志一》。

92 乌古敌烈都统军司设于道宗咸雍四年(1068)，《辽史》中，大安十年(1094)以后可能改称西北路统军司。参看杨若薇：《契丹详稳考》，载《契丹王朝政治与军事制度研究》，中国社会科学出版社，1991 年，第 269—270 页。

93 《辽史》卷 46《百官志二》。

94 《辽史》卷 45《百官志一》。

95 《辽史》卷 46《百官志二》。

96 陈得芝认为西北路招讨司是辽朝管辖西北方面的最高军政机构。它的辖境大体包括东起克鲁伦河，西至额尔齐斯河，北至色楞格河下游，南抵沙漠的广大范围。其主要职责是统辖境内祖卜(鞑靼)诸部及负责边防军事，兼掌境内屯田以及镇、防、维、招各州民事。统和二十二年(1004)以后，镇州成为其固定的治所。参看陈得芝：《辽代的西北路招讨司》，载《宋辽金史论丛》，中华书局，1985 年。

97 长泽和俊(著作)、钟美珠(译)：《丝绸之路史研究》，天津古籍出版社，1990 年，第 340 页。

98 《宋史》卷 485《夏国传》。

99 《辽史》卷10《圣宗本纪一》。

100 《辽史》卷20《兴宗本纪》。

101 《续资治通鉴长编》卷168,皇祐二年三月庚子条。

102 《辽史》卷34《兵卫志上》。

103 《辽史》卷45《百官志一》。

第 八 章

辽朝对西夏的通使制度

自李继迁臣服以来,辽夏双方可以说是常结盟友之好,数通婚姻之欢,信使往来不绝于道。他们的"周旋聘问之仪,揖让进退之节",也有可观之处。然而,目前学术界只是提出了一份以西夏为主体的辽夏关系史大事年表,并没有对辽夏使节往来的制度作深入的研究。[1] 本节在勾稽相关史料的基础上,首先描摹了辽夏具体外交礼仪的梗概,其次探究了辽夏通使制度的时代作用。

第一节 辽夏通使制度的确立

关于辽夏通使制度的确立过程,清代史家吴广成已经有过比较敏锐的观察,笔者在这里所做的工作只是把他分布于《西夏书事》各卷的看法作了系统地梳理而已。辽夏建交始于辽统和四年(986)。这一年二月,西夏李继迁叛宋附辽。这是五代以来党项拓跋部首次臣属于辽朝。[2] 同年十二月,辽朝答应了西夏的请婚。三年后,李继迁迎娶了辽朝义成公主。这是辽夏历史上的第一次和亲。终辽一代,共有三位公主出嫁给西夏的君主。[3]

统和六年(988)三月,李继迁遣牙校李知白贡于辽。这是西夏进贡辽朝的最早记录。[4] 统和八年，西夏对辽朝的进贡开始形成一定的惯例，即进贡定期和贡品定额。吴广成评价此事说：

> 初，继迁流离沙，虽臣事契丹，贡不成礼。及契丹妻以公主，羌部慑服，输牲畜者日众。继迁遣使如契丹谢，献良马二十匹、粗马二百匹、驼一百头，锦绮三百匹、织成锦被褥五合，苁蓉、矸石、井盐一千斤，沙狐皮一千张、兔鹘五只、犬子十只。自后，每岁八节贡献。[5]

同年十二月，辽朝封李继迁为夏国王，标志着辽朝对西夏君主的封册制度也建立了。大约在10至11世纪之交，辽朝着手制定了西夏使节的朝觐仪注。《西夏书事》卷6记载：

> （统和十八年）契丹自保吉归附，诸夷皆从，特重所遣人使，令礼臣议进奉朝见仪，班在宋、高丽之次。

以上事例表明，圣宗统和年间是辽夏通使制度确立的时间。这一时期，"继迁事契丹甚谨，岁时进奉及贺正、生辰使不绝于道"[6]。此后大约30年间，即辽兴宗统治时期，辽夏战争迭起，两边之间的使节往来大大稀疏，通使制度遭到了一定程度的破坏。史称："谅祚与契丹较疏，朝贺、丧葬外不遣泛使。"[7]

到了辽道宗时期，西夏与辽的关系获得了恢复和巩固。咸雍五年(1069)，辽朝在重新厘定群牧法的活动中，规定西夏每年贡献马匹的数目为三百匹。[8] 但是，进入天祚后期，由于辽金战争的影响，辽夏之间已经不能维持正常的使节往来。保大三年(1023)六月，辽朝灭亡的前夜，为了争取西夏的支援，辽朝不得不更改旧的礼仪，册封西夏君主为具有对等身份的皇帝。[9]

第二节　辽朝对夏通使的规定

(一)使节使命

辽朝派往西夏的使节主要有以下几类:一是承担册封西夏君主任务的封册使;二是祭奠西夏故去君主王后的吊祭使;三是通报皇帝皇后辞世的告哀使;四是谴责西夏行为不合辽朝期望的责让使;五是宣布皇帝诏令的宣谕使。此外,还有专门送亲的和亲使以及祝贺西夏君主生日的贺生辰使。[10]由于现存文献的失载,辽朝派到西夏的绝大部分使者已不可考。以下为笔者制作的一张从《辽史》中辑出可以考见姓名和官职的对夏使者统计表。

附表8—1:辽朝对夏使节名目表

时　间	姓　名	官　职	任　务	资料来源
统和八年十月(993)	韩　橁	御院通进	册封李继迁为夏国王[11]。	《辽代石刻文编》第203页《韩橁墓志》
统和九年十月(994)	韩德威	西南招讨使	夏国王李继迁潜附于宋,遣使持诏谕之。	《辽史》卷13《圣宗本纪四》、卷82《耶律德威传》、卷115《西夏外纪》
统和二十一年六月(1003)	丁　振	西上閤门使	奉命吊慰,赠李继迁尚书令。	《辽史》卷115《西夏外纪》
开泰二年八月(1013)	李延弘	引进使	赐夏国王元昊与兴平公主车马。	《辽史》卷15《圣宗本纪六》、卷115《西夏外纪》

续表

时 间	姓 名	官 职	任 务	资料来源
太平一年、宋天禧五年(1021)	萧孝诚	左金吾上将军	玉册金印、册为尚书令,大夏国王。	《宋史》卷 485《夏国传》
太平二年十月(1022)	张克恭	堂后官	充贺夏国王李德明生日使。	《辽史》卷16《圣宗本纪七》
太平八年六月(1028)	吴克荷	可能是接伴副使[12]	充贺夏国王李德明生辰使。	《辽史》卷17《圣宗本纪》
重熙七年四月(1038)	耶律庶成	北院承旨	元昊与兴平公主不协,公主薨,奉命使夏持诏问之。	《辽史》卷18《兴宗本纪一》、卷115《西夏外纪》
重熙九年(1040)	杜 防	枢密副使	夏人侵宋。宋遣郭稹来告,请与夏和,上命防使夏解之:如约罢兵,各归侵地,拜参知政事。	《辽史》卷86《杜防传》
重熙十一年(1042)	萧塔列葛	西南招讨使	使西夏,谕伐宋事,约元昊出别道以会。	《辽史》卷85《萧塔列葛传》

续表

时 间	姓 名	官 职	任 务	资料来源
重熙十二年一月(1043)	耶律敌烈(又称耶律祥)王惟吉(使副)	同知析津府、右金吾卫上将军枢密院都承旨、彰武军节度使	谕夏国与宋和。二月还,奏元昊罢兵,遣使报宋。[13]	《辽史》卷19《兴宗本纪二》、卷115《西夏外纪》、《长编》卷142庆历三年八月癸巳条、正月癸巳条
重熙十二年十月(1043)	耶律高家奴	延昌宫使	夏人侵党项,遣使让之。	《辽史》卷19《兴宗本纪二》、卷115《西夏外纪》
重熙十二年十二月(1043)	耶律褭履(里)	同知点检司事	驸马都尉萧胡睹为夏人所执,奉诏索之,三返以归。[14]	《辽史》卷20《兴宗本纪三》、卷86《耶律褭履传》
重熙十三年十月(1044)	萧滴洌(又叫萧革)	北院枢密副使	会车驾西征,元昊乞降。帝以前后反复,遣滴洌往觇诚否。因为元昊陈述祸福,听命乃还。拜北院枢密副使。[15]	《辽史》卷95《萧滴洌传》、卷19《兴宗本纪二》
重熙十七年二月(1048)	耶律褭里耶律兴老(使副)王 全(使副)	永兴宫使右护卫太保将作监	夏国王李元昊薨,遣使奠慰。	《辽史》卷20《兴宗本纪三》

续表

时 间	姓 名	官 职	任 务	资料来源
重熙二十年二月(1051)	萧爻括	北院都监	索党项叛户。……夏五月还,李谅祚母表乞如党项权进马、驼、牛、羊等物。	《辽史》卷20《兴宗本纪三》
重熙二十一年十月(1052)	萧爻括	北院都监	李谅祚遣使乞驰边备,既遣使奉诏谕之。	《辽史》卷20《兴宗本纪三》
重熙二十二年九月(1053)	高家奴	南面林牙	壬辰,夏国李谅祚遣使进降表。甲午,遣使等奉诏抚谕。	《辽史》卷20《兴宗本纪三》、卷115《西夏外纪》
重熙二十四年八月(1055)	王 观	兵部侍郎[16]	兴宗崩,充夏国报哀使;还,除给事中。	《辽史》卷97《王观传》

从表中可以看出,辽朝派往西夏的使者身份主要有四类:一类是执掌宫廷礼仪的官员,如御院通进、西上合门使、引进使、堂后官等,他们主要负责仪式性的册封、吊唁、祝贺等事务;一类是负责对夏防务的西南招讨使,他们主要担当通报皇帝军令的任务;一类是制定辽朝对外总战略的枢密院系统官员,如枢密副使、枢密院都承旨,他们主要负责协调宋夏关系、化解宋夏战争的事务;再一类就是皇帝的贴身侍卫,如延昌宫使、永兴宫使、北院都监等,他们主要负责处理两政权冲突与摩擦的任务。总体看来,辽朝派遣到西夏的使者大多是军事色彩浓厚的武将。此外,辽朝对夏使团一般由一个使(正)、一个或两个使副加若干从人[17]构成。

西夏派往辽朝的使者主要有以下几类：一是承担感谢辽朝对自己的册封或对辽国派使吊祭本国先王表示感谢的回谢使；二是押运进贡物品的进奉使；三是祝贺辽国皇帝、太后生辰，正旦以及祝贺伐战胜利、议和成功等事件的庆贺使；四是请求辽国册封、议婚、救援的乞请使；五是向辽国报告国内发生的大事的报告使；六是吊祭辽国皇帝太后驾崩，或参加其会葬的吊祭使。由于旷日持久的宋夏战争的影响，西夏派往辽朝的使者中担负求援使命的使者数目较多。甚至，为了保证这类使命的完成，常常出现一位使者经年累月往返于辽夏之间的情况。如西夏使者李造福曾经有过六次使辽求援的经历。

（二）道路馆驿

辽夏官方使节往来的道路主要是“直路”。据《辽史》卷41《地理志五》记载：

> 西夏归辽，开直路以趋上京。

这里的直路指的是由西夏首都兴庆府直达辽朝首都上京的道路。这条道路主要有一系列驿站组成。据《辽史》卷115《西夏外纪》记载：

> 至李继迁始大，据夏、银、绥、宥、静五州，缘境七镇，东西二十五驿，南北十余驿。

“南北十余驿”自然就是通辽的主要驿站了。到底是多少个驿站呢？据《隆平集》卷20《夏国赵保吉传》：

> （西夏）其地东西二十五驿，南北十驿。自河以东北，有十二驿，而达契丹之境。

原来到达辽朝必须经过西夏境内十二个驿站。这些驿站在《西夏地形图》中也有标注，它们是马练驿、吃罗驿、启多驿、卒李驿、瓦井驿、布袋驿、连袋驿、陌井驿、乳井驿、咩逋驿、梁棱驿、横水驿。按今天的地理来描述这条道路的走向是：由兴庆府向东至怀州，在横城渡过黄河，然后向东北穿过上述12个驿站后抵达今内蒙古鄂托克旗、东胜等地后进入辽境。在《西夏地形图》上看，驿道是一条直线，所以称之为“直道”。[18]然后经河清军、云内州(今内蒙古呼和浩特市土默特左旗东南沙尔沁)、宝昌州(今内蒙古太仆寺旗西南)、桓州、仪坤州(今内蒙古克什克腾旗广兴)，抵上京临潢府。[19]

毫无疑问，直路是辽夏双方最重要的交通道路，这在宋人的眼中也是如此。《长编》卷78大中祥符五年六月戊申条记载：

> 管勾麟府路军马事韩守英言，契丹人投河西，路由府州境上，望戒励逐处不得停止，从之。

同书卷314元丰三年七月壬辰条也载：

> 上批：麟府路最当契丹、夏人交通孔道，今大兵进讨，深虑贼势穷蹙遣使求援，宜豫有措置。

辽朝在上京和中京城内还设立了专门接待西夏使团的馆驿临潢驿和来宾馆。[20]

(三)礼物名色

除告哀以外，在辽夏频繁的通使活动中，交换礼物是一项必不可少的内容，在很大意义上，礼物的交换就是官方贸易的代称。从性质上来看，辽夏互赠的礼物主要可以分为两类，一类是惯例性质的岁贡岁赐；另一类是特殊的贡献和回赐。

1. 岁贡和岁赐

《契丹国志》卷21记载了辽夏之间岁贡岁赐贸易的情况。兹制成下表，以免读者翻检之劳。

附表 8—2：一份辽夏贡赐贸易的清单

国　别	西夏进贡物件	契丹回赐物件
官　方	细马 20 匹，马 200 匹，驮 100 头，锦绮 300 匹织成锦被褥 5 合，从容、砑石、井盐各 1000 斤，沙弧皮 1000 张，兔鹘 5 双，犬子 10 双	金带 2 条，细衣 2 袭，金涂鞍，马 5 匹，散马 20 匹，弓箭器仗 2 副，细锦绮萝段 200 匹，衣着绢 1000 匹，酒果子不定数[21]
使　者		契丹赐奉使物件 金涂腰带 2 条，衣 2 袭，锦绮 30 色，绢 100 匹，鞍马 2 匹，散马 5 匹，弓箭器 1 副，酒果不定数 上节从人，白银带 1 条，衣 1 袭，绢 10 匹，紫绫大衫 1 领 下节从人，衣 1 袭，绢 10 匹，紫绫大衫 1 领

此外，辽朝还特别制定了包括西夏在内的诸国每年向辽贡马的计划：

咸雍五年，萧陶隗为马群太保，上书犹言群牧名存实亡，上下相欺，宜括实数以为定籍。厥后东丹国岁贡千匹，女直万匹，直不古等国万匹，阻卜及吾独婉、惕德各二万匹，西夏、室韦各三百匹，越里笃、剖阿里、奥里米、蒲奴里、铁骊等诸部三百匹；仍禁朔州路羊马入宋，吐浑、项马鬻于夏。以故群牧滋繁，数至百有余万，诸司牧官以次进阶。[22]

2. 特殊的贡献和回赐

第一，僧、佛、经。

辽夏双方皆崇佛。于是具有神圣光环的佛像、经文甚至演绎佛经的回鹘僧人都成了珍贵的贡献之物，起到了沟通辽夏关系的桥梁作用。《辽史》卷22《道宗本纪》（卷115《西夏外纪》）记载说：

（咸雍三年）冬十一月壬辰，夏国遣使进回鹘僧、金佛、梵觉经。[23]

第二，“遗留物”。

国遭新丧，在位之君必以大行帝后所用衣饰什物，致意馈邻邦帝后，是为遗留物。[24]辽夏双方都有互增遗留物的外交礼仪。如《辽史》卷23《道宗本纪》记载：

（大康二年三月）戊寅，以皇太后遗物遣使遗宋、夏。

又如同书卷14《圣宗本纪》、卷115《西夏外纪》记载：

（统和二十二年三月）乙未，西夏李德昭遣使上继迁遗物。

（四）贸易禁令

辽朝还常常禁止西夏使者或民间贩卖那些关系国家安全或经济命脉的物资，如马匹、铜铁等。统和年间，辽朝就已经颁布了一项全国性法令，意图禁止民间对宋、夏两国的马匹贸易。据《辽史》卷91《耶律唐古传》记载：

（统和二十四年）迁西南面巡检，历豪州刺史，唐古部详稳。严立科条，禁奸民鬻马于宋、夏界。因陈弥私贩，安边境之要。太后嘉之，诏边郡遵行，著为令。

开泰年间，禁止贸易的范围扩大到了铜铁等物资。“是时（开泰中），诏禁诸路不得货铜铁，以防私铸，又禁铜铁卖入回鹘，法益严矣。”[25]

兴宗上台之后，辽夏关系趋于紧张，辽朝对西夏的贸易更是采取了前所未有的管制措施。“重熙二年十二月，禁夏国使沿路私市金、铁。”[26]重熙十一年，“以土浑及党项多鬻马于夏国，诏沿边筑障塞以防之”。[27]道宗时代，辽朝再次重申了禁止对夏售铜的法令。“清宁九年正月，禁民鬻铜于夏。”[28]由于铁常常被用来铸造兵器，不利于辽朝巩固国家安全，因此铁禁可以说是辽朝对夏禁令中最严格的一项。据《大金国志》卷13《海陵炀王纪上》记载说：

> 天德二年春，除故庐镇夏国、鞑靼沿边招讨，提点两国市场。市场在云中西北，过腰带上石楞坡，天德、云内、银翁口数处有之。契丹时亦置市场，唯铁禁甚严，禁不得夹带交易，至大金则不然，唯利是视，铁禁遂驰。……北地贵铁，百姓多由火山军、武州、八馆之天德、云内货钱于北方。……北方得之多作军器，甚而有以坚甲利兵与之回易者，爪牙既成，始不易制矣。

（五）礼仪的程序形式

西夏使节入辽以后，自然要出席各种外交活动，如朝觐祭祀、宫廷庆典等，为了规范他们的行为，辽朝制定了一套巨细无遗的礼仪程序。关于这套礼仪程序，《辽史》中只是记录了其中的一小部分。幸好，在金朝所修订的外事礼仪中，关于西夏使节的仪注实际上还是保留了前朝“辽旧礼”的基本面貌。为什么这样说呢？请看《金史》卷134《西夏传》所载金夏建交的细节：

> （天辅六年）宗望至阴山，以便宜与夏国议和，其书曰：“奉诏有之：夏王，辽之自出，不渝终始，危难相救。今兹已举

辽国,若能如事辽之日以效职贡,当听其来,毋致疑贰。若辽主至彼,可令执送。”天会二年,始奉誓表,以事辽之礼称籓,请受割赐之地。宗翰承制,割下寨以北、阴山以南、乙室耶刺部吐禄泺之西,以赐之。

天会二年三月,乾顺遣把里公亮等来上誓表,曰:“臣乾顺言:今月十五日,西南、西北两路都统遣左谏议大夫王介儒等赍牒奉宣,若夏国追悔前非,捕送辽主,立盟上表,仍依辽国旧制及赐誓诏,将来或有不虞,交相救援者。臣与辽国世通姻契,名系籓臣,辄为援以启端,曾犯威而结衅。既速违天之咎,果罹败绩之忧。蒙降德音以宽前罪,仍赐土地用广籓篱,载惟含垢之恩,常切戴天之望。自今已后,凡于岁时朝贺、贡进表章、使人往复等事,一切永依臣事辽国旧例。其契丹昏主今不在臣境,至如奔窜到此,不复存泊,即当执献。若大朝知其所在,以兵追捕,无敢为地及依前援助。其或征兵,即当依应。至如殊方异域朝觐天阙,合经当国道路,亦不阻节。以上所叙数事,臣誓固此诚,传嗣不变,苟或有渝,天地鉴察,神明殛之,祸及子孙,不克享国。……”

太宗使王阿海、杨天吉往赐誓诏曰:“维天会二年岁次甲辰,闰三月戊寅朔,皇帝赐誓诏于夏国王乾顺:先皇帝诞膺骏命,肇启鸿图,而卿国据夏台,境连辽右,以效力于昏主,致结衅于王师。先皇帝以谓忠于所事,务施恩而释过,迨眇躬之纂绍,仰遗训以遵行,卿乃深念前非,乐从内附,饬使轺而奉贡,效臣节以称籓。载锡宠光,用彰复好,所有割赐地土、使聘礼节、相为援助等事,一切恭依先朝制诏。其依应征兵,所请宜允。三辰在上,朕岂食言,苟或变渝,亦如卿誓。远垂戒谕,毋替厥诚。”

这里的“辽国旧制”、“辽国旧例”即包括“岁时朝贺、贡进表章、使人往复”在内的一整套外交礼仪,正是金夏外交关系得以建立的原则和基石。当然,辽之旧礼在金朝这里自然不可能是原封不动的保留,是有所取舍和变通的。前引《金史·西夏传》也记载了金朝使臣在西夏争礼的事件:

> 初,王阿海等以太宗誓诏赐夏国,乾顺以契丹旧仪见使者,阿海不肯曰:“契丹与夏国甥舅也,故国王坐受,使者以礼进。今大金与夏国君臣也,见大国使者当如仪。”争数日不能决,于是始起立受焉。厥后不遣赐生日使,至是始遣使赐之。

金朝对夏外交礼仪对辽礼改变的地方主要是,西夏君主由原来的“坐”着接受皇帝诏令一变为站着接受了。这也说明,西夏由于对辽和亲关系而在辽朝享受的礼遇实际上要高于那些纯粹的对辽称臣的政权。虽然如此,辽朝待夏的礼仪程序绝大部分是得到了金朝的继承的。辽朝的这套旧礼即金朝初年待夏礼仪,对金夏关系是具有长期的约束力的,并非金朝为了说服西夏的权宜之计。据《金史》卷83《张汝弼传》载:

> 上问:“高丽、夏皆称臣。使者至高丽,与王抗礼。夏王立受,使者拜,何也?”左丞襄对曰:“故辽与夏为甥舅,夏王以公主故,受使者拜。本朝与夏约和,用辽故礼,所以然耳。”汝弼曰:“誓书称一遵辽国旧仪,今行之已四十年,不可改也。”上曰:“卿等言是也。”

这里的皇帝(上)指的是金世宗。由此可见,直到金朝中叶,对待西夏的“辽国旧仪”在实践中仍然是沿用不辍的。正大二年(1225年),蒙古对金、夏两政权的威胁日益严重,西夏在金朝抗蒙的战略中地位提升,因此为了在外交上拉拢西夏,金朝才被迫放弃了这套旧仪,而使用了所谓"新定夏使仪注"[29]。即使这套新定仪注,对西夏使节参与外交活动的步骤改动也是不大的,所改动的不过是辽朝旧仪的把西夏当作臣子的精神。这就是笔者为什么要在《辽史》的基础上,还要结合《金史》中的一些资料来尽可能复原西夏使节在辽行为规范的理由。[30]

西夏使节入辽伊始到回国述职,期间的迎接、朝见、宴请等活动,辽朝都有十分详细的规定。虽然,《辽史》没有提供任何一次西夏使团在辽活动的完整记载,但是那些残留在《辽史》中的、遗留在《金史》中的片断,却大大增强了我们拼合出一套西夏使节在辽活动完整流程的可能性。兹试述如下:

某年某月某天,西夏前往辽朝的使团出发了。这个使团的成员有正使、副使及参议各一,(通称为使)、都管三。上节、中节各五、下节二十四,叫做三节人从。[31]他们从西夏首都兴庆府启程,向东至怀州,在横城渡过黄河,然后向东北经过马练驿、吃罗驿、启多驿、卒李驿、瓦井驿、布袋驿、连袋驿、陌井驿、乳井驿、咩逋驿、梁棱驿、横水驿等十二个驿站,穿过鄂尔多斯到达辽国的河清军地界。[32]边境官员把这个消息上报给负责接待使节的客省,[33]客省请示辽廷后,派遣接伴使与书表人到边境迎接。客省官员向西夏使团通报了前往辽朝官廷驻地(通常是上京或中京,有时则在某个捺钵[34])的路线和途中经过的驿站之后,引领使团一路前行,途中每路一地,当地官员就要奉旨举行筵席欢迎使团,这叫做"赐宴"。在使团快要抵达官廷所在地的时候,辽朝赐给他们的筵席叫做"来宴"。在这个时候,皇帝要派遣内侍一人赐给使团油、绢、复、韬、银盒、贮汤等生活日常用品。

第一天，迎劳礼（迎接并慰问使者的礼仪）。

西夏使团进入京城当天，就被安排到专门接待西夏使团的馆驿（上京的叫做临潢驿，中京的叫做来宾馆）居住。早在西夏使团进驻之前，这里就有辽朝预先派出的馆伴使、副使二员，书表四人，牵拢官若干人等候着。双方使节相见之后，其具体仪式如下：

> 先以馆伴使名衔付之，而使者亦以其衔呈，然后使、副、都管、上中节人从以次见馆伴使。接伴使初相见之仪亦然。次以馆伴所书表见人使，馆伴所牵拢官与下节人互相参见，毕，乃请馆伴、接伴人，使、副，各公服齐出幕次，对行上厅栏子外，馆伴在北，对立。先接伴揖，次来使副与馆伴互展状，揖，各传示，再揖。各就位，请收笏坐，先汤，次酒三盏，置果殽。茶罢，执笏，近前齐起，栏子外馆伴在南，对立。先馆伴揖，次展接伴辞状，相别揖，各传示，再揖，通揖分位。
>
> 是日，皇帝遣使抚问。天使至馆，转衔如馆伴初见之仪。馆伴与天使、来使副各公服，齐行至位，对立。请来使副升拜褥望阙立，次请天使升拜褥稍前立。来使副跪拜，天使言："有敕。"乃再拜跪拜[35]。天使口宣辞毕，复位。来使再拜，舞蹈，三拜，复位立。来使与天使各展状，相见揖，次馆伴揖。来使令人传示，请馆伴、天使与来使对行上厅，各赴椅子立，通揖。谨收笏坐，汤酒殽茶并如前，毕，执笏，近前，齐请起，至拜褥，依前对立。请来使副升褥位，进表谢抚问，再拜，副使平立，使跪奉表，天使近前搢笏受之，出笏复位，来使就拜，退，复对立。来使令人传示馆伴，依例书送天使土物，毕，展天使辞状，相别揖，次馆伴揖，各请分位。是后，每旦暮传示，并牵陇官声喏如仪。[36]

第二天，学习礼仪（教使者学习辽朝的外交礼仪）。

通常情况下，辽朝会派出专门使节到馆驿辅导西夏使者学习辽朝宫廷的外交礼仪。其具体情况如下：

> 到馆之明日，遣使赐酒果，天使初至转衔后，望拜传宣皆如抚问之仪。使副单跪，以酒果过其侧，拜、舞蹈如仪。上汤酒茶毕，诣拜褥位，跪进谢赐酒果表，赠天使土物皆如抚问使礼，押酒果军亦有土物之赠。乃命阁门副使至馆习仪，初转衔前后皆如馆伴相见之仪。汤茶罢，馆伴阁副传示使副，来日入见，例当习仪。来使副回传示，习仪毕。第二盏后，当面劝习仪承受人酒一盏，先揖，饮酒，再拜退。三盏果茶罢，执笏近前齐起，栏子外南为上，对立。以来日入见，故但揖而不展辞状，分位。乃以入见榜子付阁门持去，以付礼进司。来使副以书送土物于引进使，及交进物军员人等，阁门副及习仪承受人各赠土物。[37]

第三天，朝见仪（朝觐皇帝的礼仪）。

具体仪式如下：

> 其日质明，都管、三节人从皆裹带，馆伴与来使副各公服，齐请赴马台，馆伴牵拢官喝："排马。"来使牵拢官喝："牵马。"各上马张盖。都管马上奉书在使前，至中门外，以外为上，对立，先来使牵拢官两声喏，次馆伴牵拢官亦然，齐揖，各传示，再揖，请行。至左掖门外五百步，馆伴与使副乃左右易位而行。揖毕，去门百步去伞下马，出笏，对行。凡后入称贺、曲宴皆同是仪。来使人从持物者不得入门，牵拢官权收之。客省令二人传示，馆伴与来使各令人回传示。至客省幕前，馆伴所书表在上立，齐揖，乃入幕。先馆伴所书表传示，次来使书表

传示,依前栏子外立,先揖,当面劝酒一盏,再揖,退。引馆伴来使入客省幕,内为上,对立揖毕,请分位立。先馆伴揖,次展客省起居状,揖,各传示,再揖,通揖。请赴位立,再揖,请收笏坐。先汤,次酒三盏,各有果殽。第二盏酒毕,客省乃传示来使,请都管、上中节劝酒。回传示毕,引都管、上中节于幕次前阶下排立,先揖,饮酒,再揖,引退。第三盏酒毕,茶罢,执笏,近前齐起,幕次前立,通揖毕,各归本幕次。俟殿上小起居毕,宰执升殿,余臣分班退,阁使奏来使见榜子。[38]

臣僚常朝毕,引使者左入,至丹墀,面殿立。引使者上露台立。揖少前,拜跪,附奏起居讫,俛兴,复位。合使宣问"某安否",鞠躬听旨,跪奏"某安"。俛伏兴,退,复位。引左下,至丹墀,面殿立。礼物右入左出,毕,合使鞠躬,通某国进奉使姓名候见,共一十七拜。赞祇候,平立。有私献,过毕,揖使者鞠躬,赞"进奉收讫"。赞祇候,引左上殿,就位立。臣僚、使者齐声喏。酒三行,引使左下,至丹墀谢宴,五拜。毕,赞"有敕宴",五拜。祇候,引右出。礼毕。于外赐宴,客省伴宴,仍赐衣物。[39]

第四天,馆宴仪(在馆驿宴请使者的礼仪)。
具体仪式如下:

先赐宴天使转衔如前仪,各公服,请馆伴、天使与来使就褥位对立。先请使副就褥位,望阙立。次请赐宴天使就褥位稍前,使副跪拜,天使传宣,使副拜谢,皆如前仪。使副与天使互展状,起居,揖。次馆伴揖,使副令人传示馆伴,依例请赐宴天使茶酒,馆伴暂归幕。来使副与天使主宾对行上厅,于西间内各诣椅位揖,收笏坐。先汤,次酒三盏,果殽。茶罢,执笏,近前请起,赐宴天使暗退。请押宴使至褥位立,次请馆伴齐就褥位,望阙再拜。平身,搢笏,跪拜,三舞蹈,跪左膝三叩头,出笏就拜,兴,再拜复位,对立。请押宴上厅。次请来使副诣褥位,谢坐,再拜,舞蹈,三拜,请分阶升厅,栏子外,内为上,对立。先馆伴揖,次互展押宴起居状,相见,揖。各传示,再揖,通揖,请就位,诣椅位立。通揖,请端笏坐,以御宴不敢用踏床。汤入,都管、三节人从于拜席上排立。汤盏出,押宴离位立揖,都管人从跪拜,下节人从声喏,呼"万岁",如入见仪,喝:"各就坐。"请押宴等坐。

引都管、上中节分左右上　,北入,南为上,立。下节于西廊下南入,北为上,立。候押宴等初盏毕,乐声尽,坐。至五盏后食,六盏、七盏杂剧。八盏下,酒毕。押宴传示使副,依例请都管、上中节当面劝酒。使者答上闻,复引都管、上中节于栏子外阶下排立,先揖,饮酒,再揖,退。至九盏下,酒毕,教坊退。乃请赐宴天使于幕次前。候茶入,乃于拜席排立都管、三节人从。茶盏出,揖起,押宴官等离位立,揖,都管人从跪拜[40],喝:"谢恩。"拜,下节声喏,呼"万岁",如入见仪,齐跪拜,喝:"各祗候。"请押宴等官齐出,分阶下厅,与天使对行至拜褥前立。请使副就位望阙谢恩,再拜,舞蹈,三拜,毕,依位立。请押宴、馆伴齐诣褥位谢恩。来使乃进谢御宴表,先再拜,平身立。使跪捧表,天使近前搢笏受表,出笏复位。使就拜,退复位,立。

使副上闻,依例书送天使土物,领毕,天使即以物报之,然后展天使辞状,再揖,次馆伴揖,通揖,请分位。是日,来使于宴下监酒等官及教坊人等皆有所赠。[41]

第五天,称贺仪(祝贺皇帝身体健康的礼仪)。

具体仪式如下：

比至客省幕次对立，皆如入见仪。至收笏坐，先汤，次酒三盏，毕，客省传示来使，辞曰："请都管、上中节当面劝酒。"回传示毕，引都管、上中节于幕次前阶下排立，先揖，饮酒，再揖，引退。至三盏酒毕，茶罢，出笏近前，齐请出幕次，前外为上，对立，通揖，分位，各归幕次。候阁门招引时，请客省与使副幕次前，外为上，对立揖。对行至门外阶下，与引揖阁副揖。引使副左入，与臣僚合班，至丹墀北向立定。同臣僚先再拜，平身，搢笏，跪拜，三舞蹈，跪左膝三叩头，出笏就拜，兴，再拜，平立。俟进酒致辞毕，再拜，宣徽使称："有制。"又再拜，宣答毕，先再拜，舞蹈，平立，分班。俟皇帝举酒时，再拜，合班又再拜，上殿，夏使副在御座右第二行北端立。次引都管、上中节左入，至丹墀立，下节门外阶下排立，齐鞠躬，通名毕，先再拜，鞠躬，不出班奏："圣躬万福。"喝："拜。"又再拜，下节声喏呼"万岁"，如前仪。喝："各祗候。"毕，平立，再跪拜，喝："赐酒食。"声喏再拜呼"万岁"，如前仪。引左廊立。待床入，进酒。皇帝饮酒时，上下侍立皆再拜。俟进酒官至位，合坐官再拜，皆坐。即行臣使酒，普传宣，立饮，再拜，复坐。次人从跪拜声喏再拜呼"万岁"之仪如前。皆坐。至第三盏，传宣立饮，毕，再拜，复坐。次人从如前，毕，坐。俟致语，闻鼓笛时，揖臣使皆立，俟口号绝，臣使再拜，坐，次人从如前仪，复坐。次至五盏，将曲终，人从立，再如前仪，毕，先引出。臣使起再拜，退至丹墀，合班，谢宴，再拜，舞蹈，三拜，喝："各祗候。"引出，至三门阶下，与阁门副使相揖别，与客省同行，至幕次前对立，先揖，各传示，再揖，请分位，就幕次。少顷，请馆伴与使副出幕次，外为上，对立，先揖，各传示，再揖，引行，至元下马处，请左右易位,对立揖,收笏上马,至馆,声喏相揖分位,与初入见还礼同。

第六天,酒果礼(赏赐酒果的礼仪)。

具体仪式如下:

天使至馆,与第二日赐酒果礼同。是日,支押分食酒果军土物,并在馆随局分官员承应人例物。凡里外门将军、监厨直长、馆都监、监酒食官、承应班祗候、众厨子、馆子、巡护军、馆伴所牵拢官,皆溥及之。[42]

第七天,曲宴礼(宫廷举办筵席的礼仪)。

辽朝宫廷招待西夏使者的宴会主要在矮殿里举行。[43]《辽史》虽然没有记载西夏使者参加宴会的情形,但是却记录了和夏使地位差不多的高丽使者在辽廷的曲宴礼仪。因此,借助后者的仪注,大致也就能够推想出比较逼真的西夏使者出席宴会的礼仪了。

臣僚入朝,班齐,皇帝升殿。宣徽、教坊、控鹤、文武班起居,皆如常仪;谢宣宴,如宋使仪。赞各上殿祗候。契丹臣僚谢宣宴。勾西夏使入,面南鞠躬。舍人鞠躬,通夏国谢恩进奉使某官某以下起居,谢宣宴,共十二拜。赞各上殿祗候,臣僚、使副就位立。大臣进酒,契丹舍人通,汉人阖使赞,上殿臣僚皆拜。赞各祗候,进酒。大臣复位立,赞进坐臣僚拜,赞各就坐行酒。若宣令饮尽,赞再拜,赞各就坐。教坊致语,臣僚皆起立。口号绝,赞再拜,赞各就坐。凡拜,皆称"万岁"。曲破,臣僚起,下殿。契丹臣僚谢宴,中书令以下谢宴毕,引使副谢,七拜。赞"各好去"。控鹤官门外祗候,报阖门无事。供奉官卷班出。来日问圣体。[44]

第八日，奉辞仪（使团向皇帝辞别的礼仪）。

具体仪式如下：

> 皇帝即御座，鸣鞭、报时毕，殿前班小起居，至侍立位。引臣僚合班入，至丹墀小起居，引宰执上殿，其余臣僚分班出。阁门使奏辞榜子。[45]常朝毕，引使者左入，通某国使某使候辞，再拜。不出班，起居，再拜。出班，恋阙、致词，复再拜。赐衣物，谢恩如常仪。若赐宴，五拜。毕，赞"好去"，右引出。[46]

第九天，送别仪（辽朝送别使团的礼仪）。

和西夏使者聚会，送他们到馆驿（临潢驿、来宾馆）。使者在此略作休整，换好衣服，踏上了回国复命的道路。每次，使者快要到达边界的时候，消息一经证实，辽朝都会有接伴使陪同，到达有馆伴使迎接，离开则有送伴使送行，每种伴使都有副手，都会随时向辽朝上奏表章来报告使团的情况。[47]

除了上述礼仪之外，遇到皇帝（太后）辞世的情况，辽朝备有祭奠吊慰仪。《辽史》卷50《礼志二》记载：

> 宋使祭奠吊慰仪：太皇太后至菆涂殿，服丧服。太后于北间南面垂帘坐，皇帝于南间北面坐。宋使至幕次，宣赐素服、皂带。更衣讫，引南北臣僚入班，立定。可矮墩以下，并上殿依位立。先引祭奠使副捧祭文南洞门入，殿上下臣僚并举哀，至丹墀立定。西上合门使自南阶下，受祭文，上殿启封，置于香案，哭止。祭奠礼物列殿前。引使副南阶上殿，至褥位立，揖，再拜。引大使近前上香，退，再拜。大使近前跪，捧台琖，进奠酒三，教坊奏乐，退，再拜。揖中书二舍人跪捧祭文，引大使近前俛伏跪，读讫，举哀。引使副下殿立定，哭止。礼物担床。出毕，引使副近南，面北立。勾吊慰使副南洞门入。四使

同见大行皇帝灵，再拜。引出，归幕次。皇太后别殿坐，服丧服。先引北南面臣僚并于殿上下依位立，吊慰使副捧书匣右入，当殿立。合门使右下殿受书匣，上殿奏“封全”。开读讫，引使副南阶上殿，传达吊慰讫，退，下殿立。引礼物担？过毕，引使副近南，北面立。勾祭奠使副入。四使同见，鞠躬，再拜。不出班，奏“圣躬万福”，再拜。出班，谢面天颜，又再拜，立定。宣徽传圣旨抚问，就位谢，再拜。引出，归幕次。皇帝御南殿，服丧服。使副入见，如见皇太后仪，加谢远接、抚问、汤药，再拜。次宣赐使副并从人，祭奠使副别赐读祭文例物。即日就？赐宴。高丽、夏国奉吊、进赙等使礼，略如之。

遇到西夏新君继位的事件，辽朝备有告终仪。前引同书同卷记载：

夏国告终仪：先期，于行官左右下御帐，设使客幕次于东南。至日，北面臣僚各常服，其余臣僚并朝服，入朝。使者至幕次，有司以嗣子表状先呈枢密院，准备奏呈。先引北面臣僚？矮墩已上近御帐，相对立，其余臣僚依班位序立。引告终人使右入，至丹墀，面殿立。引右上，立；揖少前，拜，跪奏讫，宣问。若嗣子已立，恭身受圣旨。奏讫，复位。嗣子未立，不宣问。引右下丹墀，面北鞠躬。通班毕，引面殿再拜。不出班，奏“圣躬万福”，再拜。出班，谢面天颜，复位，再拜。出班，谢远接，复位，再拜。赞祗候，退就幕次。再入，依前面北鞠躬，通辞，再拜；恋阙，再拜。赞“好去”。礼毕。

就这样，西夏使团在完成了既定的外交计划以后，按照来时的路线返回了自己的国家。

第三节　西夏在辽朝对外关系中的地位

甘怀真认为东亚古代诸国间的权力关系的形成是一种“礼的关系”的建构，即各国藉由礼仪符号的交换，以建构或确认彼此之间的权力关系，则其中的诸礼的意义为何，则有深究的必要。[48]就辽朝所规定的对夏外交礼仪而言，其中究竟体现了辽夏之间什么样性质的权力关系呢？换句话说，在辽人的观念和实践中，西夏具有什么样层次的政治地位呢？

在《辽史》中，西夏被归入属国一类的政权序列之中。关于属国的概念，《辽史》有过几处说明。一处是卷70《属国表》云：

> 周有天下，不期而会者八百余国。辽居松漠，最为强盛。天命有归，建国改元。号令法度，皆遵汉制。命将出师，臣服诸国。人民皆入版籍，贡赋悉输内帑。东西朔南，何啻万里。视古起百里国而致太平之业者，亦几矣。故有辽之盛不可不着。

卷46《百官志二》说：

> 辽制，属国、属部官，大者拟王封，小者准部使。命其酋长与契丹人区别而用，恩威兼制，得柔远之道。

另一处是卷36《兵卫志下》云：

> 辽属国可纪者五十有九，朝贡无常。有事则遣使徵兵，或下诏专征；不从者讨之。助军众寡，各从其便，无常额。

从上述材料中可以看出，辽人的属国概念至少具备以下三个方面的特征：第一是属国的土地和人口名义上为辽朝所领有。这一点从具有写实性质的辽朝出土文献中就有印证。《圣宗皇帝哀册》中有“夏国之羌浑述职”[49]之语，意即把夏国看作必须定期向辽朝述职的臣属。而《道宗皇帝哀册》对西夏更有“予夏台”（我的夏国）[50]之称呼。

第二，属国统治者的合法性必须从辽朝的正式任命中来获得。从西夏历代君主屡次三番遣使请求封册和赐婚的情况来看，借助大国之威稳定自身统治的考虑是存在的。关于这一点，《辽史》中虽然没有直接的证据[51]，但是在同时代宋人的文献中就有反映。《长编》卷49咸平四年十月丁未条记载说：

> 陛下即位之初，以银夏一管，尽付继迁。委高爵于匪人，屈王臣于穹庐，分储廪以悦其志，辇金帛以慰其心，有以见陛下爱全生灵，耻用凶器，惠此中国，以绥四方者也。朝廷于迁贼之恩，可谓厚矣。殊不知契丹虑迁贼感大国之恩，断右臂之势，防患所切，其谋甚深，署王爵以赐之，遣戎使以镇之。王爵至则旌节之命轻矣，我之命适所以资之也，戎使至则动静皆伺之之，向背之心异矣，我使往适所以坚之也。夫西平之命，亦虚名也，契丹命之何损哉。以今日言之，当时之策，岂不为失乎？

第三，属国对辽朝必须承担一定的赋税和出兵协助辽朝打仗的义务。所谓赋税其实就是朝贡。西夏与辽建交以后，即使是正处于激烈的对辽战争下，它都几乎没有停止过对辽朝的定期性朝贡活动。重熙十四年的《致宋仁宗书》中谴责西夏元昊的辞令“藩服乱常，式贡修之不谨”[52]也反证了作为属国的西夏有向辽朝定期贡献的义务。关于出兵协助辽朝打仗（从征）的例子最典型的是李德明协助辽朝讨伐党项的事迹。《辽史》卷15《圣宗本纪六》记载：

（开泰二年秋七月）乙未，西南招讨使、政事令斜轸奏，党项诸部叛者皆遁黄河北模赧山，其不叛者曷党、乌迷两部因据其地，今复西迁，诘之则曰逐水草。不早图之，后恐为患。又闻前后叛者多投西夏，西夏不纳。诏遣使再问西迁之意，若归故地，则可就加抚谕。使不报，上怒，欲伐之。遂诏李德昭："今党项叛，我欲西伐，尔当东击，毋失掎角之势。"仍命诸军各市肥马。……八月壬戌，遣引进使李延弘赐夏国王李德昭及义成公主车马。

众所周知，辽朝拥有许多属国，西夏在其中居于什么样的位置呢？在回答这个问题之前，让我们先来看看以下这则金夏"争礼"的事件。据《金史》卷134《西夏传》记载：

初，王阿海等以太宗誓诏赐夏国，乾顺以契丹旧仪见使者，阿海不肯曰："契丹与夏国甥舅也，故国王坐受，使者以礼进。今大金与夏国君臣也，见大国使者当如仪。"争数日不能决，于是始起立受焉。厥后不遣赐生日使，至是始遣使赐之。

金夏建交初年，双方曾经围绕着西夏君主接受外交文书的礼仪问题发生过争执。原本西夏君主要求以前朝辽的旧礼"坐而受书"来同样接待金的使节。但是，金朝最终强迫他"起立"接受新朝的外交文书。为什么会产生这样的差别呢？当然政权实力的对比是最重要的原因了。但是，在金人的外交辞令中可以发现，金夏关系和辽夏关系的性质本来就不一样的！"契丹与夏国甥舅也"，"大金与夏国君臣也"。也就是说，辽夏关系除了君臣这个层面之外，双方还保持着皇室之间的通婚关系。它自然要比金夏单纯的君臣关系在礼仪规格上要高一个层次。这种建立在婚姻基础上的君臣性质的双边关系在古代中国通常被称为“甥舅之国”，相应的礼仪也就是所谓的“甥舅之礼”。

辽夏为甥舅之国，这不仅是双方之外其他政权的认识，而且也是辽人自己的看法。在辽朝递给宋朝的国书中，关于西夏的用词通常是“藩”和“甥”并举。如《致宋帝书》(重熙十一年兴宗)提到：

> 兼李元昊于北朝久已称藩，累曾尚主，克保君臣之道，实为甥舅之亲，设罪合加诛，亦宜垂报。迩者郭积特至，杜防又回，虽具音题，而但虞诈谍。已举残民之伐，曾无忌器之嫌。[53]

又如《遣萧德崇等使宋为夏议和国书》(寿昌五年道宗)中也说：

> 粤维夏台，实乃藩辅，累承尚主。迭受封王。近岁以来，连表驰奏，称南兵之大举。入西界以深图，恳求救援之师，用济攻伐之难。理当依允，事贵解和，盖念辽之于宋也。情重祖孙；夏之于辽也，义隆甥舅。必欲两全于保合，岂宜一失于绥存。[54]

“藩”、“甥”并举的另外一个含义就是无论这种甥舅关系多么亲密，作为属国的西夏都不得僭越为人藩属的本分。辽夏第一次大战的一个重要原因就是西夏元昊公然宣布称帝，这直接挑战了澶渊之盟所奠定的由辽宋对等分割唐朝天下的天下政治格局。据《儒林公议》卷下记载：

> 富弼使契丹报聘，再立盟约。时吕夷简方在相位，命弼讽契丹谕元昊使纳款，宗真当是其言，谓可指麾立定。退遣使诣元昊，谕以朝廷之意。元昊但依随而已。及杨守素至延州道

元昊语曰：朝廷果欲议和，但当下谕本国，何泛转求契丹。界夹西部落呆家等族离叛，多附元昊。契丹以词责问元昊，辞不报，自称西朝。谓契丹为北边。又言请戢所管部落，所贵不失两朝欢好。宗真既以强盛夸于中国，深耻之。乃举众西伐，聚兵于云州西约五百里夹山之侧，国内骚动，粮馈相继。

所以，辽夏"甥舅之亲"的实质仍然是君臣关系，只不过这种君臣关系的礼遇程度略为亲密而已。紧接着要提出的问题是，西夏使者与其他政权的使者相比，在辽朝宫廷仪式中所处的地位如何呢？让我们观察一下当西夏与宋朝使者同时出现在辽朝宫廷仪式的时候，双方之间关于排序问题的微妙互动吧。据《宋史》卷93《沈起传》记载：

(熙宁三年)(起)奉使契丹，至王庭，其位著与夏使等，奉使契丹，至王庭，其位著乃与夏使等，起曰："彼陪臣尔，不当与王人齿。"辞不就列，遂升东朝使者，自是为定制。

显然，宋使在辽朝的地位远比夏使的地位要高。《辽史》卷53《礼志六》"皇太后生辰朝贺仪"所记载的先宋使，后高丽、西夏的入殿顺序也证明了这一点。

清代史家赵翼曾经以外交礼仪及其变动为中心，对10—13世纪中国的天下政治秩序作过有趣的观察。他说：[55]

大概两国交际，每重在仪节之间。

澶渊之盟，宋为兄，辽为弟，故辽使常稍屈。《宋史·程琳传》：契丹遣萧蕴、杜防来，蕴出坐位图示琳，曰："中国使者坐殿上高位，今我位乃下，请升之。"琳曰："此真宗所定，不可易也。"乃已。然则真宗初定和议时，宋使至辽，燕享之礼较尊于辽使之至宋矣。然辽人亦往往故自尊大，不肯稍屈。程师孟使辽至涿州，契丹来迓者正席南面，涿州官西向，而设宋使席东向，师孟不肯就坐，叱傧者易之，乃与迓者东西相向。吴奎使契丹归，遇契丹使于途。契丹以金冠为重，纱冠次之，旧时两使相见，必重轻适均。至是契丹使服纱冠，奎乃亦杀其仪以见。沈立使契丹，适其国行册礼，欲令从其国服，否则见于门，立曰："北使来南，未尝令其变服，况门见耶？"乃止。哲宗崩，辽使来吊，胡宗炎迓境上，使者不易服，宗炎以礼折之，须其听命乃相见。辽道宗遣使，以已像来求徽宗画像，未报而道宗殂。天祚帝立，复以为请，宋使张升往，欲先得其新主像，乃谕之曰："昔文成弟为兄屈，尚先致敬，况今伯父耶？"天祚帝乃以已像先来。此宋辽兄弟之国，使命往来故事也。

至宋与金交际之仪，则前后不同。据《金史》，使张通古至江南，宋主欲南面，使通古北面，通古不肯，索马欲北归。宋主乃设东西位，使者东面，宋主西面，受书诏拜起皆如仪。然宋史本纪，通古至，帝以方居谅闇，难行吉礼，命秦桧摄冢宰，受书以进。又桧传及王伦、李弥逊、勾龙如渊等传，皆言金使来，朝议汹汹，桧迫于公议，属王伦力言于通古等，听桧就馆受书，以省吏朝服导引，纳其书禁中。自是当日实事，而通古传所云拜诏如仪者，或通古归自诩之词也。至宋孝宗与金世宗复位和议，则改奉表为国书，称臣为侄，凡报聘皆用敌国礼。然金使至宋，宋主尚起立受书之仪。金完颜仲初为报问使，仲奏请与宋主相见仪，世宗曰："宋主起立接书，则授之。"及至，宋如礼。孝宗尝欲改受书仪，遣范成大至金陈奏，世宗不允。后金遣完颜璋贺宋正旦，宋使人就馆取书而去。璋还，杖一百，除名。金遣梁肃来诘问，宋仍以书谢。次年，刘仲诲来贺正旦，宋仍欲变接书仪，仲诲不可，乃仍用旧仪。已而金使乌林答天锡来贺会庆节，要孝宗降榻问金主起居，帝不许，天锡跪不起，宰相虞允文请帝还内，令使者明日随班上寿。盖又因宋就璋馆取书之事，故欲宋加礼以为报复，而孝宗遽起入内，亦一时机变也。又金黄久约为贺宋生日副使，适宋馆伴正使病，欲以馆伴副使代正使行事，久约曰“倘副使亦病，则将以都辖掌仪等行礼乎?”竟令正使独前行，已与馆伴副使联骑。盖两国交际仪节，有关国体，故各不肯自屈耳。至两国使臣朝贺时，则皆有山呼舞蹈之礼。金海陵爱宋使山呼声，使神卫军习之。是宋使至金山乎也。金张暐使宋，以世宗大行在殡，受赐不舞蹈。是金使至宋，非国丧亦舞蹈也。又两国彼此有避讳之法。金海陵立太子光英，宋改光化军为通化军，光州为蒋州。金章宗以完颜匡为贺宋正旦使，命权易名弼，以避宋讳。此又彼此避讳故事也。

至西夏之于宋，初李继迁、德明父子本臣属于宋，自元昊自立为帝，不复称臣。后议和，但称男邦泥定国兀卒，兀卒者，译言吾祖也，宋以词不顺，未之许。后再定和议，宋册为夏国主，约称臣奉正朔，改所赐敕书为诏而不名。使至其国，用宾客礼。然使至常馆于宥州，不令至兴灵，而元昊自帝其国中自若也。其于辽、金二朝亦称臣，而交际之仪稍异。金世宗问张汝弼曰:“夏、高丽皆称臣，我使者至高丽，与王抗礼；夏王则立受使者拜，何也?”左丞完颜襄曰:“辽、夏本甥舅国，夏以辽公主故受使者拜。本朝与夏约遵用辽礼故耳。”汝弼曰“行之已数十年，不可改也。”世宗从之。此可见西夏之于辽、金，虽称臣而受其使拜，与宋所定与使臣宾主相见之礼不同矣。及金哀宗时，重与夏国议和，则夏并不复称臣，但以兄事金，各用本国年号，遣使来聘，奉书称弟而已。

> 刘豫受金册为齐帝时,金宗翰等议,既为藩辅,奉表称臣,则朝廷诏至,当避正殿,与使者抗礼。金太宗曰:“既为邻国之君,又为大朝之子,惟使者始至,躬问起居。及归时,有奏则起立,余并行帝礼。”此又刘豫为子皇帝之仪注也。[56]

赵翼认为外交礼仪并不是无关紧要的小事,而是有关国体的大事。使者在其他政权享有礼遇的程度和层次实际上代表本朝的地位和尊严。所以,交聘礼仪的斗争并非简单的礼节之争,而是双方之间进行政治斗争的一项重要内容。他在这里还进一步指出了10—13世纪各政权关系的三种主要类型。

一是兄弟之国,如辽宋关系。他们之间的外交礼仪被称为“敌国之礼”。敌国之礼应该是适用于两个互不隶属的政权之间的使者往来,其内容主要有以下几项:一是统治者之间是兄弟关系;二是国书体例对等;三是使者礼仪对等。即使节对对方统治者的礼仪和对自己统治者的礼仪是一样的,通常是跪拜礼仪。

二是君臣之国。如宋夏关系。他们之间的外交礼仪被称为“藩臣之礼”。藩臣之礼主要适用于两个互有隶属关系的政权之间的使者往来。其内容主要有以下几项:一是双方统治者的关系为君臣关系;二是国书体例用诏敕和表;三是使者至臣国,其君主当站立迎接藩臣之礼,主要特征是“藩主”对使者的不断再拜。

三是甥舅之国,如辽夏关系。他们之间的外交礼仪被称为“甥舅之礼”。甥舅之礼主要适用于两个皇室互有姻亲关系的政权之间的使者往来。它是介于敌国之礼和藩臣之礼之间的礼仪,但本质上仍然属于藩臣之礼的范围。其内容除了使者至其国,国主坐而受书等处以外,其他规定应该与藩臣之礼大体一致。[57]

从西夏在辽朝那里所享有的甥舅之礼的情况来看,自建交以来,西夏在辽朝的政治地位绝大部分时间内是处于次等政权的地位。直到辽朝灭亡的前夕,为了拉拢西夏共同抗击金朝的进逼,辽朝才被迫册封西夏君主为国王,双方使者所执行的礼仪应该属于具有对等性质的敌国之礼。

元人在撰修前朝历史的时候,尊宋、辽、金三朝为正统,分别书写了宋、辽、金三史,但却未给西夏写一部同样分量的纪传体专史,而只是在上述三史中用传或外纪的形式捎带提及。国内一些学者认为应该赋予西夏和辽、金、元、清等北族王朝同样的历史地位,应该为西夏同样也书写一部正史。[58]这一建议从各民族平等的原则出发自然是无可厚非的,但如果意图把西夏史纳入所谓的正史系列,恐怕有替古人喙舌的嫌疑吧。因为,如果按照这个逻辑,历史上在中国版图上建立的政权,无论其强弱大小或地居何方,也无论其王族差异或权力合法与否,它们可能都具备进入正史序列的资格。在笔者看来,当我们在遗憾西夏历史因为文献无征而湮没的同时,大可不必有替西夏正名的思想或打算。因为,在 10—13 世纪,一个基本的事实就是西夏不仅始终处于辽、宋、金诸政权的藩属地位,而且也始终处于诸政权政治博弈的边缘地带,因此,不与西夏正统地位、不给西夏修正史恰好反映了宋元时代乃至近代以前的中国人对当时天下局势的一种客观体认。

注　释

1　吴天墀:《西夏大事年表》,见《西夏史稿》,四川人民出版社,1980 年。林旅之:《夏辽通好》,见《西夏史》,香港大同印务有限公司,1975 年。

2　吴广成撰,龚世俊等(校)《西夏书事校正》卷 4 统和四年吴广成按语:此西夏臣契丹之始。李氏自彝殷救晋,未尝与契丹通。

3　另外两次和亲是兴平公主与李元昊(辽兴宗时期)和成安公主与李干顺(天祚帝时期)。

4　《西夏书事校正》卷 4 统和六年吴广成按语:此李氏事契丹之始。书“贡”志始,且备事也。

5 《西夏书事校正》卷4。

6 《西夏书事校正》卷6。

7 《西夏书事校正》卷21。

8 《西夏书事校正》卷9系此事于开泰元年(1012),其文称:三月,献马契丹。契丹畜牧之法,西夏与室韦例进马三百匹。是时,德明以良马二百匹,凡马百匹献,契丹主优赐之。但是据《辽史》卷60《食货志下》记载:咸雍五年,萧陶隗为马群太保,上书犹言群牧名存实亡,上下相欺,宜括实数以为定籍。厥后东丹国岁贡千匹,女直万匹,直不古等国万匹,阻卜及吾独婉、惕德各二万匹,西夏、室韦各三百匹,越里笃、剖阿里、奥里米、蒲奴里、铁骊等诸部三百匹;仍禁朔州路羊马入宋,吐浑、项马鬻于夏。以故群牧滋繁,数至百有余万,诸司牧官以次进阶。这表明献马300的定额乃是辽朝后期的规定。

9 《辽史》卷29《天祚本纪三》。

10 参见附《辽夏关系史大事年表》。

11 《辽代石刻文编·韩椅墓志》:朔方分困,河右称藩,九重曲降于玺书,一方载驰于册命,以公持节封李继迁为夏国王。河北教育出版社,1995年,第203页。

12 《宋史》卷301《章频传》记载天禧年间(1017—1021):(章频)使契丹,至紫蒙馆卒。契丹遣内侍就馆奠祭,命接伴副使吴克荷护其丧。

13 《续资治通鉴长编》卷139,庆历三年八月癸巳条云:琦退,复上章曰:今西界遣人议和,其患有三:昨朝廷曾达意契丹,欲令元昊纳款,其答书云:梁适口陈夏台之事,已差右金吾卫上将军耶律祥、彰武军节度使王惟吉,赍诏谕元昊令息兵。……昨昊贼先遣人至保安军,言为朝廷差梁谏议适往北朝令本国议和,北朝亦差耶律祥等至本国,故遣贺从勖等持书而来盟。

14 按:西夏归还萧胡睹的时间在《辽史》中有明确记载。卷115《西夏外纪》:初,夏人执萧胡睹,至是,请以被执者来归。诏所留夏使亦还其国。(重熙十三年)十二月,胡睹来归,又遣使来贡。

15 《辽史》卷19《兴宗本纪二》所载萧革事迹与萧滴冽同,两者当为一人。附本纪记载:(重熙十三年冬十月)辛亥,元昊遣使来进方物,诏北院枢密副使萧革迓之……革言元昊亲率党项三部来,诏革诘其纳叛背盟,元昊伏罪,赐酒,许以自新,遣之。

16 按:王观此时期的职务在《辽史》中有记载。卷47《百官志三》:王观,兴宗重熙中为兵部侍郎。

17　叶隆礼:《契丹国志》卷21,上海古籍出版社,1985年,第205页。

18　王天顺:《西夏地理研究》,甘肃文化出版社,2002年,第186页。

19　《中国古代交通道路史》第五章《宋代交通道路的演变》"西夏通辽的驿路",人民交通出版社,1994年,第330页。

20　《辽史》卷37《地理志一》:上京,太祖创业之地。……西南同文驿,诸国信使居之。驿西南临潢驿,以待夏国使。《辽史》卷39《地理志三》:中京大定府,……。大同驿以待宋使,朝天馆待高丽使,来宾馆待夏使。

21　《契丹国志》卷21虽然没有列出契丹回赐给西夏的物品,但是它提示说除了没有羊之外,其他物品和新罗是一样的,唯玉带改为金带。因此,这里列出的回赐物品是根据契丹回赐新罗的物件复原的。

22　《辽史》卷58《仪卫志四》。

23　《辽史》卷22《道宗本纪》、卷115《西夏外纪》。

24　聂崇歧:《宋辽交聘考》,见聂著《宋史丛考下》,中华书局,1980年。

25　《辽史》卷60《食货志下》。

26　《辽史》卷18《兴宗本纪一》、卷115《西夏外纪》。

27　《辽史》卷70《属国表》、卷115《西夏外纪》。

28　《辽史》卷22《道宗本纪二》(缺于夏二字)、卷115《西夏外纪》。

29　关于"新定夏使仪注"的来历,《金史》卷38《礼志十一》有过说明:"正大元年十月,夏国遣使修好。二年九月,夏国和议定,以兄事金,各用本国年号,定拟使者见辞仪注云。盖夏人自天会议和,臣属于金八十余年,无兵革事。及贞祐之初,小有侵掠,以至构难十年,两国俱敝,至是,始以兄弟之国成和。"

30　当然,金礼中自然也有很多沿用宋礼的情况,但是就对夏外交礼仪而言,辽礼对金礼具有直接的影响。《金史·夏国传》就明言"自今已后,凡于岁时朝贺、贡进表章、使人往复等事,一切永依臣事辽国旧例。"

31　《金史》卷38《礼志十一》。

32　驿站见《西夏地形图》,载《西夏地理研究》,甘肃文化出版社,2002年,第186页。

33　《辽史》卷46《百官志二》辽朝中央北面官系统下有客省局机构;卷47《百官志三》南面官系统下有客省、四方馆等机构。客省内部的官员有客省正使、左客省使、右客省使以及客省副使等。客省是辽朝负责使节接待和派出工作的主要机构。出使的例子有，据《辽史》卷4《太宗本纪下》记载：（会同五年春正月）是月，晋以朔州平，遣使来贺，遂遣客省使耶律化哥使晋并至生成礼。……秋七月庚寅，晋遣金吾大将军梁言、判四方馆事朱崇节来谢，书称"孙"，不称"臣"，遣客省使乔荣让之。接待的例子有《辽史》卷51《礼志三》西夏国进奉使朝见仪条记载：礼毕。于外赐宴，客省伴宴，仍赐衣物。

34 《辽史》卷32《营卫志中》：辽国尽有大漠，浸包长城之境，因宜为治。秋冬违寒，春夏避暑，随水草就畋渔，岁以为常。四时各有行在之所，谓之"捺钵"。

35 此处礼仪，《金史》卷38《礼志十一》新定夏使仪注条规定是鞠躬，这是一种表示这一时期金夏两政权对等地位的礼仪（因为此时夏金朝已经册封西夏君主为皇帝，夏金两政权差不多具有对等的国际地位）。但是，就辽夏关系而言，除了辽朝灭亡前的最后两年，在绝大部分时间内就西夏对辽一直称臣的情况来看，所执行的礼仪肯定不是鞠躬了，很可能是表示臣属的跪拜了。

36 《金史》卷38《礼志十一》新定夏使仪注条。

37 《金史》卷38《礼志十一》新定夏使仪注条。

38 《金史》卷38《礼志十一》新定夏使仪注条。

39 《辽史》卷51《礼志四》西夏国进奉使朝见仪。

40 按：这里的跪拜皆笔者替换，原因同前揭注释。

41 《金史》卷38《礼志十一》新定夏使仪注条。

42 《金史》卷38《礼志十一》新定夏使仪注条。

43 《安阳集家传》卷3第14页下：况其先臣德昭，北朝曾封夏国王，仍许自置官署。至元昊，亦容袭爵，自来遣人进奉，每辞见燕会，并坐于矮殿。今两朝事同一家，若元昊请罪，其册封礼待亦宜一如北朝。

44 《辽史》卷51《礼志三》曲宴高丽使仪条。

45 《金史》卷38《礼志十一》新定夏使仪注条。

46 《辽史》卷51《礼志四》。

47 《金史》卷38《礼志十一》新定夏使仪注条。

48 甘怀真：《皇权、礼仪和经典诠释：中国古代政治史研究》，台湾大学出版社，2004年，第492页。

49 向南等：《辽代石刻文编》，河北教育出版社，1995年，第194页。

50 向南等：《辽代石刻文编》，河北教育出版社，1995年，第513页。

51　在清人吴广成的《西夏书事》中则有多处说明。如《西夏书事》卷4载:雍熙三年、契丹圣宗统和四年春二月,继迁初降于契丹。契丹西境直对夏州,党项东山诸部臣事者多。李氏自思恭赐姓,未尝外附。继迁见诸部溃散,谋于众曰:"吾不能克复旧业,致兹丧败,兵单力弱,势不得安。北方耶律氏方强,吾将假其援助,以为后图。"乃遣张浦持重币至契丹请附。契丹主隆绪意未决,西南招讨使韩德威言:"河西为中国右臂。向年府州折氏与银夏共衡刘汉,致大兵援应无功,今李氏来归,国之利也。"契丹主纳之。又如卷8记载:景德二年春正月,德明遣赵保宁如契丹请封。德明嗣职期年,未膺封册,蕃族多怀观望。行军司马赵保宁言:"国家疆宇虽廓,自西凉扰乱,先王被害,蕃众惊疑。若不假北朝威令慑之,恐人心未易靖也。"德明遂遣保宁献方物契丹,以请封册。契丹主曰:"此吾甥也,封册当时至。"待保宁加礼,遣回。

52　《全辽文》卷2,中华书局,1982年。

53　《续资治通鉴长编》卷135,庆历二年春正月己巳条。

54　《续资治通鉴长编》卷507,元符二年三月壬戌条。

55　此处几乎全部录入赵翼之文,绝非是虚张字数,实为讨论方便之故。因为,如果要认识宋代天下政治秩序的全貌,就不能仅仅关注一两个政权的交往关系。赵翼的"宋辽金夏交际仪"视野宽广,叙事明晰,似可作为进一步研究的基础。

56　赵翼(著)、王树民(校):《廿二史札记校注》卷25宋辽金夏交际仪条,中华书局,2001年,第546页。

57　马大正等:《古代中国高句丽历史续论》,中国社会科学出版社,2003年,第54页。

58　李范文:《西夏在中国的历史地位》,载《宁夏社会科学》,2002年第5期。

第九章
宋人的辽夏观及其北疆方略的变迁

迄今为止,绝大部分涉及辽夏关系问题的史料都来自宋朝官方或民间。在传统的中原本位主义的影响下,这些"非当事者"的记载或多或少存在着叙述失真和歪曲是非的问题。对于客观地研究辽夏双边关系史本身而言,它们固然是障碍和困难;但就讨论宋人对辽夏关系的看法和对策而言,又未尝不是便利与优势。

关于这个问题,目前,学术界的主要成果是基本厘清了北宋朝野对辽夏双方的看法及其对应策略。

陶晋生先生认为北宋朝野对辽朝的看法大体有两种意见:一种是源于传统的唯中国是尊的我族中心主义,反映于官方的文件(不公开于契丹的)和官员们为庆典所做的正式文件或颂辞中。这些文书大都维护中国文化优于四夷,而四夷都来朝贡的传统。对于宋辽关系的解释,则为中国将"威德论"付诸实施,以至契丹慕义归附,与中原相安。北宋学者并以正统论和阴阳论来维护中原的优越地位。另一种意见是,基于实事求是的态度,对于契丹的实力从各方面加以客观的估价。富弼等政治家基于这种平实的态度,建议政府采取理性的外交政策。这一政策的形成及其优点反映在庆历年间的外交关系上。当时朝廷广征意见,通力合作,以至获得了成功的对辽夏的外交。[1]

李华瑞先生认为北宋朝野对西夏的看法主要有三种意见：其一，始终把西夏看作藩属国，因而对西夏乍服乍叛感到激愤，以"贼"或"盗"称呼西夏，便是这种激愤的极端表现。其二，始终把西夏视作弱小的夷狄，不论在文化的优越感上，还是不平等的外交礼节上都带有明显的歧视。其三，能正视西夏的军事力量，尤其是对于西夏对宋所造成的巨大国防压力颇感棘手。基于上述三种看法，产生两种对西夏的态度，一是作为宗主大国，礼仪之邦不应与弱小叛臣、夷狄争一时之短长，故可以"屈已含垢以安万人"，以德怀柔西夏。（李至、杨亿、张方平、司马光、苏辄等人，即是这一态度的代表人物）。二是西夏竟敢以撮尔小国屡屡羞辱大国，造成严重的边患，故要求严惩的呼声也很高，尤其是随着时间的推移，愈来愈成为朝议中的主流，宋神宗以后不断用师西夏正是这种主流朝议的最好写照。[2]

与上述研究角度稍异其趣，笔者将要讨论的是宋人对于辽夏并起的形势和辽夏关系的分合所持的态度与对策问题，很大程度上这也代表着北宋王朝在北方边疆问题上的总体战略。

第一节　宋人对辽夏政治地位的看法

尽管对外的政治和军事斗争常常处于弱势和下风，但是在宋人的底层思想中始终充斥着"内夏外夷"的本族中心主义论调。即便是具备国家形态的辽朝和西夏，因为是异族统治的缘故，也无一例外地被归入到低他一等的"夷狄"之列。[3] 不过一些有识之士也看到，契丹与党项这两种"夷狄"和史籍上说的那种落后、野蛮的部族是不可同日而语的：

古者,夷狄言语衣服与中国不同。其来也,不过驱老弱,掠畜产而已,今契丹据山后诸镇,元昊盗灵武银夏,衣冠、车服、子女、玉帛,莫不用之。[4]

他们地跨耕牧之间,一方面维持马背优势,一方面师法中原制度,竟然也把统一天下作为己任,这给以"中国"自居的大宋王朝带来了空前的危机与挑战。宋仁宗时期的政治家富弼如是评论:

自契丹侵取燕蓟以北,拓跋得灵夏以西,其间所生豪英,皆未其用。得中国土地,役中国人力,称中国位号,仿中国官属,任中国贤才,读中国书籍,用中国车属,行中国法令是二敌之所为皆与中国等。而又劲兵骁将长于中国,中国所有彼尽得之,彼之所长中国不及,当以中国劲敌待之,庶几可御;岂可以上古之夷狄待二敌也?[5]

宋神宗也曾经感慨道"然二敌(辽朝西夏)之势所以难制者,有城国,有行国。自古外裔能行国而已,今兼中国之所有,比之汉唐尤为强盛也"。[6] 对于宋朝来说,辽、夏已经不是历史上的具有附庸性质的周边民族政权,而是在政治、军事、经济诸方面都能与之抗衡的少数民族王朝。[7] 随着中原式样的政治文化思想特别是"天下秩序"观念的输入,这些国家的对外战略也不再满足于传统的朝贡——封赐模式,而是要求和宋朝一样具有对等甚至是唯一享有"天之子"的威权。不过成功实现愿望的只有辽朝:1004 年,它与宋朝缔结了旨在平分天下的澶渊之盟,维持了百年以上的和平共处局面。西夏则是遭遇了巨大的挫败:在宋人坚定且激烈的抵制之下,直到 1127 年北宋灭亡,西夏统治者还是没有得到他所期待的"南面之君"的名分。这种政治要求早在 1038 年就由西夏历史上最雄才大略的领袖元昊提出了。同样的夷狄身份,同样的政治企图,为什么到了宋人那里的反应就那么不一样呢?除了现实中辽夏国力的强弱评估之外,宋人意识里的两政权所属地位的差距也是非常重要的原因。对于西夏统治者仿效辽朝"故事"与宋帝平起平坐的企图,宋代名臣范仲淹认为两者根本不能同日而语、相提并论。他在写给西夏元昊的书信中解释道:

> 传曰:名不正则言不顺,眼不顺则事不成。大王世居西土,衣冠语言,皆从本国之俗,何独名称与中朝天子侔拟!名岂正而则言岂顺乎?如众情莫夺,亦有汉唐故事,单于、可汗皆本国极尊之称,具在方册。某料必大王必以契丹为比,故自谓可行,且契丹自石晋朝有援立之功,时已称帝,今大王世授天子建国封王之恩,如诸蕃中有叛朝廷者,大王亦当为霸王,率诸侯以伐之,则世世有功,王王不绝,乃拟契丹之称,穷究体势,昭然不同,徒使疮痍万民,拒朝廷之礼,伤天地之仁。[8]

在本朝内部关于西夏问题的讨论中,范仲淹进一步阐明了为什么不能允许西夏自立为帝的理由。他说:

> 自古四夷在荒服之外,圣帝明王,恤其边患,柔而格之,不吝赐与。未有假天王之称号者也。何则?与之金帛,可节俭而补也;鸿名大号,天下之神器,岂私假于人哉!唯石晋籍契丹援立之功,又中国逼小,总数十州,偷生一时,无卜世卜年之意。故荐号与彼,坏中国大法。而终不能厌其心,遂为吞噬,遽成亡国,为千古之罪人。自契丹称帝,灭晋之后,参用汉之礼乐,故事势强盛,常有轻中国之心。我国家富有四海,非石晋逼小偷生之时。元昊受朝廷爵命,非有契丹开晋之功。此不可许一也。又诸处公家文字并军民语言,皆呼"昊贼"。人知逆顺去就之分,尚或亡,未由禁止。今元昊于天都山营造,

所居已逼汉界。如更许以大号,此后公家文字并军民语言,当有西朝、西帝之称,天都山必有营都郊祀之僭。其陕西戍兵边人,负过必逃其地,盖有归矣。至于四方豪士,稍不得志则攘臂而去,无有逆顺去就之分。彼多得汉人,则礼乐事势与契丹并立,夹困中国,岂复有太平之望邪?此不可许二也。又议者皆谓元昊胡人也,无居中国之心,欲专自于诸番尔。臣等谓拓跋珪、石勒、刘聪、苻坚、赫连勃勃之徒,皆胡人也,并居中原。近则李克用父子,沙陀人也,进据太原。后都西洛,皆汉人进谋诱而致之。昨定川事后,元昊有伪诏谕镇戎兵民,有定关辅之言,此其验。盖汉家之叛人,不乐处夷狄中,心谋侵据汉地,所得城垒,必使汉人守之。如契丹得山后诸地,皆令汉人为之官守。或元昊僭号,是将启之。斯为叛人之助也矣!此不可许者三也。[9]

对于元昊的称帝叛宋行径,宋廷内部在军事上固然有主战和主和的派别之分,但是在政治上大家的立场都是一致的,即反对西夏取得与宋、辽同等国家的地位。概括起来,宋人在称帝问题上善辽恶夏的主要原因有三条:

第一条是原则问题。藩镇割据和外夷入侵的惨痛历史以及当下严重的民族矛盾和边疆危机,使得宋人“尊王攘夷”的意识空前高涨。他们认为“内夏外夷”是“天下”基本的政治秩序,“皇帝”这样的鸿名大号只能属于代表华夏的宋朝统治者所有,像辽夏这样的夷狄之君是没有资格觊觎“天子”之位的。

第二条是现实需要。辽夏所在的幽蓟、灵夏,皆为汉唐旧疆,以“中国”自居的宋人自始至终都期盼着收复故土、混一海内。不过囿于武功不竞、积弱难返,对外关系方面宋人不得不以高度的现实主义为特征:对于实力相当的辽朝和后来的更为强大的金朝,主要通过缔结近似平等甚至己方屈辱的盟约以及输纳大量银绢来换得持久的和平。对这种原则问题妥协于现实需要的现象,宋人采取了精神麻醉和自我安慰的态度。他们把辽宋的平等帝权对内粉饰为"守内虚外",夷狄"慕义来归";对外解释成契丹于中原有"开晋之功"、"时已称帝"。对于比较弱小的西夏政权,虽然也无法企及短期内的军事解决,但是观念上宋人认定西夏窃居国境,世"受朝廷爵命","位冠王侯,义同宗室"[10],处于臣属的地位。作为圣帝明王,为了消弭边患,什么都可以不吝赐与,唯独天子之号不可。陪臣称帝,就是造反;属国僭逆,视同贼盗。在宋人眼里,辽夏虽然同属夷狄,但是辽君夏臣的政治身份还是非常明确的,辽之于宋可以为"兄弟之国",执"敌国之礼",夏之于宋只能为"君臣之国",执"陪臣之礼"。

第三条是长远之计。澶渊之盟以后,对于在"天下"的秩序和西夏的政治地位,宋辽双方实际上存在着默契:天下南北二分,西夏共臣宋辽。事实上,屡屡败于小邦(西夏)的现象,已经开启了强邻(辽朝)胁宋的贪心。对夏统军作战的宋将韩琦指出:

> 朝廷若西民之劳,暂求休养元元,且以金帛啖之待以不臣之礼。臣恐契丹闻之,谓朝廷事力已屈,则又遣使移书,过邀尊大之称;或求朝廷不可从之事,毁其誓约,然后驱犬羊之众,直趋大河,复使元昊举兵,深寇关辅,当是时,未审朝廷以何术御之?[11]

如果再贸然承认西夏的帝位,不仅意味着天下格局的打破,更意味着宋辽关系的严重失衡。出使辽朝归来的大臣富弼上书:

> 北虏元许却令称臣,今来自是朝廷过有许可,亦恐北虏意不欲。谓元昊于中国尚不肯称臣,于我岂甘分?则是因此致

他北虏亦难制元昊，元昊亦自此所图愈大也。……又虑元昊若不肯称臣于朝廷，则北虏必曰："元昊本称臣于我，亦称臣于南朝，今元昊既于南朝不复称臣，渐为敌国，则是元昊与南朝等，唯我契丹独尊矣。"臣谓北虏因此益炽，必自喜名分暗定。[12]

制衡与竞争是宋辽和平关系得以维持的内在原理。"不从北鄙之请，坚纳西人之盟，得新附之小羌，违旧和之强敌"。[13]和辽人一样，宋人也不会笨到以迁就小国的利益来危害大国之间的和局。

第二节 宋人对辽夏军事威胁的评估

宋人常常以犄角之势、辅车之势、唇齿之势、交构之势、矛盾之势来比喻辽夏关系，并且以"一身二疾、不可并治"[14]来形容自己在西北边疆的战略困境：

西北相结，乱华为虞，自古闻之，于今见矣。顷者，元昊援契丹为亲，私自相通，共谋寇难；缓则指为声势，急则假其师徒，至有掎角为奇，首尾相应，彼若多作牵制，我则困于分张。[15]

一方面是辽朝的重甲在北方枕戈待旦；另一方面则是西夏的轻骑在西向袭扰不休。"若果分兵两面，亦恐两失机宜。"[16]在这种情况下宋朝内部就发生了对西北二敌的威胁孰轻孰重、经略谁先谁后的长期争论。重辽轻夏者认为"国家御戎之计在北为大"[17]。他们的理由是，首先，在政治上辽朝是西夏的宗主国。韩琦指出：

契丹宅大漠，跨辽东，据全燕数十郡之雄，东服高丽，西臣元昊，自五代迄今，垂百余年，与中原抗衡，日益昌炽。至于典章文物饮食服玩之盛，尽习汉风。故虏气愈骄，自以为昔时元魏之不若也。[18]

其次，在军事上辽朝又远比西夏强盛。富弼指出：

朝廷西有羌人之患，力足备御，不假求外援以自助。唯是北虏强盛十倍羌人，异日渝盟，悉众南下，王师力若不给，则祸可未涯。[19]

第三，在应对的效率上，"西小而轻，故为变易，北大而重，故变为迟。小者疥癣，大者痈疽也"[20]，长远看来"西边患小，北边之患大"[21]。

重夏轻辽者则认为"方今夷狄之患未有甚于西边者"[22]。他们的依据是，首先，西夏政治野心不输于辽朝。张齐贤指出：

迁贼包藏凶逆，招纳叛亡，建立州城，创置军额，有归明、归顺之号，且耕且战之基。仍闻潜设中官，全异羌夷之体，曲延儒士，渐行中国之风。睹此作为，志实非小。[23]

陈师道也有类似的看法，他说：

燕人衣服、饮食皆以中国为法，夏人不慕中国，习俗自如，不可轻也。[24]

其次，宋夏矛盾比宋辽矛盾更为尖锐。柳开指出：

西鄙今虽归明，他日未可必保，苟有翻覆，须得人制御，若以契丹必议，为患更深。何者？契丹则君臣久定，蕃、汉久分，纵萌南顾之心，亦须自有思虑。西鄙积恨为泯，贪心不悛，其下猖狂，竞谋凶恶，侵渔未必知足，姑息未能感恩，望常预备之。[25]

第三,对夏战事的物质消耗远远大于维持宋辽和约的费用。秦观指出:

盖大辽自景德结好之后,虽有余蘖金帛锦絮他物之贿,而一岁不过七十余万。西边自熙宁返境以来虽绝夏人赐予,熙河兰会转输飞挽之费一岁至四百余万。北边岁赂七十余万而兵寝士休,累世无犬吠之警,西边岁费四百余万而羌敌数入逆,执事如雁行,将吏被介胄而卧,以此言之北边之患孰与西边之患重乎?[26]

以上两种意见并非完全对立,概括而言,从国势强弱的角度衡量,宋人始终视辽朝为亡国之隐忧;然而,从国防负重的方面考虑,宋人则常以西夏为盗边之巨患。[27]事实上,西夏给予宋朝的现实威胁远远大于虚张声势的辽朝,正如宋神宗所言:

夏国自祖宗以来,为西方巨患者历八十年,朝廷倾天下之力,竭四方财用以供馈饷,尚日夜惴惴然,惟恐其盗边也。[28]

第三节　宋人北疆方略的变迁

对于北疆问题,宋人的最终目标是收复被"夷狄"占据的汉唐故土:幽蓟和灵夏。可是囿于军事实力的不济和北方形势的巨变,这个在国史上并不算宏伟的蓝图在整个宋代自始至终都没能变成政治现实。不过,在"华夷之防"和"正统"观念的哺育下,这种夷狄兼制的计划转而以一种情结的形态顽强地存在下去并且持续不断地发酵和扩张,进而构成了主导宋人外交军事政策的最基础的心理因素。[29]这也是宋人在辽、金等征服王朝时期实践高度现实主义盟约政治[30]为什么最终破产的重要原因。在意识形态和民族情感领域，他们其实是不能接受“华夏”的部分领土披发左衽的事实的。宋人北疆政策的取向，无论是辽重夏轻或夏重辽轻，也无论是先西后北或先北后西，其实都只是战术性的权宜之计，唯有北收幽蓟和西复灵夏才是战略性的国家大计。

大体而言，北宋一朝的北疆经略可以分为四个阶段：太宗时期采西、北并取政策；真宗时期用辽夏两和政策；仁宗时期行以辽制夏政策；神宗至徽宗前期持善北略西政策。

一　“北平幽朔，西取继迁”[31]

宋朝开国之初，北方巨患唯有契丹辽朝。太祖虽然以恢复汉唐失地为志向，但是为了稳定华夏内部局势，避免统一大业节外生枝，只得对辽朝在幽蓟的存在采取默认的政策。在次第解决南方割据政权之后，太祖开始思考燕云问题的出路。他提出的解决办法是首推和平赎买。《长编》记载：

> 太祖另置封桩库，尝谓近臣曰：“石晋苟利于己，割幽燕以赂契丹，使一方之民独限外境，朕甚悯之。欲俟斯库所蓄满三五十万，即遣使谋与契丹约，苟能归我土地庶民，则当尽此金帛以充其赎直，如曰不可，我当散滞财募勇士，俾图攻取耳。”[32]

不过直到太祖辞世前夕，宋军连位于宋辽中间地带的契丹附庸北汉政权都没有拿下。太祖以此深为憾事：

> （开宝九年）二月己亥，群臣再奉表请加尊号曰一统太平。上曰：“燕、晋未复，遽可谓一统太平乎？”不许。[33]

太宗继位之后，一方面挟攻灭北汉之余威挥师伐辽，企图一鼓作气收复幽蓟故土；另一方面借拓跋集团的内混强制削藩，意欲一劳永逸解决银夏割据问题。由此,宋代北方边疆形势发生了重大的变化,由之前的一处祸患转变为眼下的两头乱局:不仅东北方向的和平对峙难以为继,而且西北方向的战争根源就此形成。

在太祖时期,夏州藩镇虽然依旧"贡赋不入中朝,巡属惟其除授"[34],但是在外交上却保持了对中原皇帝的忠诚。除了履行朝贡的义务之外,拓跋氏集团甚至多次参与了宋军攻打北汉的战事。这主要得益于太祖不勤远略、笼络边镇的西部政策。[35]

太宗则无视夏州问题的特殊和复杂,在对辽作战这个错误时段推出了全盘削夺的错误政策,最终导致了以反宋为共同利益的辽夏联盟的出现。这样,宋朝的北部边疆第一次出现了"西北相结"[36]、"两下牵制"[37]的不利态势。

虽然也有人看到了辽夏联手所带来的长远危害,如瑞拱二年(989),知制诰田锡就明确指出"若将狄人御之而不去,边境备之而未宁,加以匈奴间谍于西蕃,汉家未断其右臂,即秦陇千里之外,瓜沙、玉关之西,恐非国家之有"[38]。但是这样的忧虑在太宗时期的朝议中并没有引起什么共鸣,大家仍旧习惯于片面地讨论东北方向或西北方向的问题。这是因为李继迁虽以附辽而张势,但毕竟还处于流窜亡命和游击作战的阶段,对于宋人的整体北方战局尚无牵动之力。[39]

基于对边疆异族的藐视和对本朝武力的迷信,太宗在对辽、对夏两个方向上均坚持了强硬的军事路线。然而,事与愿违,收朔漠为版图的北伐一败再败,引起契丹反击,两河频遭寇掠;复银夏为内地的西征则旷日持久,宋军剿抚无效,关右岁被侵扰。在这种情况下,宋人内部的反战论调乘时喧嚣而起[40],迫使意志逐渐消沉的宋朝最高统治者不得不重新思考其西北并取的北疆政策。

二　“屈己修好，弭兵息民”[41]

早在太宗统治的晚期，宋人的对外政策就已经出现了内敛的倾向：对辽转攻为守，对夏意图羁縻。[42]不过对于西夏的政策，宋人还是存在着很大的困惑和摇摆。每当自身战力不济时，他们便以“不斩继迁，存狡兔之三穴”[43]为由，对西夏方面不断地释出官位和地盘；一旦对辽战事略有舒缓，在欺软怕硬和恃强凌弱的心理支配下，他们就会重点攻打尚在襁褓且叛服无常的西夏。

宋真宗继位之初，继承其父太宗“守内虚外”、“清净无为”的国策，对辽维持防御形势，对夏改采绥靖政策。他遣使招谕李继迁，授为定难军节度使，尽予李氏旧有五州之地。致而西夏势力骤涨，野心更大，造成宋陕右诸州频频告警，甚至西北重镇灵州陷入孤危。[44]关于这段历史，宋人后来也有反思。现平四年(1001)张齐贤在给真宗的上书写道：

> 陛下即位之初，以银夏一管，尽付继迁。委高爵于匪人，屈王臣于穹庐，分储廪以悦其志，辇金帛以慰其心，有以见陛下爱全生灵，耻用凶器，惠此中国，以绥四方者也。朝廷于迁贼之恩，可谓厚矣。殊不知契丹虑迁贼感大国之恩，断右臂之势，防患所切，其谋甚深，署王爵以赐之，遣戎使以镇之。王爵至则旌节之命轻矣，我之命适所以资之也，戎使至则动静皆伺之之，向背之心异矣，我使往适所以坚之也。夫西平之命，亦虚名也，契丹命之何损哉。以今日言之，当时之策，岂不为失乎？[45]

在宋人眼里，对西夏的抚局之所以破灭，辽朝的强力干涉也是一个重要的因素。这一时期，辽军的南下侵扰特别活跃，西夏的反宋战争也走向高潮,双方此起彼伏、西北交侵宋境的形势已经至为明显。特别是不久以后重镇灵州的陷落,使得辽夏合作的地缘空间更为紧密,前景更为广大,宋人的国防安全受到空前的威胁。早在咸平二年(999)判永兴军何亮安就曾指出:

灵武入绝塞,有飞挽之劳,无毛发之利,然地方千里,表里山河,水深土厚,草木茂盛,真放牧耕战之地,一旦舍之以资戎狄,则戎狄之地广且饶矣。以贪狼之心,据广饶之地,以梗中国,此戎狄之患,未可量者一也。自环庆至灵武地方千里,西域北庭剖分为二,故其地隘,其势弱,而不能为中国大患。如舍灵武,则西域、北庭合而为一,则此戎狄置祸未可量者,二也;冀之北土,马之所生,自匈奴猖狂之后,无匹马南来,备征带甲之骑,取足于西域。西狄既剖分未二,其右乃西戎之东偏,为夏贼之境,其左乃西戎之西偏,秦、泾、仪、渭之西北诸戎是也。夏贼之众,未尝以匹马货易于边郡,是则中国带甲之骑,独取于西戎之西偏。如舍灵武,复使西戎合而为一,夏贼桀黠,服从诸戎,卑秦、泾、仪、渭之西,戎人复不得货马与边郡,则未知中国之战马从何而来?此舍灵武而戎狄之患未可量者三也。[46]

咸平四年,知镇戎军李继和更是明言灵州“所以不可弃者,诚恐滋大贼势,使继迁西取秦成之群蕃,北掠回鹘之健马,长驱南牧。何以枝梧?”[47]

面对北患未纾、西祸又起的局势,咸平群臣形成了与辽、夏弭兵为和的共识:

宜敕疆吏致书敌臣,使达北庭,请寻旧好。下诏宜赦继迁之罪,复兴夏台。……且使天下百姓,知陛下屈己而为人也。[48]

这些居高临下的道德说辞进入了实践环节就变成了“卑辞重币，求和于契丹，蹙国縻爵，姑息于继迁”[49]的丑陋行径，于是“二边兵皆罢不用，真宗以无事治天下”[50]。

这一局面得以实现的关键在于先和辽后和夏的政策次序。这是因为对辽媾和之后，宋人“无北顾之忧，可以专力西鄙，继迁自当革心而束手矣，是一举而两得也”[51]，而失去了宗主国辽朝的奥援，西夏与强宋的周旋能力就会也大打折扣。澶渊之盟在前，景德和约继后实际上也包含着宋人对辽夏主从关系的政治算计。

作为“姑务羁縻，以缓征战”[52]政策负面效应的一种救济，为了防范辽夏联盟尤其是西夏方面对河陇和西域地区的扩张，宋人还提出了“以蕃制夏”的牵制之谋。咸平元年(997)，柳开首发建议：

> 西鄙积恨为沴，贪心不悛，其下猖狂，竞谋凶恶，侵渔未必知足，姑息未能感恩，望常预备之。以良将守其要害，以厚赐足其贪婪，以抚慰来其情，以宽假息其念。多命人使西入甘、凉，厚结其心，为我声援，如有动静，使其掩袭，令彼有后顾之忧，乃可制其动静。[53]

咸平四年(1001)，张齐贤、吴淑相继呼吁：

> 以今日西鄙事势言之，穷讨则不足，防遏则有余，其计无他，在激励自来与继迁有仇蕃部，招诱远处大族首领，啖之以官爵，诱之以财货，推恩信以导其诚，述厉害以激其志。[54]
>
> 臣谓宜通西域，以助灵武之势，可以掩其不意，以诛黠寇；宜遣使谕秦陇以西诸戎，结其欢心，令为前驱指导，斯不难矣。夫蕃戎靡不贪慕财赂，国家诚不爱重币以珍玩啖之，爵赏荣耀以诱之，则西戎宜其为用矣。古人云：以蛮夷伐蛮夷。计之上

者也。[55]

简单来说,他们都主张以经济利益与官爵荣宠,笼络蕃戎,借助其力以制西夏,进而消弭边祸。[56]必须指出的是,这些言论都是针对1001年灵州陷落问题而提出的危机处理对策。按理来说,随着1002年灵州的陷落和1004年、1006年宋廷与辽夏相继议和,这些对策也就失去了存在的价值。可是,直到1070年王韶开边之前,大半个世纪内,"联蕃制夏"的建议始终都是宋朝最高统治者处理西北边疆问题的一项传统政策。这是为什么呢?原来宋廷西、北两和的政策,一方面固然带来了边境地区稼穑丰茂的复苏景象,另一方面却也埋下了外敌乘机发展的巨大隐患。为了遏止西夏控制河西、进取西域的趋势,在满足国内弭兵息战、与民休养的前提下,支持吐蕃、回鹘等外族就成为宋廷外交很自然的选择。不过这项政策,在态度上却是利用的成分多于合作的诚意。一切以制衡为准则,既不希望西夏为吐蕃所取代,亦不希望吐蕃为西夏所并吞。因之,宋廷以夷制夷策略的成效仅及于使继迁败死西凉,德明就抚,及唃厮啰牵制西夏,抑制了元昊的部分野心而已。[57]

三 "上兵伐谋,其次伐交"[58]

清代史家王夫之曾对宋朝澶州之盟前后的北疆政策作了如是比较和评论:

> 抑以天下之大势言之,宋从曹玮之谋而克也,则威建而可折契丹之气,亦唯昔为然,而今不可狃也。当彼之时,宋与契丹犹相角而不相下,则宋苟平西夏,契丹且避其锋。及澶州之役一兴,而宋亟荐贿矣。刘六符片言恐喝,而益币称纳矣。契丹之得志于宋,不待夏人之援;而尽宋之力以争夏,则鹬蚌之

持,契丹且坐乘其弊。即如议者之志,三大将离叛以卷土来归,一隅孤悬,契丹顺右臂而收之,一刘裕之俘姚泓,徒为赫连效驱除耳。关、陇且岌岌矣,奚能终有河西以临朔漠哉?宋于此时,急在北而不在西,明矣。岁币日增,力穷坐困,舍契丹以不虑,而外徼幸于斗绝之西陲,胜不足以立威,败则益增召侮。瘠牛偾于豚上,其如猛虎何邪?况乎利诱三将之策,尤童昏之智,祗为夏人玩弄以相倾覆也乎?[59]

他认为就国力而言,澶州之盟以前,宋辽相当,假如此时宋朝能够平定西夏,对辽朝自是一种震慑;澶渊之盟以后,辽强宋弱,即使宋朝勉强收服西夏,也会因为鹬蚌相争,致使辽朝坐收渔翁之利。在澶州之役以后,宋朝边患问题明显是"急在北而不在西",可是宋人却无视北方强敌的威胁,反而侥幸于西陲弱旅的攻取,其结果必然是"胜不足以立威,败则益增召侮"。

王夫之的见解似乎过于感情用事和理想主义。事实上,自宋真宗对辽、对夏弭兵讲和以来,北方形势的一大变化就是西夏的快速扩张和日益强大。尽管受到宋朝联蕃制夏政策和辽朝经营河西战略的干扰,但是西夏仍然以不可遏止的态势成功地屹立在了西北大地之上。不仅如此,使得宋人甚至包括辽人更为震撼的是,到了元昊主政的时期,作为一支后起的力量,西夏竟然公开谋求三分天下的政治权利。很明显,宋人当时的边疆危机应该是"急在西而不在北"。何况西夏破坏和约在前,宋人反戈一击在后,"西事在先"也是宋廷一种迫不得已的反应而已。至于对夏战争的胜败,当然会影响到宋辽对峙局面的平衡:胜则加强其在天下体系中的独尊地位,败则减轻其在地区事务中的发言份量。不过,军事上遭遇了空前失败的宋人却借助于"以夷制夷"外交的实施和辽朝对夏战败的契机有效地降低了国家利益和政治威信的损伤。在谈判桌上，宋人甚至获得了战场上未能得到的成果，即西夏取消帝号并再次称臣。

在宋人北疆危机和平落幕的过程中，积极制造和利用辽夏矛盾起到了重要的推动作用。早在宋夏战争爆发之初，就有宋人认为西夏和辽朝可能有密切的勾结，将共同向北宋谋求利益。[60]宝元二年(1038)九月，富弼已经作此猜测：

> 西北相结，乱华为虞，自古闻之，于今见矣。顷者，元昊援契丹为亲，私自相通，共谋寇难，缓则指为声势，急则假其师徒，至有掎角为奇，首尾相应。彼若多作牵制，我则困于分张。盖先已结大敌之援，方敢立中原之敌。[61]

同年闰十二月，西陲守将刘平进一步指出：

> 或朝廷贷元昊之罪，更示含容，宿兵转多，经费尤甚。恐北狄谓朝廷养兵百万，不能制一小戎，有轻中国之心。然亦须议守御之长计。或元昊潜与契丹结为援以张其势，则安能减西兵以应河北？譬如一身二疾，不可并治，必轻者为先，重者为后也。[62]

就在刘平上书的当月，来自西夏方面的“嫚书”进一步加剧了宋廷对于辽夏勾结，共谋反宋的担忧。在这封文书中，西夏宣称“元昊与契丹联亲通使，积有岁年。炎宋亦与契丹玉帛交驰，傥契丹闻中朝违信示赏，妄乱蕃族，谅为不可”[63]。其言下之意是，宋朝如果贸然入侵西夏，那么一定会有与辽朝为敌的风险。

为了防患于未然，宋廷于康定元年(1040)七月遣使辽朝，告知用兵西夏一事，最低目的在于求得辽朝的谅解和中立。

由于对夏战事不利，“以夷制夷”或“以夷攻夷”的策略受到时论的热捧。与以往不同的是，在这次“联夷外交”的种种建言之中,除了联合吐蕃、回鹘牵制西夏的旧主张,还出现了"以辽制夏"的新路线。庆历元年(1041)二月,知延州范雍率先建议"以辽制夏"的政策:

然臣以为中朝久以恩信接契丹,愿试遣一介之使,令其出师助我;复厚以金缯赂嘉勒斯赉及二子,亦令举兵,犄角而前,庶此贼可指期而灭。如得绥、宥、银、夏数州,即每岁更增赐契丹十万。纵未能必取,亦可以破其借助之谋也。[64]

庆历元年(1041)三月,张方平在"平戎十策"中提出了旨在防止辽夏联合反宋的"伐交"之策。他说:

用兵之道,其次伐交。今元昊所恃为交者,岂非北国乎?臣闻元昊与之通姻,揆其事势,必先要结,我与契丹通好,余三十年矣。自汉氏以来,南北之和而能谨守信誓如今之久者,未之有也。非唯怀我恩信,利我聘币,抑当我盛德之世,无衅可乘。今其与我之和好也在外,而其与戎和好也在内。外虽我睦,阴为戎助。此又不可不过虑也。示我之有礼,防彼之有辞,此为事机,不可失也。臣愿遣使一介,赍书一函,示之以元昊背义之由,朝廷备御之意。其书曰:夏州自德明以来,受恩于国。至于元昊,扶绥弥隆,今忽姿,亏废贡职。藩臣阻命,法当致讨。如闻元昊连彼婚姻,遂兴问罪之师,实捐与国之好。彼诚其狂易,遣喻此情,若元昊悔过改图,效诚请命,则我为之宽宥,待之如初。诚元昊不禀训辞,居然复扈,违我二国之命,自独夫之强,当明下诏书,削其爵命。申守将,荡出鲸。如此则我与契丹以元昊之故,益示敦睦之道,契丹于我,虽元昊之姻,莫问间嫌之说。虽未能破彼之交,而我之亲邻伐叛,两有辞矣。[65]

很明显的，这一策略即使达不到以夷制夷的目的，也有离间敌人，或者至少加强与契丹外交的作用。[66]不过，上述主张并没有得到及时采纳和实施。这是因为一直以来辽朝对宋夏战事采取置身事外的态度，使得宋辽之间暂时找不到讨论西夏问题的时间和空间。

庆历二年（1042）三月，宋军对夏战争败绩渐明，辽朝乘人之危，陈兵幽，遣使开封，质问宋人伐夏之故，强索关南十县故地。一时之间，宋人的北方边境线上再度出现了西北相结、辽夏交侵的严重局势。

为了避免腹背受敌，宋廷不得不与相对强大的辽朝先行妥协。同年四月和七月，富弼衔命先后两次出使辽廷。在第一次交涉中，宋人对宋夏战争问题和宋辽关南问题采取切割处理的策略。关于前者，富弼的任务仅止于消弭宋辽之间的误会；关于后者，富弼的目标是不许割地，但可以讨论增加岁币或者皇室联姻问题。辽廷后来逐渐倾向于增加岁币的方案。在第二次交涉中，富弼携带国书两封、誓书三封，有备而来。他准备了三个和解条约，供辽朝选择：

> 议昏则无金帛，若契丹能令夏国纳款，则岁增金帛二十万，否则十万。[67]

在这里约束西夏和增加金帛被划上等号，意味着“以辽制夏”的策略从空想阶段进入到实践之中。在经济实利的诱惑下，辽朝选择了牺牲西夏的政治权益。不过奇怪的是，在宋辽正式签订的“誓书”中，增币的名义只是代替关南十县的赋税。这也许是为了降低西夏方面的抵触情绪和安抚各自国内的反对呼声。

针对宋廷面临的北疆危机和宋廷增币买和、以辽制夏的外交政策，宋人内部的确也有不同的建议和意见。庆历二年五月，为破解辽夏联盟，欧阳修也提出了以“伐交”为主要手段的“御戎之策”。不过与那些“和戎为利，征戎为害”[68]的反战论调截然不同，欧氏的“伐交”重在军事进攻，即利用辽夏合围的时空差距，先行打击西夏，以达到震慑辽国，使其退缩的目的。他说：

臣又闻兵法曰：“上兵伐谋，其次伐交。”北虏与朝廷通好仅四十年，不敢妄动，今一旦发其狂谋者，其意何在？盖见中国频为元昊所败，故敢启其贪心，伺隙而动尔。今若敕励诸将，选兵秣马，疾入西界，但能痛败昊贼一阵，则吾军威大振，而虏计沮矣。此所谓上兵伐谋者也。今诇事者皆知北虏与西贼通谋，欲并二国之力，窥我河北、陕西。若使二虏并寇，则难以力支。今若我能先击败其一国，则虏势减半，不能独举。此兵法所谓伐交者也。元昊地狭，贼兵不多，向来攻我，传闻北虏常有助兵。今若虏中自有点集之谋，而元昊骤然被击，必求助于北虏。北虏分兵助昊，则可牵其南寇之力；若不助昊，则二国有隙，自相疑贰。此亦伐交之策也。假令二国克期分路来寇，我能先期大举，则元昊仓皇自救不暇，岂能与北虏相为表里？是破其素定之约，乖其克日之期。此兵法所谓亲而离之者，亦伐交之策也。元昊叛逆以来，幸而屡胜，常有轻视诸将之心，今又见朝廷北忧戎虏，方经营于河朔，必谓我师不能西出。今乘其骄怠，正是疾驱急击之时。此兵法所谓出其不意者，此取胜之上策也。前年西将有请出攻者，当时贼气力方盛，我兵未练，朝廷尚许其出师，况今元昊有可攻之势，此不可失之时。彼方幸吾忧河北，而不虞我能西征，出其不意，此可攻之势也。自四路分帅，今已半年，训练恩信，兵已可用，故近日屡奏小捷。是我师渐振，贼气渐衄，此可攻之势也。苟失此时，而使二虏先来，则吾无策矣。臣愿陛下诏执事之臣，熟议而行之。[69]

庆历二年十月，贾昌朝指出"议者欲以金缯啖契丹使攻元昊"的后果是"契丹许我有功，则责报无穷矣"。他认为真正的"以夷制夷"应该是支持吐蕃对付西夏、联合高丽牵制辽朝，而不是奢望辽夏两大强敌之间出现矛盾和斗争。他说：

今四夷荡然与中国通，在北则臣契丹，其西则臣元昊，二国合从，有掎角中国之势。借使以岁币羁縻之，臣恐不可胜算。古之备边，西有金城、上郡，北则云中、雁门。今自沧之秦，绵亘数千里，无山河之阻，独恃州县镇戍尔。岁所供赡，又不下数千万，一谷不熟，或至狼狈。契丹近岁兼用燕人治国，建官一同中夏。元昊据河南列郡而行赏罚，此中国患也。宜度西方诸国如沙州、唃厮、明珠、灭臧之族，近北如黑水女真、高丽、新罗之属，旧通中国，募人往使，诱之使归我，则势分而衅生，体解而瓦裂矣。[70]

在宋朝执政者眼里，以上这些见解或者属于孤注一掷，或者属于缓不济急，还是增加岁币、对辽妥协的方案比较可靠和现实。后来的事态发展也证明了这一决策的正确。甚至让宋人欣喜不已的是，使国家蒙受了很大经济损失的增币交涉，除了迅速扭转了辽军压境的严峻形势之外，它还意外地成为了日后辽夏走向战争的一大诱因。富弼指出：

契丹始与元昊相约，以困中国，前年契丹背约，与中国复和，元昊怒契丹坐受中国所益之币，因此有隙，屡出怨辞。契丹恐其侵，于是压元昊境筑威塞州以备之，而岱尔族累杀威塞役兵，契丹又疑元昊使来，遂举兵西伐，验之非诈。[71]

不仅如此，在辽夏关系由暗地勾结转向公开冲突的过程中，宋人挑拨离间的“伐交”策略也起到了推波助澜的作用。

增币协议签订之后，宋朝就派出使者梁适等人催促辽廷履行约束元昊的诺言。辽兴宗随即诏令西夏息兵，并夸言“指呼之间，便令元昊依旧称臣”[72]。结果，迫于辽朝的压力，西夏虽然很快就向宋廷表达了求和的意愿，但是它要求对宋不为臣属，只为父子。辽朝的承诺不能兑现，宋朝国内舆论为之哗然。韩琦、范仲淹强调“元昊受朝廷爵命，非有契丹开晋之功，此不可许者一也”；富弼指出“元昊若不肯称臣于朝廷，则北虏必曰‘元昊本称臣于我，亦称臣于南朝，今元昊既于南朝不复称臣，渐为敌国，则是元昊与南朝等，唯我契丹独尊矣。’臣谓北虏因此益炽，必自喜名分暗定”[73]。余靖认为“朝廷于西北大事，前后处置失错，……而乃屈中国之威，假契丹之援。借人之势，权在他人。此谋始之失也”[74]。他主张“挫北敌之气，折西羌之锐气，不如不和，最为得策”。这是因为：

伏自国家用兵以来，五年之间，三经大战，军覆将死，财用空虚，天下嗷嗷，困于供给。今乃因契丹入一介之使，驰其号令，遂使二国通好，君臣如初。吾数年之辱，而契丹一言解之，若契丹又遣一介有求于我，以为之谢，其将以何辞拒之？若国家又有所惜，必将兴师于我，谓之背惠，则北鄙生患，二境生敌矣。矧西戎自僭名号，未尝挫折，何肯悔祸，轻屈于人？今若因其官署初来，未有定约，但少许之物，无满其意，坚守名分，以抑其僭，虽赐以甘言，彼必不屈，则吾虽西鄙受敌，而契丹未敢动也。何以知之？昨梁适使契丹之时，国主面对行人，遣使西迈，意气自若，自言：指呼之间，便令元昊依旧称臣。今来贼昊不肯称臣，则是契丹之威不能使西羌屈伏，彼自丧气，岂能

> 来责！故臣谓今之不和。则吾虽西鄙受敌，而契丹未敢动也。若使与西戎结盟，则我之和好，权在敌国，中国之威于是尽矣！契丹责我，则二鄙受敌，其忧深矣。伏愿陛下与执政大臣密谋而深思之，无令陷敌计中。必不得已而与货财，须作料钱、公使名目，便将灵、盐、银、夏作两镇，则赐予倍与往时。而君臣名分不改矣。或欲速成和好而屈名分，则天下共耻之，虽强兵在境，有血战而已矣。若他年贼自有来求和者，权在于我，则不必拒之也。[75]

欧阳修担忧辽朝会因此“揽以为功，别有过求。……既和则论功求报。不出年岁，恐须动作，苟难曲就，必致交兵”。[76]韩琦更是质疑道：“岂不思契丹既能使元昊罢兵，则不能使元昊举兵乎？”[77]

西夏未能如旨复臣于宋，导致辽廷国际威信扫地。于是，“契丹以词责问，元昊辞不报。自称西朝，谓契丹为北边，又曰请戢所管部落，所贵不失两朝欢好。宗真既以强盛夸于中国，乃举众西伐”[78]。

对宋政策、跨境部族、贸易禁止、公主和亲等问题地相继发酵，终于引爆了辽夏大战。为了寻求支持，辽夏双方的使节都到达了宋廷。西夏方面担心两面受敌，决定向宋朝称臣；辽朝方面不愿宋人涉入，要求宋朝不得与西夏议和。面对辽朝的恫吓，围绕着是否接纳西夏臣服，宋廷内部展开了激烈而冗长的辩论。

范仲淹怀疑有关辽朝征伐西夏情资的虚实：

> 今边上探报皆称契丹大发兵马，讨伐呆儿族并夹山部落；及称亦与元昊兵马相杀。又报称元昊亦点集左厢军马。既是二国举动大兵，必有大事。以臣料之，夹山等蕃部小族，岂二

国尽举大兵攻讨，此可疑一也。又，元昊自来惟倚契丹侵凌中原，今无大故，何敢与契丹相绝而举兵相持！此可疑二也。自古圣贤议论，皆称夷狄无信，今朝廷便欲倚凭，此可疑三也。前来契丹邀中国进纳物帛，欲屈伏朝廷，元昊僭号扰边，屡擒边将，如盟信可保，和至此今日之举？又可疑四也。河东地震数年，占书亦主城陷，今二国之兵萃于彼方，此大可疑五也。又边上探得契丹遣使二道，至南山宁化军、岢岚军后面，觇步谷口道路。此又大可疑六也。设若二国不守盟信，卒然奔冲，以数十万众，乘不备而来，河东兵马不多，名将极少。众寡不敌，谁敢决战。此大可忧一也。契丹素善攻城，今探得点集床子弩并炮手，皆攻城之具，与昔时不同，况元昊界无城可攻，如却如汉界，并攻两三城，破而屠之，则其余诸城皆乘风可下，此大可忧三也。[79]

翰林学士承旨丁度、学士王尧臣、吴育、宋祁、知制诰孙抃、张方平、欧阳修、权御使中丞王拱辰、侍御使知杂事沈邈等建议观察一段时间再做决定：

中书、枢密院聚厅招臣等，宣示契丹来书并朝廷答书。臣等窃谓契丹、元昊相攻，虚实未可知。今来书大意，且言以元昊不顺朝廷之故，遂成衅兴兵；恐入讨伐之后，元昊却归朝廷，乞拒而不纳。今答书便云于元昊理难拒绝，则是不从北鄙之请，坚纳西人之盟、得新附之小羌，违旧和之强敌。如闻契丹见屯兵甲近在边陲，万一得书，违情生忿，回戈戎境，有以为名。未患有迟速，事有重轻，此朝廷不可不审度也。若阻契丹而纳元昊，则未有素备之策；若纳元昊而从契丹，又失绥怀之信。莫若以大义两存之。臣等谓宜降诏与元昊，言昨许再盟，盖因契丹有书来，言彼是甥舅之亲，朝廷久与契丹结和，不欲伤邻国之意，遂议开纳。今却知国中招诱契丹边户，亏甥舅事之大礼，违朝廷纳款之本意，当须复顺契丹，早除嫌隙，则誓书封册便可施行。仍乞御契丹回书中言已降诏与元昊，若其悔过归顺贵国，则本朝许其款附；若执迷不复，则议绝未晚。如此，则于西人无陡绝之曲，于北鄙无结怨之端，从容得中，不失大义。惟陛下裁择。[80]

只有余靖提出不同的意见，认为西夏对宋称臣在前，辽使邀宋绝夏在后，宋廷册封西夏合情合理。宋廷采纳了他的建议，回书辽朝如下：

顷者元昊不庭，俶扰西鄙。以其罪在首恶。国人何辜？但发军备边，以防寇掠。前年萧英来，得书，谓元昊称藩尚主，是甥舅之亲。本来所谓出兵则恐违邻好，纵寇则深害边人。故富弼等行，具令咨述。及得答书，谓欲告谕元昊，俾之归款。即未尝议及西讨，去春元昊虽遣人屡至，犹未尽率朝会。今夏再有奏来，名体始顺。然以未行册命，故未及修报。今耶律元衡至，闻（笔者以为，此处恐"谓"之误。）元昊诱过边民，议定亲领师徒，直临贼境。且言恐北军深入，元昊却于本朝称臣作贡，约以勿从者。盖是北朝未知元昊今夏有奏来。名体已顺，遂及此议。若以其于北朝失事大之礼，则自宜问罪；若以其于本朝稽效顺之故，则不烦出师。况今月五日延州奏，元昊已遣杨宗素赍誓文入界。若不依自初约束，则犹可沮还。如尽已遵承，则南朝何以却之？缅冀英聪，深垂体照。[81]

余靖后来使辽归来更是力排众议，主张宋廷应该尽速封册元昊，使得西夏得以专力与辽朝交战。他说：

臣窃闻契丹国书到阙，议者纷纭，以不请深入为敌中微词，不敢与元昊誓书，缓行封册之礼，以观敌变，此皆游谈之过虑也。臣昨在敌中，预闻书意。敌主亲与臣言，如行封册，不请遣使深入军前，恐契丹军马到彼，误有杀伤，即别无微意。臣又详观二敌形势，唯有速行封册，使元昊得以专力东向，与契丹争锋。二敌兵连不解，此最中国之利。设若二敌交兵，虽有胜负，契丹不能止我之和，谋已先定故也。假如契丹战胜，元昊伏罪，则我与元昊通和，契丹自以为功。又如契丹战败，则我与元昊通和在前，固非观望。加以契丹意在绚赛元昊，岂复妄怨于我？此皆理之必然者也。傥或朝廷怀犹豫之意，谋不早定，则事久变生，非我之利。窃以元昊天生凶狡，非独今日知之，且以契丹强盛，尚敢侮慢，况于中国数战屡胜，徒诱于利，乃肯和尔，岂是心服！若知我逗遛以待其变，则翻然屈伏于契丹，而专力肆忿，为患于我，未必轻于契丹也。臣之愚虑，以谓封册元昊在二敌胜负未分以前，则元昊有以为恩，契丹无以为词。今若谋虑未定，二敌交兵，万一契丹战败，而遣使坚来止我之和，元昊亦遣使坚来求和，元昊已纳誓书不可违，契丹兵败不可违，未知朝廷此时何以处置？臣愚以为及杨守素等未出边境，先降敕命，差定夏国封册使，俾其知之，以坚西贼之心，专图北敌，此则斗二敌之策也。唯早图之。[82]

这一意见得到了富弼和蔡襄等人的呼应。[83]于是宋廷于庆历四年九月，先移文夏人，告知即将封册。十二月正式册封元昊为夏国主。虽然封册之礼因为朝廷一度迟疑而耽误了若干时日，但是实际上宋朝九月的移文必已促成了夏人对抗契丹的决心。[84]

征伐西夏，辽廷以惨败而告终。此后数年之间，兴宗一直不忘复仇，与宋相安无事。不过宋人并没有消除对辽夏再度合谋侵宋

的戒心[85]。但凡外交上一有时机,宋人就不忘对辽夏关系上演见缝插针的一幕。至和元年(1054),《王拱辰别录》记载:

契丹主又云:更为西界昨报休兵事从初不禀朝命,边上衙头作过犯,遂行征讨。缘元昊地界黄河屈曲,寡人先领兵直入,已夺得唐隆镇,韩国大王押粮船绕头转来,寡人本意待与除灭,却为韩国大王有失备察,却被西人伏兵邀截船粮,是致失利。今既来谢罪,遂且许和。拱辰答云:元昊前来激闹南朝,续次不顺北朝,始初南朝亦欲穷兵讨灭,却陛下频有书来解救,遂且许和。自闻皇帝失利,南朝甚不乐。契丹主云:兄弟之国,可知不乐。拱辰又云:南朝亦知北朝公主先聘与元昊,殊不礼待,忧郁而卒。契丹主云:直是饮恨而卒,然只是皇族之女。拱辰云:虽知只是宗女,亦须名为陛下公主下嫁,岂可如此不礼!今或陛下更与通亲,毋乃太自屈也。契丹主云:更做甚与他为亲,只封册至今亦未曾与。拱辰虑其通姻好,即与中国不便,故因而讽之。拱辰又云:今来陛下且与函容,亦是好事。陛下于西羌用兵数年,其杀获胜负,亦略相当。古语谓:争城,杀人盈城;争地,杀人盈野。岂是帝王仁德好事。契丹主云:极是也。[86]

四 "经略银夏,复取燕云"[87]

自真宗、仁宗两朝以来,宋人积弱的局面日益严重:

岁输五十万于契丹,而俯首自名曰纳;以友邦之礼礼元昊父子,而岁赠帛以乞苟安。[88]

熙宁变法的一个主要动机就是"兼制夷狄,安强中国"[89],从而彻底改变宋朝在对外关系中的屈辱地位。可是"经略四夷,即须先讨论所施先后”[90]。基于先易后难的原则，宋人制订了“经略银夏，复取燕云”的长远规划。这一政策的谋主是王安石。他在熙宁五年(1082)的两段言论可以看作是这个政策的纲领。第一段是：

> 臣窃观方今四夷，南方事不足计议，惟西方则宜悉意经略，方其国弱主幼，又无纪律，时不可失。经略西方则当善遇北方，勿使其有疑心，缘四夷中强大未易兼制者，惟北方而已。[91]

第二段是：

> 今所以招纳生羌者，正欲临夏国，使首尾顾惮，然后折服耳。[92]

第二段言论，实际上是根据治平四年(1067)王韶提出的图夏之策而来：

> 西夏可取。欲取西夏，当先复河湟，则夏人有腹背受敌之忧。[93]

这两段政见合起来就是神宗时期、乃至后来的哲宗、徽宗两朝解决北疆问题的基本方针：

> 为了最终制服契丹，先须制服西夏，断契丹之右臂。而为了比较容易地制服西夏，又必须先把居处在西夏南边的一些吐蕃族的独立部落制服，亦即所谓断西夏右臂。[94]

之所以不敢先行图辽，主要原因有三条：一是辽军最为强大，宋人忌惮甚深。“累世以来，夷狄人众地大，未有如今日契丹。陛下若不广务规模，则包制契丹不得”[95]。二是澶渊之盟可恃，宋人师出无名。“国家与虏和好六七十年，虽时有邀求，或小侵嫚，然未尝炖毁信誓，深入大扰，边民白首不见兵革。”[96]三是西夏掣肘于后，宋人踌躇不前。“今北敌亦须疑朝廷既平西夏即移兵北伐，必有借助西夏之谋，不可不虑及此也。更或二敌相应，两下起事，即国用人力如何枝梧？”[97]

之所以骤然加兵西夏，则是迫于当时形势。宋将种鄂指出：

臣前奏乘其君长未定、国人离乱之际，顺兴王师招讨。且兵尚神速，机不可后，况此西人叛乱，邻国孰不动心？契丹自数年来，岁尝三四，以拜礼佛塔为名，欲假道兴州，而意在吞并其国。西人平时已常患之，况今国内有乱，若闻中国弃而不顾，或备而迟留，万一契丹乘此举兵吞并，易若反掌矣。若西夏果为契丹所并，则异日必为大患于中国。故今此事系朝廷为与不为，决与不决耳。所谓楚得之则楚胜，汉得之则汉胜。今西夏疆场若归中国，则契丹孤绝，彼势既孤，则徐为我图矣。[98]

之所以采取弱其藩篱的“断匈奴右臂”政策，则是因为太宗以来对辽、对夏的武力征讨政策和真宗以来的“以夷制夷”政策成效有限，到了不得不改弦更张的时候了。神宗继位是宋朝西北政策的一个转折点：宋对河湟吐蕃的政策由笼络转为掠取；宋对西夏的政策由防御转为进攻。

对于神宗的开边政策，宋人内部也有疑虑和反对的声音。司马光、文彦博等人认为加兵吐蕃诸部，耗费财用，失于道义。司马光说：

或者又云，国家未讨秉常，先欲试兵，诛一小族。若果如此，尤为不可。何则？今者竭关中之财力，大兴师众，乃舍有罪之强寇，诛无辜之小种，胜之不武，不胜为笑，将无以复号令戎狄矣。[99]

文彦博说：

自古用兵非得已，今若能服契丹、夏国乃善，至于木征不足较计。[100]

韩琦、富弼等人认为改革军政、加强军备，会引起辽朝的猜疑和反制。韩琦说：

臣观近年以来朝廷举事，则似不以大敌为恤。敌人素以久强之势，于我未尝少下，一旦见形生疑，必谓我有图复燕南之意，虽闻彼主孱而佞佛，岂无强梁宗属与夫谋臣策士引先发制人之说，造此衅端？故屡遣横使，以争理地界为名，观我应之之实如何耳。所以致彼之疑者，臣试陈其大略：

高丽臣属契丹，于朝廷久绝朝贡，向自浙路遣人招谕而来。且高丽小邦，岂能当契丹之盛？来与不来，国家无所损益，而契丹知之，谓朝廷将以图我，此契丹之疑也。

秦州古渭之西，吐蕃部族散居山野，不相君长，耕牧自足，未尝为边鄙之患。向闻强取其地建熙河一路，杀其老小以数万计，所费不赀。而河州或云地属董毡，即契丹壻也，既恐辟地未已，岂不往诉？而契丹闻之，当谓行将及我，此又契丹之疑也。

北边地近西山，势渐高仰，不可为塘泊之处，向闻差官领兵徧植榆柳，冀其成长，以制敌骑。然兴于界首，无不知者，昔庆历慢书所谓“创立堤防，鄣塞要路”，无以异矣。然此岂足恃以为固哉，但使契丹之疑也。

河朔义勇、民兵，置之岁久，耳目已熟，将校甚整，教习亦精，而忽然团保甲，一道纷然。义勇旧人，十去其七，或拨入保甲，或放而归农，得增数之虚名，破可用之成法，此又徒使契丹之疑也。

自彼来辨理地界，河朔缘边与近里州郡，一例差官检讨，修筑城垒、开淘壕堑，赵、冀、北京展贴之功役者尤众，敌楼、战棚之类，悉加完葺增置，防城之具，率令备足，逐处兵甲器械，累次差官检视，排朵张盘，前后非一。又诸处创都作院，颁降新样，广谋造作，澶州等处创为战车。此皆众目所睹，谍者易窥，且敌人未有动作，彼无秋毫之损，而我已费财殚力，先自困弊，此又徒使契丹之疑也。

近复置立河北三十七将，各专军政，州县不得关预。雄州地控极边，亦设将屯，其随军衣物，有令兵士已办者，有令本营增置者，有令官造给付者，以至预籍上户车马驴骡，准备随行，明作出征次第，不可盖掩，此又深使契丹之疑也。[101]

富弼说：

臣五六年来，窃闻绥州、啰兀城、熙河、辰、锦、戎、泸、交趾咸议用兵，惟交趾中寝，其余诸路皆有攻讨，或克获，或丧失，即传播天下。而绥州、啰兀城、熙河始初兴举，便传闻云朝廷后必复灵夏，平贺兰，既又大传有人上平燕之策，此说尤盛。北人必寻已探知相继。彼复闻朝廷修完器甲，简练卒伍，增筑城垒，积聚刍粮，加之招致高丽为牵制之援，近又分置河北三十七将，按阅愈急，喧布渐久，事机参合，此敌人所以先期造衅，以有代北侵境之端，而不肯已也。其平贺兰、平燕之策，虚实固不可知，然传者既多且久，万口一词，谁复辨白？设有辨者，远夷何以取信？今衅端已成，代北各屯兵马境上，争议逾年未决，横使再至，事归朝廷。此边臣之职，而朝廷自当之，则恐理难欵缓，便要可否，违之则兵立起而患速，顺之则河东斥堠窄狭，为患虽迟而久远，大为不便也。[102]

这些议论的基本价值观就是反战思想：道义上反对以大宋欺小羌；心理上害怕以弱宋搏强辽。“熙丰时期主张制服辽夏的是主持变法的当权派，反战论的持有者大都是反变法派，他们是以反对派的身份反对当权派的观点，因而与变法的进程交织在一起。”[103]

注　释

1　陶晋生：《辽夏关系史研究》，台湾联经出版事业公司，1986年，第119—120页。

2　李华瑞：《宋夏关系史》，河北人民出版社，1998年，第359—360页。

3　宋人常常把辽朝称为“北狄”、“胡”、“匈奴”，把西夏称为“西戎”、“西羌”。

4　《续资治通鉴长编》卷159，庆历六年八月癸亥条。

5　《续资治通鉴长编》卷150，庆历四年六月戊午条。

6　《续资治通鉴长编》卷328，元丰五年秋七月乙未条。

7　虞云国：《试论10—13世纪中国境内诸政权的互动》，载《10—13世纪中国文化的碰撞与融合》，上海人民出版社，2006年，第2页。

8　《范文正公集》卷9《答赵元昊书》，参见《续资治通鉴长编》卷130庆历元年正月戊寅条。

9　范仲淹：《上仁宗论元昊不可许者三大可防者三》，载《宋朝诸臣奏议》卷133。

10　《东都事略》卷118《张愈传》，《宋史资料萃编》第一辑，台北文海出版社，1979年。

11　《续资治通鉴长编》卷142，庆历三年七月甲午条。

12　富弼：《上仁宗不可待西使太过》，载《宋朝诸臣奏议》卷134。

13　《续资治通鉴长编》卷151，庆历四年七月乙未。

14　《续资治通鉴长编》卷125，宝元二年闰十二月壬子。

15　《续资治通鉴长编》卷124，宝元二年九月丁巳。

16　《续资治通鉴长编》卷49，咸平四年冬十月丁未。

17　范仲淹：《上仁宗论和守攻备四策》，载《宋朝诸臣奏议》卷134。

18　《续资治通鉴长编》卷142，庆历三年七月甲午条。

19　富弼：《上仁宗河北守御十三策》，载《宋代诸臣奏议》卷135。

20 张耒:《柯山集》卷40《送李端叔赴定州序》,台北商务印书馆,1969年。

21 苏轼:《东坡全集》卷48《策断中》,台北世界书局,1969年。

22 秦观:《淮海集》卷18《边防上》,上海古籍出版社,2000年。

23 《续资治通鉴长编》卷50,咸平四年十二月丁卯条。

24 陈师道:《后山谈业》卷4,中华书局,2005年。

25 《宋史》卷440《柳开传》。

26 秦观:《淮海集》卷18《边防上》,上海古籍出版社,2000年。

27 参看李华瑞《宋夏关系史》,第352—354页。

28 《续资治通鉴长编》卷349,元丰七年十月癸巳条。

29 参看程兆奇《略论宋代的"恢复"情结》,《史林》,2001年第3期。

30 《剑桥中国辽西夏金元史》,第21页。

31 《宋史》卷431《孙奭传》。

32 《续资治通鉴长编》卷19,太平兴国三年十月辛亥条。

33 《续资治通鉴长编》卷17,开宝九年二月己亥条。

34 《西夏书事》卷2。

35 参看《宋夏关系史》,第14—18页。

36 《续资治通鉴长编》卷124,宝元二年九月条。

37 《续资治通鉴长编》卷150,庆历四年六月戊午条。

38 田锡:《上太宗答诏论事》,载《宋朝诸臣奏议》卷129。

39 《宋夏关系史》,第370页。

40 关于太宗、真宗时期的反战论,参看《宋夏关系史》,第26—33页。

41 《宋史》卷265《李昉传》。

42 参看《宋夏关系史》,第26—29页。

43 《续资治通鉴长编》卷36,淳化五年十一月庚戌条。

44 廖隆盛:《国策、贸易、战争——北宋与辽夏关系史研究》,万卷楼图书股份有限公司,2002年,第57页。

45 《续资治通鉴长编》卷49,咸平四年冬十月丁未条。

46 《续资治通鉴长编》卷44,咸平二年六月丁巳条。

47 《宋史》卷257《李继和传》。

48 《续资治通鉴长编》卷42,至道三年甲寅。

49 《宋史》卷431《孙奭传》。

50 《宋史》卷282《王旦传》。

51 《宋史》卷306《朱台符传》。

52 《续资治通鉴长编》卷63,景德三年五月庚申条。

53 《宋史》卷440《柳开传》。

54 《续资治通鉴长编》卷49,咸平四年冬十月丁未条。

55 《续资治通鉴长编》卷50,咸平四年十一月己卯条。

56 廖隆盛:《国策、贸易、战争——北宋与辽夏关系史研究》,万卷楼图书股份有限公司,2002年,第58页。

57 廖隆盛:《国策、贸易、战争——北宋与辽夏关系史研究》,万卷楼图书股份有限公司,2002年,第93页。

58 《欧阳文忠公全集》卷46。语本出《孙子谋政篇》。

59 王夫之:《宋论》卷4《仁宗》,中华书局,2003年,第106页。

60 陶晋生:《宋辽关系史研究》,台湾联经出版事业公司,1986年,第69—70页。

61 富弼:《上仁宗论西夏八事》,载《宋朝诸臣奏议》卷131。

62 刘平:《上仁宗乞选用酋豪各守州郡》,载《宋朝诸臣奏议》卷131。

63 《续资治通鉴长编》卷125,宝元二年闰十二月壬子条。

64 《续资治通鉴长编》卷126,庆历元年二月己酉条。

65 张方平:《乐全集》卷19,台北商务印书馆,1986年,影印文渊阁四库全书本,第13页下。

66 《宋辽关系史研究》,台湾联经出版事业公司,1986年,第72页。

67 《续资治通鉴长编》卷137,庆历二年七月壬午条。

68 张方平:《上仁宗乞因郊祀肆赦招怀西贼》,载《宋朝诸臣奏议》卷133。

69 《续资治通鉴长编》卷136,庆历二年五月甲寅条。

70 《续资治通鉴长编》卷136,庆历二年十月戊辰条。

71 《续资治通鉴长编》卷151,庆历四年八月甲午条。

72 《续资治通鉴长编》卷139,庆历三年二月乙卯条。

73 富弼:《上仁宗论不可待西使太过》,载《宋朝诸臣奏议》卷134。

74 《续资治通鉴长编》卷151,庆历四年八月戊戌条。

75 《续资治通鉴长编》卷139,庆历三年二月乙卯条。

76 《续资治通鉴长编》卷141,庆历三年五月乙未条。

77 《续资治通鉴长编》卷142,庆历三年八月甲午条。

78 田况:《儒林公议》卷下,中华书局,1985年。

79 《续资治通鉴长编》卷150,庆历四年六月壬子条。

80 丁度等:《上仁宗论契丹请绝元昊进贡事》,载《宋朝诸臣奏议》卷135。

81 《宋大诏令集》卷228《回契丹书》。标点系笔者所加。

82 余靖:《上仁宗论契丹请绝元昊进贡事》,载《宋朝诸臣奏议》卷135。

83 陶晋生:《余靖与辽夏外交》,(台北)《食货月刊》,1972年第1期。

84 陶晋生:《宋辽关系史研究》,台湾联经出版事业公司,1986年,第85页。

85 陶晋生:《宋辽关系史研究》,台湾联经出版事业公司,1986年,第89页。

86 《续资治通鉴长编》卷177,至和元年九月辛巳条。

87 《挥麈录·后录》卷1引《裕陵遗事》,中华书局,1961年,第54页。

88 王夫之:《宋论》卷6。中华书局,2003年,第118页。

89 《续资治通鉴长编》卷238,熙宁五年九月丙午条。

90 《续资治通鉴长编》卷237,熙宁五年八月丁酉条。

91 《续资治通鉴长编》卷236,熙宁五年闰七月条。

92 《续资治通鉴长编》卷230,熙宁五年二月癸亥条。

93 《宋史》卷328《王韶传》。

94 邓广铭:《王安石》,人民出版社,1979年版,第83页。

95 《续资治通鉴长编》卷236,熙宁五年闰七月戊申条。

96 孙觉:《上神宗论治边之略》,载《宋朝诸臣奏议》卷137。

97 《续资治通鉴长编》卷218,熙宁三年十二月壬午条。

98 《续资治通鉴长编》卷312,元丰四年五月丙子条。

99 《续资治通鉴长编》卷218,熙宁三年十二月癸未条。

100 《续资治通鉴长编》卷230,熙宁五年二月癸亥条。

101 《续资治通鉴长编》卷262,熙宁八年三月乙丑条。

102 《续资治通鉴长编》卷262,熙宁八年三月乙丑条。

103 李华瑞:《宋夏关系史》,河北人民出版社,1998年,第83页。

结　论

第一节　辽夏关系的性质

笔者在《绪论》中曾经指出，学术界已有的对辽夏关系的定性，主要建立在近代样式的国家以及近代民族国家国际体系观念之上，与中国古代王朝关于国家的概念和处理与外部世界关系的原则即“天下中国观”还是有着相当距离的。

“天下中国观”认为：中国不但是天下的重心所在，而且也是天下唯一的帝国[1]；中国的“天子”凌驾于全世界其他统治者之上，并向其中一些国家“颁正朔，易服色”，因而具有无与伦比的地位，而这些国家的君主则以向中国天子进贡并且行叩头之礼作为臣服的标志。[2] 根据这样的观念，在古代中国，政权与政权之间的关系始终被笼罩在一个统一的王朝国家体系之内。尽管在实际的操作层面上，分裂时期的政权与政权之间甚至还发展出一套各方都可以接受的处理国际关系的准则，但是在观念上，这种分裂被顽固地看作只是统一国家衰败时的不正常局面和下一次统一的孕育期。“天下中国观”既然排除了均衡多政权体系观念的生长，历史上分裂时期政权对政权的征服和统治关系,也就从政权与政权之间的关系被转换为实现“中国”内部统一的征服和统治关系。[3]

在中国历史上,当几个平等的政权对峙时,它们几乎都声称各自的政权代表中国,从而为其政权的存在和扩展寻找合理的依据。一般说来,当汉族建立的政权与少数民族建立的政权同时存在时,中原的“华夏”政权被视为当然的“正统王朝”,而周边的“夷狄”政权亦安于非正统地位。

唐代中国,汉族建立的唐朝被普遍承认为中国,其统治者被称为“天可汗”,从而在天下政治体系中占据着最高的地位。即便是在唐朝已经丧失物质力量去支配其邻国,甚至蜕变为一个军人帝国而挣扎求存之际,它与其他政权和部落之间的帝国式关系却似乎维持不变。[4] 但是,进入宋代,随着辽朝的崛起和它对天下政治事务主导权的追逐,以中原汉族政权为中国的传统观念受到了强烈的质疑和挑战。经过大半个世纪的争夺,以汉族为主的中原一带,逐渐失去中国历史的中心地位,一种华夷两分天下的形势得到确立:通过澶渊之盟,宋辽在奠定了双方和平共处的基础的同时,还决定同时地、平等地共享前代王朝唐在国际事务中的政治威权。也就是说,唐朝的天下中国体系作为一种模板依旧在宋辽两个各自独立的帝国式系统内完整地运转着,从前东亚世界上只有一个天子,而现在却变换为“两个天子”[5]。在这种天下关系领域两大霸权并存的时代,“西方诸国与东亚的关系也就自然不能和一个帝国统一管辖之下的时候等同看待,这是不言而喻的。”[6]

就辽夏关系而言,辽、夏虽然都是非汉族政权,但是在双方关系中却浸润着“天下中国观”。契丹族在建立辽朝以后,随着中原文化影响的加深和辽朝国力的增强,他们对自身政治身份的认识发生了很大变化。辽朝初期,他们自认为是蕃,是夷狄;中期时,不再承认是夷狄,想求得与宋朝对等的地位,并开始出现辽为中国的思想;到后期时,辽自视为唯一的“中国”,是承天意,得民心的正统皇朝,且把其他民族建立的政权视为夷狄,[7] 这其中也包括西夏[8]。出土的辽朝《圣宗皇帝哀册》中,曾经对辽人自己的国际政治秩序观念作了生动的描述:

> 开拓疆埸,廓静寰瀛。东振兵威,辰卞以之纳款;西被声教,瓜沙由是贡珍。夏国之羌浑述职,遐荒之乌舍来宾。[9]

从中可以看出,辽朝为中国的意味十分明显,西夏是以辽朝为中心的天下体系内重要的一员。辽夏关系的本质是作为“天下中国”的辽王朝及其附庸国之间的关系。

这种宗藩关系,就其内部来说不可能具有平等的性质,因为辽朝作为唐朝威权的继承者之一,必然地要把西夏纳入自己的天下秩序之中,使其服从辽朝总体的对外关系设计;就其外部来说,西夏的政治地位还必须取决于天下关系的主轴即宋辽关系的变化程度,只要南北势力相当的形势一天不改变,西夏的政治地位就不会有显著的变化。事实证明西夏屡次挑战两极化的天下关系格局的努力都归于失败,其最主要的原因就是宋辽两大政权均不愿意看到第三方势力强大到足以破坏相互之间权力均衡(balaceofpower)的局面。如果把西夏的外交政策放在这个视野下观察,它则具有区域性和短期性的特点,用《金史》的话来讲“(西夏)立国二百余年,抗衡辽、金、宋三国,偭乡无常,视三国之势强弱以为异同焉”[10],可以称之为北族王朝的实用主义外交。

另外,这一时期南北两大势力对立的重心,与前代相比,已向东移动;同时各自的势力范围也已向东退缩。在这两大势力难以抵达的边缘地带,西夏立国达二百年之久,呈现了三国鼎立的形势。西夏据以立足的地域正当西域与中原的交通要冲。由于西夏占据着这一地利而介入南北争执中,因而在这一时期的天下关系中有许多问题不能仅仅用两个政权间的利害关系来解释。这一情况对东方政局的影响是不容忽视的。[11]换句话说,由于西夏占据着辽宋两大政权与西方诸政权交通的必经之路,所以西夏与他们的关系问题并不仅仅局限于双边之间,而是一个牵涉着各方特别是河西地域政治势力的复杂问题,它必然会对整个天下关系尤其是西北地区的政治形势产生重大影响。

第二节　辽夏关系的分期

辽夏自统和四年正式建交,到保大三年绝交,双方的政治关系维持了近140年(986—1125)之久。目前,学术界对这段历史主流的分期是三分法。这一分期基本上从西夏对辽的措制出发,把辽夏关系分为结盟时期(李继迁、李德明时期),破盟时期(李元昊、李谅祚时期)和复盟时期(李秉常、李乾顺时期)三个阶段。就目前的史料条件来说,从西夏的角度去展开辽夏关系的历史过程,这种研究思路可以说已经曲尽其幽。[12]假使后学无法摆脱这种解释框架,新近开展的研究就很难避免成为已有观点的注脚,因此能否转换视角就成为这个领域的研究得以继续深入的关键。

林荣贵、罗贤佑等人在研究宋辽关系的时候,曾经就宋辽夏三角关系的分期发表过意见。他们认为,以宋—辽"轴心"关系为背景,辽朝的对外战略可以分为两个阶段,即以澶渊之盟为界,之前为联夏制宋阶段,之后为善宋制夏阶段。[13]这样的考虑确实抓住了宋代中国民族关系运动的要害:即一族(国)与另一族(国)之关系,不仅仅为两族单纯之关系,而且还是与他们利益相关的多数外族间的连环性关系。[14]就辽夏关系而言,宋金双方是影响其走向的主要外部力量,尤其是宋,在绝大部分时间内,它都是辽夏关系的主要干预者。从这个角度出发,我们在林、罗研究的基础上,根据辽朝对外战略重心的变动情况,把辽夏关系,准确地说是宋人制约下的辽夏关系分为四个阶段:第一个阶段为扶夏制宋时期;第二个阶段为束夏善宋时期;第三个阶段为助夏和宋时期;第四个阶段为联夏抗金时期。考虑到第四阶段即联夏抗金时期过于短暂可以忽略不计的话,事实上,我们对辽夏关系的分期也可当作三分法来看待。

这样的分期,虽然,在形式上和前述三分法有些相像,但是,在内容上却有着较大的差异。为了便于比较异同,我们以前述三分法分期为甲说,以此种三分法分期为乙说,制表如下:

甲方三分法	乙方三分法
结盟时期(986—1032)	扶夏制宋时期(986—1005)
破盟时期(1033—1067)	束夏善宋时期(1005—1067)
复盟时期(1068—1125)	助夏和宋时期(1068—1125)

首先,两种分期法对第二阶段的时间起点划分存在着明显的差异。

甲说以 1032 年前后为界;乙说以 1005 年前后为界。1032 年,是西夏历史上第一位以皇帝自称的君主李元昊上台执政的年份。在他统治西夏的后半段时期内,辽夏关系的确出现了急剧恶化,甚至于兵戎相加的现象。以对辽关系持强硬态度的西夏君主登基的年份作为辽夏关系变化的标志,这大概是甲方划分第二阶段所考虑的主要原因。

1005年,是辽宋缔结旨在结束战争状态、确立和平机制的澶渊之盟的年份。澶渊之盟的作用和影响不仅仅局限于辽宋关系领域,而且扩展到了宋夏关系和辽夏关系领域。首先,西夏为避免单独与宋为敌,不得不循澶渊之盟模式与宋朝议和;接着,辽夏同时向河西地域开拓,从而形成相互竞争的局面。这一系列时局变化都是对由辽宋两大政权确定的中国政治权力新格局的连锁性反应。辽夏关系由先前的结盟走向竞争,其主要的导因就在于澶渊之盟以后辽夏双方共同应对宋朝挑战这个政治基础的丧失。这是我们确立辽夏关系第二阶段分期的依据。

其次,两种分期法对辽朝在各个时期的对外战略有着不同的理解。

关于第一阶段。甲说认为,辽朝的对外战略主要是联夏制宋;乙方的观点与此类似,但是指出此期辽朝对西夏的政策特征与其说是联合,不如说是扶持。这是因为辽夏初期的建交,其实是辽朝招纳宋朝境内党项的结果。以当时西夏之残破部族和狭小地盘,岂能成为北方霸主辽朝平等结盟的对象?所以,辽夏之间正式的外交一开场就带有主从的性质。

关于第二阶段。甲说较多地注意了导致辽夏关系恶化的内部原因,而对于影响这个关系的外部因素关注不多;乙说认为,辽朝此期的对外战略主要是束夏和宋。澶渊之盟的意义不仅仅在于树立辽宋之间的和平,而且还在于维护辽宋在多政权体系中的大国地位和主导权力。通俗地讲,就是辽宋君主相互承认各自的皇帝身份及其势力范围。从前,唐代天下只有一个天子和一个帝国;现在,宋代天下却变成两个天子和两个帝国。在天下的范围内,辽宋地位大致平等;在各自的势力范围,辽宋又是最高的政治威权。在澶渊之盟所确定的南北和平共处的两极化政治框架内,辽宋关系既有联合的一面,也有斗争的一面,其中联合的一面是基本的一面。联合的一面是指,辽宋作为澶渊之盟的既得利益者,双方在维护这一体制方面拥有共同的战略利益,特别是辽朝,由于这一体制所带来的丰厚经济回报(岁币),使其维持与宋和平相处这一现状的积极性远比宋朝要高。在天下范围内,其他政权谋求皇帝身份和大国地位的行为,通常都会被宋辽视为对澶渊之盟体制的挑战而遭遇到两方共同的抵制和反对。斗争的一面是指,辽宋都没有放弃过进取对方,最终成为天下唯一帝国的企图。在实力大体均衡的情况下,争取其他政权的支持对辽宋两方竞争天下都有着十分重要的意义。作为辽宋两方的共同属国和中间地带,西夏的历史生动地体现了上述辽宋双方既联合又斗争的关系。在辽朝眼里,从1004年到1067年,西夏主要是以挑战者的姿态存在的。从开拓河西走廊到争夺沿边部族,西夏处处表现出对辽朝西北霸主地位的觊觎之心。不仅如此,在一段时间内,西夏甚至试图获得与辽宋三分天下的权力。公元1038年,西夏元昊宣布称帝,不仅要求宋朝方面"许以西郊之地,册为南面之君",而且对辽朝方面也"自称西朝。谓契丹为北边"[15],这充分暴露了其谋求与宋辽平起平坐,打破天下两极格局的野心。面对西夏的迅速崛起,辽朝一边动用武力予以打击,一边采取外交措施加以限制。联合宋朝约束西夏,维持澶渊之盟以来辽宋主导的天下政治现状,正是这一时期辽朝对夏政策的主要诉求。在庆历年间的宋辽交涉时,辽宋之间就处理西夏问题甚至达成了双方原则上采取一致政策的默契。当西夏向宋请和时,为防止宋朝给西夏过高的政治待遇,辽朝发给宋朝的国书中明确要求"若元昊请罪,其册封礼待,亦宜一如北朝"[16]。当辽夏爆发战争时,为了获得宋朝的谅解与支持,辽朝更是指出宋朝也应负有遏制西夏的义务:

> 元昊纵其凶党。扰我亲邻。属友爱之攸深。在荡平之亦可。藩服乱常,式贡修之不谨。亲邻协力。务平定以斯宜。[17]

这是辽朝在西夏问题上,与宋朝合作的一面;而斗争的一面则在第三阶段有更加充分的体现。

关于第三阶段。甲说认为,辽朝的对外战略是援夏抗宋(后期为联夏抗金);乙说的观点是助夏和宋。这一时期,西夏在宋朝的经济封锁和战争打击下日益衰微,整个西北开始出现被宋朝席卷的趋势。西夏的得失关系着辽宋均衡格局的维系。"所谓楚得之则楚胜,汉得之则汉胜。今西夏疆场若归中国,则契丹孤绝,彼势既孤,则徐为我图矣。"[18]如果宋朝真的灭亡了西夏,那么它下一个目标很可能就会指向被辽朝占领的传统汉地燕云地区。因此,出于唇亡齿寒的考虑,辽朝采取了调解辽夏矛盾,促使双方议和。在辽朝的压力下,宋朝几次对夏战争的胜果最终都几乎化为乌有。

比较乙说对辽朝对外战略第二阶段、第三阶段时代特征的概括,就会发现辽朝这两个阶段的对外战略不仅有变的地方,也有不变的地方。变动的地方主要是对夏政策,不变的地方是对宋政策。辽朝对宋夏的政策为什么会有如此大的反差呢? 简单地说,是因为在辽人的世界政治秩序中,与宋保持长期友好的关系是最重要的,因为这可以给辽朝带来极大的经济利益。而西夏弹丸小国,国力贫乏,充其量只能成为辽朝对宋实施要挟的一个筹码而已。正如辽人自己所承认的"不敢以小国害大国和好"[19]。在辽朝的对外战略中,它真正关心的是怎样与宋维持和好关系,享受澶渊之盟带来的和平红利——宋朝一年一度的"岁币",而不是西夏的生死安危。

注　释

1　姚大力:《中国历史上的民族关系与国家认同》,载《中国学术》,2002年第4期。

2　何新华:《"天下观"——一种建构世界秩序的区域性经验》,载《二十一世纪》网络版,2004年11月号。何文还分析了天下观的三个基本内涵:其一,"天下观"体现出了"天下一家"、"王者无外"的一元观念,使"天下观"指导下建立的世界秩序从总体来说具有内敛、"德化"和"非战"特征;其二,"天下观"体现出了严格的等级和尊卑秩序的思想,它建构出的世界秩序是一元性等级体制;其三,"天下观"建构下的世界秩序中,中心与周边之间,具有共容和互利的特征。

3　详见姚大力:《中国历史上的民族关系与国家认同》,载《中国学术》,2002年第4期。

4　王庚武:《小帝国的辞令:宋代与其邻国的早期关系》,载王庚武、姚楠(编译):《历史的功能》,中华书局(香港),1990年,第140页。堀敏一更进一步指出:这一时期,中国王朝的官位、官职,不但在各政权内部具有权威,而且还规制着政权与政权之间的关系。……在前近代的东亚,各国之间也存在着公认的国际秩序,那就是中国王朝所确定的各国间的身份秩序,并为各国所接受。……即使是游牧民族中间,也同样存在着依靠中国王朝来维持君主权利、维护国际秩序的考虑。我们来回顾始于汉代的和番公主的作用,开始是中国方面想以此怀柔外族,到了唐代却成为诸番君主为加强其于国内外的权威而提出的要求。唐朝初期,由于突厥势力的衰败,北方、西方等诸蕃君主要求称唐朝皇帝为"天可汗"。在粟特人的国家里,也被称作"普天下贤圣皇帝"。由于纳入中国的天下之中,所以诸蕃君主的继承人的册立要靠唐王朝来保证,而且还将抑制各国间的纷争和维护和平的希望都寄托于唐王朝。对于粟特人来说,以中国为中心,意味着能够安全顺当地同各国进行交往与贸易。如同"罗马的和平",古代的和平靠强国来维持。……在上述政治、文化的需要之外,还有着通过朝贡来同中国做交易以获取其物质的欲望,特别是游牧民族,这种需求所占的比重更大,当然,农业国家也不例外。朝贡本身就是交易的一种形态,因为它可以获得中国王朝的回赐。隋唐时代,以中国为中心,周围像卫星般环列着向往小国的各民族的君主国家,纷纷向中国朝贡。这是统一东亚的世界帝国,是具有东亚特殊形态的世界帝国,不同于主要依靠征服而建立的罗马世界帝国。参看〔日〕堀敏一(著),韩昇、刘建英(译):《隋唐帝国与东亚·绪论:古代东亚世界的基本结构》,云南人民出版社,2002 年,第 5—7 页。

5 陶晋生以“两个天子”来概括宋代中国多政权政治体系的主要特征。参见《两个天子:宋辽关系研究》(塔克森,1988 年)。

6 藤之晃:《李继迁的兴起与东西交通》,载《日本学者研究中国史论著选译》第九卷,中华书局,1993 年,第 443—445 页。

7 辽人不仅在本国语言契丹文中多自称辽朝为“大中央之国”而且至少在辽朝中期(世宗)就形成了以自己为中国正统的观念。参见孟托古力:《辽人“汉契一体”的中华观念》第六节《以中国正统自居》,载《辽金史论集》第五辑,第 145—147 页;郭康松:《辽朝夷夏观的演变》,载《中国史研究》,2001 年第 2 期。

8 辽人曾称西夏为“土番”。《韩德威墓志》关于西夏李继迁叛宋附辽一事的表述为:“于是,西河之部落咸宁,其家族称臣而内附。土番之酋长请结其婚姻,事大以来庭也。”参见盖之庸:《内蒙古石刻文研究》,内蒙古大学出版社,2002 年,第 91 页。

9 《全辽文》卷 6,中华书局,1982 年。

10 《金史》卷 72《夏国传》。

11 藤之晃:《李继迁的兴起与东西交通》,载《日本学者研究中国史论著选译》第九卷,中华书局,1993 年,第 443—445 页。

12 参看《绪论》之《研究概况》。

13 林荣贵,罗贤佑:《辽圣宗实行善宋政策及其历史作用》,《民族史论丛》第一辑,中华书局,1987 年。

14 陈寅恪:《唐代政治史述论稿》,三联书店,2001 年,第 321 页。

15 《儒林公议》卷下,第 3 页。

16 《续资治通鉴长编》卷 142,庆历三年七月癸己条。

17 《续资治通鉴长编》卷 509,元符二年四月辛卯条。

18 《续资治通鉴长编》卷 312,元丰三年四月丙子条。

19 《续资治通鉴长编》卷 514,绍圣四年十月壬辰条。

附　辽夏通使年表

关于辽夏使节来往，过去学者亦有涉猎，代表性的成果有吴天墀的《西夏大事年表》（见《西夏史稿》，四川人民出版社，1980年）；林旅芝的《夏辽通好》（见《西夏史》，香港大同印务有限公司，1975年）等。这些研究的优点在于叙事简明扼要，结论清晰；不足在于没有交待史料来源，使人无法判断史实真伪。如果考虑到今人研究辽夏关系史所征引的文献中，以清代学者吴广成所著《西夏书事》较为重要这一事实的话，那么其不足之处的确有改进的必要性。这是因为《西夏书事》本身就有史料不标出处，且有改窜之嫌的缺点，所以在做出一个系统的年表之前，有必要对该书的史源逐条进行清理。1990年代，龚世俊等先生曾推出《西夏书事校正》一书，可以看作对这个问题的初步回应。可惜是书在考证方面，仍然存在着史料出处不详、辨析不清等问题。

有鉴于此，笔者重新为之立表。其体例特点是：辽、宋、夏三方并列，征引原始文献，于互相参校之余得其原委。其具体贡献是：澄清了《西夏书事》卷4至卷33关于辽夏关系中使节交涉事迹的史料来源，纠正了部分史实。总计考出《辽史》未载事迹20余处，《西夏书事》未载事迹近20处，辽、宋、清人文献有明显歧异者10

余处。

公元纪年	辽朝文献	宋朝文献	清代文献	辨　正
986	(统和四年二月)癸卯,西夏李继迁叛宋来降,以为定难军节度使、银夏绥宥等州观察处置使、特进检校太尉、都督夏州诸军事。(《辽史》卷11《圣宗本纪》、卷115《西夏外纪》、卷46《百官志二》、卷82《韩德威传》)	雍熙三年,辽以义成公主嫁继迁,册为夏国王。(《宋史》卷485《夏国传》)	《西夏书事》卷4:春二月,继迁初降于契丹。 契丹西境直对夏州,党项东山诸部臣事者多。李氏自思恭赐姓,未尝外附。继迁见诸部溃散,谋于众曰:吾不能克服旧业,致兹丧败,兵单力弱,势不得安。北方耶律方强,吾将假其援助,以为后图。乃遣张浦持重币至契丹请附。契丹主隆绪意未决,西南招讨使韩德威言:“河西为中国右臂。向年府州折氏与银夏共衡刘汉,致大兵援应无功;今李氏来归,国之利也。宜从其请。”契丹主纳之。 夏四月,契丹授定难军节度使、都督	《西夏书事》中张浦使辽一事在宋、辽资料中皆不可考。 萧里得在《辽史》查无其人,似乎为萧迭里得之误。但考《辽史》卷114《萧迭里得传》并无其使夏一事,也未曾任过侍中职位。此事当再考。

续表

公元纪年	辽朝文献	宋朝文献	清代文献	辨　正
			夏州诸军事。 契丹主以继迁效顺,遣侍中萧里得持诏,授继迁为定难军节度使,银夏绥宥等州观察处置使、特进检校太尉、都督夏州诸军事,继冲为副使。	
	(冬)十月,夏李继迁遣使贡于辽。(《辽史》卷115《西夏外纪》)			《西夏书事》失载。
	(十二月丁巳)李继迁引五百骑款塞,愿婚大国,永作藩辅。诏以王子帐节度使耶律襄女为义成公主下嫁,赐马三千匹。(《辽史》卷11《圣宗本纪》)		《西夏书事》卷4:冬十二月,如契丹请婚,契丹许之。 继迁既受契丹官,兵势稍振,自以五百骑款契丹境,言:"愿婚大国,永作藩辅。"时契丹将耶律盼与宋战于泰州,不利。契丹主欲使继迁牵制宋兵,许以公主归之。	《西夏书事》增宋辽战事为辽夏结婚之背景。 李继迁与义成公主结婚在雍熙四年(989年),此处订婚也。

续表

公元纪年	辽朝文献	宋朝文献	清代文献	辨 正
988	(统和六年三月癸卯)李继迁遣使来贡。(《辽史》卷12《圣宗本纪》)		《西夏书事》卷4：三月,继迁遣牙校李知白贡于契丹。继迁以契丹许归公主,逾年不见真命,遣知白表献之。	此李知白《辽史》卷12《圣宗本纪》未载。或为后来的杜白之误。见991年事迹。
989	(统和七年三月)壬午朔,李继迁遣使来贡。 戊戌,以王子帐(节度使)耶律襄之女封义成公主,下嫁继迁。(《辽史》卷12《圣宗本纪》、卷115《西夏外纪》)	(雍熙)三年,辽以义成公主嫁继迁,册为夏国王。(《宋史》卷485《夏国传上》)		《西夏书事》未载。
990	(统和八年)正月,来谢。(《辽史》卷115《西夏外纪》)			《西夏书事》未载。
	(三月)丁丑,李继迁遣使来贡。(《辽史》卷13《圣宗本纪》、卷115《西夏外纪》) 西夏国贡进物件		《西夏书事》卷4：春三月,继迁贡于契丹。 初,继迁流离沙,虽臣事契丹,贡不成礼。及契丹妻以公	西夏对辽进贡的物品形成一定惯例未必从李继迁开始,

续表

公元纪年	辽朝文献	宋朝文献	清代文献	辨　正
	细马二十匹、马二百匹、驮一百头、锦绮三百匹、织成锦被褥五合,从容、砑石、井盐各一千斤,沙弧皮一千张、兔鹘五双、犬子十双。大国不论年岁,惟以八节贡献。 契丹国回赐除羊外,余并与新罗国同,惟玉带改为金带,劳赐人使亦同。(《契丹国志》卷21)		主,羌部慑服,输牲畜者日众。继迁遣使如契丹谢,献良马二十匹、粗马二百匹、驼一百头,锦绮三百匹、织成锦被褥五合,苁蓉、砑石、井盐一千斤,沙狐皮一千张、兔鹘五只、犬子十只。自后,每岁八节贡献。	《西夏书事》此处附会。
	(九月)壬辰,李继迁献宋俘。(《辽史》卷13圣宗本纪、卷115西夏外纪)			《西夏书事》未载。
	冬十月丙午,(继迁)以大败宋军,复遣使来告。(《辽史》卷13《圣宗本纪》、卷115《西夏外纪》)		《西夏书事》卷4:冬十一月,献捷契丹。 继迁攻夏州,月余不能破,休兵王庭镇。遣张浦至契丹,以大败宋军告。	《西夏书事》误十月为十一月。 张浦使辽一事宋辽文献未载。

续表

公元纪年	辽朝文献	宋朝文献	清代文献	辨 正
	(十二月)癸卯,李继迁下宋麟、鄜等州,遣使来告。庚戌,遣使封李继迁为夏国王。(《辽史》卷13《圣宗本纪》、卷115《西夏外纪》)	(雍熙)三年,辽封继迁为夏国王。(《宋史》卷485《夏国传上》)	《西夏书事》卷4:十二月,契丹封继迁为夏国王。时契丹败于徐河,大将耶律休哥创甚,国中夺气。遣使促继迁进兵,加以王封,令益困中国。张齐贤曰:契丹与中国为难,虑继迁感中国之恩,断右臂之势,署王爵以縻之,遣戎使以镇之。王爵至,则刺史之命轻矣;戎使至,则动静皆伺之,向背之心异矣。复夏国王之称,虚名也。而在契丹,命之于彼国无损,与中国为敌,其谋不甚深哉!	按:《辽史》疏略,失书册夏使臣之名,而《韩椅墓志》云:朔方分困,河右称藩。九熏曲降于玺书,一介载驰于册命。以公持节封李继迁为夏国王。据此可知为韩椅。
991	(统和九年二月)丙午,夏国遣使告伐宋捷。(《辽史》卷13《圣宗本纪》、卷115《西夏外纪》)		《西夏书事》卷4:附:《辽史·圣宗纪》:统和九年二月,夏国王李继迁遣使献捷。考是时	

续表

公元纪年	辽朝文献	宋朝文献	清代文献	辨　正
			继迁无与辽交兵事，意即告下麟、鄜等州伪词耳，故不书。	
	（四月）乙亥，夏国王李继迁遣杜白来谢封册。（《辽史》卷13《圣宗本纪》、卷115《西夏外纪》） 按：《西夏外纪》杜白曰李知白。		《西夏书事》卷5：夏四月，谢契丹封册。继迁遣杜白至契丹谢，并请合兵入寇。	夏使节名曰杜白。因为李知白为高丽使节也。《辽史》卷13《圣宗本纪》：（统和十三年冬十月）甲申，高丽遣李知白来贡。除非同名，否则《辽史》卷115《西夏外纪》必为误抄。
	（七月）己未，夏国以复绥、银二州，遣使来告。（《辽史》卷13《圣宗本纪》、卷115《西夏外纪》）			

续表

公元纪年	辽朝文献	宋朝文献	清代文献	辨　正
	(十月)壬申,夏国王李继迁遣使上宋所授敕命。 丁丑,定难军节度使李继捧来附,授推忠效顺启圣定难功臣、开府仪同三司、检校太师兼侍中,封西平王。(《辽史》卷13《圣宗本纪》、卷115《西夏外纪》)		《西夏书事》卷5: 八月,赵保吉上所授敕命于契丹。 保吉先以复绥、银二州告,至是附上敕命。 十一月,赵保忠叛,以夏州降契丹,封西平王,复姓名李继捧。 初,保忠归朝,非其本意。及受命,图保吉,阴与之通。保吉复使人以契丹命诱之,许以重复王爵,永镇夏州。保忠心动,遣使表附契丹,契丹主授推忠效顺启定功臣、开府仪同三司、检校太师兼侍中,封西平王,复本姓名。吕忠曰:“保忠之再入夏台故地,赵普之谋也。而保忠反与保吉合为边患,附契丹。普能	《西夏书事》继迁上敕命时间误。 《西夏书事》赐封时间误。

续表

公元纪年	辽朝文献	宋朝文献	清代文献	辨　正
			知符彦卿之不可与之兵权,何不能知保忠之不可与复归其州耶?”	
	十二月,夏国王李继迁潜附于宋,遣招讨使韩德威诏谕之。(《辽史》卷13《圣宗本纪》、卷115《西夏外纪》)			
992	(统和十年)二月乙丑朔,韩德威奏李继迁托故不出,至灵州俘掠以还。……庚辰,夏国以韩德威俘掠,遣使来奏,赐诏安慰。(《辽史》卷13《圣宗本纪》、卷115《西夏外纪》、卷82韩德威传) 按:《西夏外纪》曰西夏遣使来奏德威俘掠。		《西夏书事》卷5:春正月,保吉复入银州,契丹兵至大掠。 保吉既诱保忠臣契丹,复引兵入银州据之,遣使由保忠请命入贡。契丹主闻其怀二心,遣西南招讨使韩德威率兵诏诘之。德威至银州,保吉托以西征不出见,德威怒,纵兵大掠而还。	

续表

公元纪年	辽朝文献	宋朝文献	清代文献	辨　正
	冬十月庚辰，夏国王遣使来贡。(《辽史》卷13《圣宗本纪》、卷115《西夏外纪》)		《西夏书事》卷5：冬十月，复贡于契丹。保吉以德威侵掠告契丹，契丹主赐诏抚谕之，于是复遣使贡。	
994	(统和)十二年，入贡。(《辽史》卷115《西夏外纪》)			
995	(统和十三年)三月癸丑，夏国遣使来贡。(《辽史》卷13《圣宗本纪》、卷70《属国表》)			
	八月丙子，夏国遣使进马。(《辽史》卷13《圣宗本纪》)		《西夏书事》卷5：三月，献马契丹。继迁闻宋留张浦，遣使献马契丹，以自结。	《西夏书事》献马时间误。
	(十二月)辛巳，夏国以败宋人来告。十三年，败宋师，遣使来告。(《辽史》	十二月丙申)永安节度使折御卿被病，敌	《西夏书事》卷5：十一月，遣使献捷契丹。献清远军及兀泥族捷也。	《西夏书事》献捷时间误。

续表

公元纪年	辽朝文献	宋朝文献	清代文献	辨　正
	卷115《西夏外纪》)	谍知之，韩德威复为李继迁所诱，遂率众入寇，以报子河汊之役。攻府州。(长编卷38、《宋史》卷5《太宗本纪》、卷253《折御卿传》)	十二月，诱契丹兵犯府州。 先是，契丹招讨使韩德威率数万骑诱党项勒浪嵬族犯府州，永安节度使折御卿败之于子河汊。夏州逼近麟、府，德威既败，继迁为之气丧。会御卿病，继迁牒告契丹，诱之入边，许以兵助。御卿舆疾出御，德威闻之不进，继迁兵亦不出。	
996	(统和十四年春正月)丙寅，夏遣使来贡。(《辽史》卷13《圣宗本纪》、卷115《西夏外纪》)		《西夏书事》卷6： 春正月，继迁贡于契丹。 继迁奉契丹谨，岁时进奉及贺正、生辰使不绝。	
997	(统和十五年二月)丙午，夏国遣使来贡。(《辽史》卷13《圣宗本纪》)			《西夏书事》失载。

续表

公元纪年	辽朝文献	宋朝文献	清代文献	辨　正
	(三月)己巳,夏国破宋兵,遣使来告。己卯,封李继迁为西平王。(《辽史》卷13《圣宗本纪》、卷115《西夏外纪》)		《西夏书事》卷6:夏四月,献捷契丹,契丹封为西平王。继迁以大败宋兵告契丹,契丹复其西平王爵,继迁寻遣使谢。	
	(六月)壬子,夏国遣使来谢封册。(《辽史》卷13《圣宗本纪》、卷115《西夏外纪》)			
	十二月壬子,夏国遣使来贡。(《辽史》卷13《圣宗本纪》)			
998	统和十六年二月庚子,夏国遣使来贡。(《辽史》卷14《圣宗本纪》、卷115《西夏外纪》、卷70《属国表》)		《西夏书事》卷6:二月,以得地告契丹。以得银、夏、绥、宥、静五州地告。	《西夏书事》告辽得地事与《辽史》不符。

续表

公元纪年	辽朝文献	宋朝文献	清代文献	辨　正
1000	(统和十八年)冬十一月甲戌朔,授西平王李继迁子德昭朔方节度使。(《辽史》卷14《圣宗本纪》、卷115《西夏外纪》)		《西夏书事》卷6:冬十一月,契丹授德明朔方节度使,使取灵州。 契丹闻保吉频劫粮运,阻绝瀚海,遣使授德明朔方节度使,促保吉取灵州。	
			《西夏书事》卷6:十二月,使如契丹贡。 契丹自保吉归附,诸夷皆从,特重所遣人使,令礼臣议进奉朝见仪,班在宋、高丽之次。	《西夏书事》言入贡事未知何据?
1001	(统和十九年)三月乙亥,夏国遣李文贵来贡。(《辽史》卷14《圣宗本纪》、卷115《西夏外纪》) 按:《西夏外纪》李文贵作李文冀。			

续表

公元纪年	辽朝文献	宋朝文献	清代文献	辨　正
	(六月)戌午,夏国奏下下宋恒、环、庆等三州,赐诏褒之。(《辽史》卷14《圣宗本纪》、卷115《西夏外纪》)		《西夏书事》卷7:秋七月,以下恒、环等州告契丹。保吉遣李文冀献于契丹,因以下恒、环、庆三州告,契丹主赐诏褒之。	《西夏书事》把两事顺序颠倒以合事理大谬也。李文贵来贡时,西夏尚未有所谓拿下恒、庆等州举动,如何来告?
1002	(统和二十年一月)甲寅,夏国遣使贡马。(《辽史》卷14《圣宗本纪》、卷115《西夏外纪》) 按:《西夏外纪》言进马、驼。			
	(统和二十年)六月夏遣使刘仁勖来告下灵州。(《辽史》卷14《圣宗本纪》、卷115《西夏外纪》)		《西夏书事》卷7:五月,以下灵州告契丹。 初,保吉遣使契丹贡马、驼。至是又使刘仁告下灵州。	

续表

公元纪年	辽朝文献	宋朝文献	清代文献	辨　正
1004	(统和二十一年五月)丁巳,西平王李继迁薨,其子德昭遣使来告。(《辽史》卷14《圣宗本纪》、卷115《西夏外纪》) 按:统和二十一年为1003年。		《西夏书事》卷8:(景德元年、契丹统和二十二年)二月,告哀于契丹。 契丹主赠保吉尚书令,遣西上阁门使丁振吊慰。	《辽史》记叙德明告父哀时间错误。《宋史》卷485《夏国传》、卷7《真宗本纪》、卷282《向敏中传》言继迁死于景德元年一月二日。《东都事略》卷4《真宗纪》、《长编》卷56均言继迁死于咸平六年冬。
	(统和二十一年)六月,赠继迁尚书令,遣西上阁门使丁振吊慰。(《辽史》卷14《圣宗本纪》、《西夏外纪》)			

续表

公元纪年	辽朝文献	宋朝文献	清代文献	辨　正
	（统和二十一年）九月丁亥，夏国王李德昭遣使来谢吊赠。（《辽史》卷14《圣宗本纪》、卷115《西夏外纪》）按：《西夏外纪》九月作八月。		《西夏书事》卷8：九月，使如契丹谢吊赠。并以保吉遗物献。	
1005	（统和二十三年二月）丁巳，夏国遣使告下宋青城。（《辽史》卷14《圣宗本纪》、卷115《西夏外纪》）		《西夏书事》卷8：二月，以下青城告契丹。 契丹自澶州之败，虽与中国讲和，其戎心未尝一日忘故，许德明封册，以为臂使之需。德明欲臣中国，虑其见疑，乃以兵下青城告。	《宋史》、《长编》皆不载。或西夏伪称也。

续表

公元纪年	辽朝文献	宋朝文献	清代文献	辨　正
	(统和二十二年三月)乙未,西夏李德昭遣使上继迁遗物。(《辽史》卷14《圣宗本纪》、卷115《西夏外纪》) 按:统和二十二年三月为1004年3月。		《西夏书事》卷8:(景德二年、契丹统和二十三年)春正月,德明遣赵保宁如契丹请封。 德明嗣职期年,未膺封册,蕃族多怀观望。行军司马赵保宁言:"国家疆宇虽廓,自西凉扰乱,先王被害,蕃众惊疑。若不假北朝威令慑之,恐人心未易靖也。"德明遂遣保宁献方物契丹,以请封册。契丹主曰:"此吾甥也,封册当时至。"待保宁加礼,遣回。	《辽史》该年记叙交聘事时间错误,提前一年,原因是上年错误引发连环印象。
	(统和二十二年)秋七月甲申,遣使封李德昭为西平王。(《辽史》卷14《圣宗本纪》、卷115《西夏外纪》) 按:统和二十二年七月为1004年7		《西夏书事》卷8:秋七月,契丹册为西平王。 契丹主遣北院枢密院副使萧承德持节册封德明为西平王,复姓李氏,赐车、旗、衣、币等物。	按:《辽史》中虽有遣使西夏事迹,但使节名缺。《宋史》、《长编》也无此人。《西夏

续表

公元纪年	辽朝文献	宋朝文献	清代文献	辨 正
	月。			书事》载萧承德未知何据?
	(统和二十二年冬十月)己酉,西平王李德昭遣使谢封册。(《辽史》卷14《圣宗本纪》、卷115《西夏外纪》) 按:统和二十二年十月为1004年10月。		《西夏书事》卷8: 冬十月,赵保宁如契丹谢封册。 义成公主无所出。契丹册德明时,谕以善事公主,克光先烈。德明遣保宁往谢,且曰:"恪遵谕诏,未敢违也。"	
1007	(统和二十五年)秋七月壬申,西平王李德昭母罔氏薨,遣使吊祭。甲戌,遣使起复。(《辽史》卷14《圣宗本纪》、卷115《西夏外纪》)		《西夏书事》卷8: 五月,契丹遣使吊祭。 且赐起复。	《西夏书事》时间误。
1009	(统和)二十七年(十二月壬辰),承天皇太后崩,遣使报哀于夏。(《辽史》卷115《西夏外纪》、卷14《圣宗本纪》)		《西夏书事》卷9: 十二月,契丹使来告哀。 承天太后之丧也。	

续表

公元纪年	辽朝文献	宋朝文献	清代文献	辨　正
1010	（统和二十八年）九月乙酉，遣使册李德明为夏国王。（《辽史》卷15《圣宗本纪》、卷115《西夏外纪》）	（大中祥符元年）时辽亦遣使册德明为夏国王。（《宋史》卷485《夏国传》） 按：大中祥符元年为1008年。	《西夏书事》卷9：九月，契丹封德明夏国王，遂建宫阙于鳌子山。 契丹主以德明朝贡时至，遣使册封为夏国王。德明益自大，役民夫数万于鳌子山，大起宫室，绵亘二十余里，颇为壮丽。	《宋史》记辽册夏国王时间误，提前两年。《长编》不载。
1012	（开泰元年四月）壬寅，夏国遣使进良马。（《辽史》卷15《圣宗本纪》、卷115《西夏外纪》）		《西夏书事》卷9：三月，献马契丹。 契丹畜牧之法，西夏与室韦例进马三百匹。是时，德明以良马二百匹，凡马百匹献，契丹主优赐之。	《西夏书事》所载契丹畜牧之法是咸雍五年的萧陶隗改革的产物。据《辽史》卷60《食货志下》记载：咸雍五年，萧陶隗为马群太保，上书犹言群牧名存实亡，上下

续表

公元纪年	辽朝文献	宋朝文献	清代文献	辨　正
				相欺，宜括实数以为定籍。厥后东丹国岁贡千匹，女直万匹，直不古等国万匹，阻卜及吾独婉、惕德各二万匹，西夏、室韦各三百匹，越里笃、剖阿里、奥里米、蒲奴里、铁骊等诸部三百匹；仍禁朔州路羊马入宋，吐浑、项马鬻于夏。以故群牧滋繁，数至百有余万，诸司牧官以

续表

公元纪年	辽朝文献	宋朝文献	清代文献	辨　正
				次进阶。这表明献马300的定额乃是辽朝后期的规定。
	(十一月)己亥,赐夏国使、东头供奉官曹文斌、吕文贵、窦珪祐、守荣、武元正等爵有差。(《辽史》卷15《圣宗本纪》)			
1013	(开泰二年秋七月)乙未,西南招讨使、政事令耶律斜轸奏,党项诸部叛者皆遁黄河北模山,其不叛者曷当、乌米两部因据其地,今复西迁,诘之则曰逐水草。不早图之,后恐为患。又闻前后叛者多投西夏,西夏不纳。诏遣使再问西迁之		《西夏书事》卷9:秋七月,以兵从契丹攻党项。 契丹主闻曷党等西归,遣使抚谕不听,赐诏德明曰:"党项叛我,今欲西伐,尔当东击,毋失犄角之势。"德明出兵境上应之。	

续表

公元纪年	辽朝文献	宋朝文献	清代文献	辨　正
	意,若归故地,则可就加抚谕。使不报,上怒,欲伐之。遂诏李德昭:"今党项叛,我欲西伐,尔当东击,毋失犄角之势。"仍命诸军各市肥马。(《辽史》卷15《圣宗本纪》)			
	八月壬戌,遣引进使李延宏赐夏国王及义成公主车马。(《辽史》卷15《圣宗本纪》、卷115《西夏外纪》)		《西夏书事》卷9:八月,契丹使赐车马。 契丹主以夏兵助讨党项,遣引进使李延宏赐德明及义成公主车马。	
1021		(天禧)五年,辽复遣左金吾上将军萧孝诚,玉册金印、册为尚书令,大夏国王。(《宋史》卷485《夏国传》)	《西夏书事》卷10:秋七月,契丹暨夏平,封德明为大夏国王。 德明既却契丹兵,谨封堠,严点集为备。契丹主见进奉使不至,恐为边患,谕意讲和。德明亦请臣贡如初。契丹	《辽史》失载萧孝诚册封夏国王事。

续表

公元纪年	辽朝文献	宋朝文献	清代文献	辨　正
			主遣左金吾上将军萧孝诚，册授德明为尚书令，晋大夏国王。	
	太平元年（十一月癸未），来贡。（《辽史》卷115《西夏外纪》、卷16《圣宗本纪》）		《西夏书事》卷10：冬十一月，使如契丹谢。 德明谢契丹封册。献良马二十匹，凡马百匹。	
1022	（太平二年）冬十月，遣堂后官张克恭充贺夏国王李德昭生日使。（《辽史》卷16《圣宗本纪》）		《西夏书事》卷10：九月，契丹使贺生辰。 德明生辰，契丹主遣堂后官张克恭来贺。	
1025			《西夏书事》卷10：冬十一月，贡于契丹。 契丹主以德明势日强盛，厚赐使者，遣还。	

续表

公元纪年	辽朝文献	宋朝文献	清代文献	辨　正
1026	(太平六年五月)癸卯,遣西北路招讨使萧惠将兵伐甘州回鹘。(萧惠)讨回鹘阿萨兰部,征兵诸路,独阻卜酋长直剌后期,立斩以殉。(八月)进至甘州,攻围三日,不克而还。萧惠攻甘州不克,师还。(《辽史》卷93《萧惠传》、卷17《圣宗本纪》)		《西夏书事》卷10:夏六月,遣兵助契丹,攻甘州。甘州回鹘阿萨兰部叛契丹,契丹主命魏国公萧惠征诸录兵讨之,德明点集蕃众遣之西出。萧惠攻甘州三日不克,部下阻卜诸酋复叛,急引归,德明兵亦还。	《辽史》无西夏助讨甘州回鹘事。
	(冬十月)庚辰,遣使问夏国五月与宋交战之故。(《辽史》卷17《圣宗本纪》)			

续表

公元纪年	辽朝文献	宋朝文献	清代文献	辨　正
1028	（太平八年）六月，……吴克荷充贺夏国王李德昭生辰使。（《辽史》卷17《圣宗本纪》）		《西夏书事》卷11：秋九月，契丹使贺生辰。 使人吴克勤应对娴雅，德明待之有加礼。	《西夏书事》月份错，迟三月。吴克勤当为吴克荷。按：《宋史》卷301《章频传》记载天禧年间（1017—1021）：（章频）使契丹，至紫蒙馆卒。契丹遣内侍就馆奠祭，命接伴副使吴克荷护其丧。
1029			《西夏书事》卷11：天圣七年、契丹太平九年春二月，德明为元昊请婚契丹。 元昊先娶于母族卫慕氏。至是，德明欲结好契丹，遣使请婚，契丹主许之。	《辽史》不载请婚事。

续表

公元纪年	辽朝文献	宋朝文献	清代文献	辨　正
1031	(太平十一年夏六月甲申),圣宗崩,报哀于夏,德昭遣使来进赙币。(《辽史》卷115《西夏外纪》、卷18《兴宗本纪》)		《西夏书事》卷11:(明道元年)夏六月,契丹使至兴州告哀。 契丹圣宗崩也。	
	(九月)庚申,夏国遣使来慰。(《辽史》卷18《兴宗本纪》)		《西夏书事》卷11:(明道元年)冬十月,遣使如契丹奠慰。 德明先遣使奉慰,继使银州都押牙贺惟贵奠慰。	
	是岁,以兴平公主下嫁夏国王李德昭子元昊,以元昊为夏国公、驸马都尉。(《辽史》卷18《兴宗本纪》、卷115《西夏外纪》)	惟忠知兵事。天圣中,契丹与夏国会兵境上,声言嫁娶,惟忠觇得其实,率麾下往备之,戒士卒勿轻动。(《宋史》卷253《折惟忠传》)	《西夏书事》卷11:(明道元年)十二月,契丹以兴平公主归元昊。 公主,契丹宗室女。时兴宗新立,封元昊为驸马都尉,爵夏国公,遣兵卫公主至兴州。元昊以数万骑托言亲迎,留屯府州境。知州折惟州率靡下,备御,戒士卒勿妄动。	

续表

公元纪年	辽朝文献	宋朝文献	清代文献	辨　正
			一悉风霾,有数诞马突走惟忠营,众惊报,惟忠卧不起,徐命擒获之。元昊知不可动,乃退。	
1032	(重熙元年十一月)丙戌,夏国遣使来贺。……夏国王李德昭薨,册其子夏国公元昊为夏国王。(《辽史》卷18《兴宗本纪》、卷115《西夏外纪》)	(天圣三年乙丑,1025)条: 春正月戊子,契丹遣宣徽南院使朔方节度使萧从顺、枢密直学士给事中韩绍芳来贺长宁节。…… (十二月)癸酉,契丹遣彰胜军节度使萧穆古、潘州观察使郑文囿来贺皇太后正旦,辽使贺	《西夏书事》卷11:(明道二年)十二月,契丹册为夏国王。 元昊告哀契丹,契丹主宗真以婚好之谊,遣南院宣徽使朔方节度使箫从顺、潘州观察使郑文囿持册封元昊为夏国王,赐良马三十四、精甲二具。	《辽史》无册封使节姓名,《西夏书事》恐怕附会萧从顺使宋事迹。因为《辽史》、《宋史》所记萧从顺此期活动中无使夏事迹。 《辽史》卷17《圣宗八》:太平五年夏五月,清暑永安山。以萧从顺为太子太师。……

续表

公元纪年	辽朝文献	宋朝文献	清代文献	辨　正
		太后正旦始此。(《长编》卷103)		(太平十年夏四月)以萧从顺加太子太师。《宋史》卷286《薛奎传》:章献太后称制,契丹使萧从顺请见太后,且言南使至契丹者皆见太后,而契丹使来乃不得见。奎时馆伴,折之曰:"皇太后垂帘听政,虽本朝臣,亦未尝见也。"从顺乃已。《宋史》卷290《曹利用传》:乾

续表

公元纪年	辽朝文献	宋朝文献	清代文献	辨　正
				兴初,加左仆射兼侍中、武宁军节度使、景灵宫使,诏如曹彬给公使钱岁万缗。契丹使者萧从顺桀骜,称疾留馆下,不时发。朝廷遣使问劳,相望于道。利用请一切罢之,从顺乃引去。
1033	(重熙二年春正月)乙酉,夏国遣使来贡。……(十二月)己酉,禁夏国使沿路私市金、铁。(《辽史》卷18《兴宗本纪》、卷115《西夏外纪》)		《西夏书事》卷11:(显道二年)春正月,贡于契丹。 夏使回,沿路私市金、铁,契丹主下令禁之。	

续表

公元纪年	辽朝文献	宋朝文献	清代文献	辨　正
1038	(重熙七年三月)辛亥,夏国遣使来贡。(《辽史》卷18《兴宗本纪》、卷115《西夏外纪》、卷70《属国表》)			《西夏书事》失载。
	夏四月己巳,以兴平公主薨,遣北院承旨耶律庶成持诏问夏国王李元昊,公主生与元昊不睦,没,诘其故。(《辽史》卷18《兴宗本纪》、卷115《西夏外纪》)	夏国元昊娶契丹女,伪号兴平公主,乃宗真之姊也。元昊待之甚薄,因病被脱,元昊亦不视之,以至于殁。宗真虽忿恨,然亦无如之和。但遣使慰问而已。朝廷不知其故,以为元昊畏耶律氏之强,讽宗真促使元昊归	《西夏书事》卷12:(大庆三年)夏四月,兴平公主卒。公主素与元昊不睦。先是,元昊遣使贡于契丹,不以病告。既卒,契丹主遣北院承旨耶律庶成持诏诘问。	

续表

公元纪年	辽朝文献	宋朝文献	清代文献	辨　正
		款,失之甚矣。(《儒林公议》卷下)		
1040	重熙九年,夏人侵宋。宋遣郭稹来告,请与夏和,上命杜防使夏解之。如约罢兵,各归侵地,拜参知政事。(《辽史》卷86《杜防传》)		《西夏书事》卷14:(天授礼法延祚三年)六月,附:《辽史·杜防传》:重熙九年,夏人侵宋。宋遣郭稹来告,请与夏和,上命杜防使夏解之。如约罢兵,各归侵地。考《兴宗纪》,九年秋七月癸酉,宋迁郭桢来告,不言如夏解和,《传》疑误。	
1041	(重熙)十年(九月丙寅),夏国献所俘宋将及生口。(《辽史》卷115《西夏外纪》、卷19《兴宗本纪》、卷70《属国表》)	庆历中,元昊兵攻麟州不克,进围州。……未几,护送麟州戍卒冬服,贼伏兵邀	《西夏书事》卷15:(天授礼法延祚四年)九月,献俘契丹。初,仁宗诏河东安抚使移文谕契丹,以元昊反,夺官削姓,已发兵讨之。契丹亦以兴平公主	

续表

公元纪年	辽朝文献	宋朝文献	清代文献	辨　正
		击之,尽掠所赍,继闵脱身县间道归。(《宋史》卷253《折继闵传》)	故撼元昊,使人入聘,元昊惧南北合兵,会府州折继闵护送冬服至麟州,伏兵尽夺之,遣使献俘契丹,以求和好。	
1042	重熙十一年,使西夏,谕伐宋事,约元昊出别道以会。(《辽史》卷85《萧塔列葛传》)	二月丁丑,契丹谋聚兵幽蓟,遣使致书,求关南地。知保州、衣裤使王果先赚得书稿以闻。且言契丹且与昊贼相约,将必渝盟。(《长编》卷135、《宋史》卷310《李及之传》、卷323《范恪传》)	《西夏书事》卷15:(天授礼法延祚五年)三月,献俘契丹以请师,契丹出兵幽州。 ……元昊虑汉兵深入,以所掠缘边人马献于契丹请援。契丹集兵幽州,声言分侵河北,使西南招讨使萧塔列葛约元昊出别道以会。中国将堠戒严,通判安肃军李及之言:"契丹与夏人姻,故出兵以应其请,必不终失誓好,愿毋过虞。"已而,兵果不出。	

续表

公元纪年	辽朝文献	宋朝文献	清代文献	辨　正
1043	(重熙)十二年春正月辛未,辽遣同知析津府耶律敌烈,枢密院都承旨王惟吉如夏,谕夏国与宋和。(《辽史》卷19《兴宗本纪》、卷115《西夏外纪》)	(庆历三年正月)癸已,延州言:"元昊遣伪六宅使、伊州刺史贺从勖来纳款。……"从勖又言:"契丹使人至本国,称南朝遣梁适侍郎来言:'南北修好已如旧,惟西界未宁。知北朝与彼未婚姻,请谕令早议通和。'故本国遣从勖来上书。"(《长编》卷139、《宋史》卷	《西夏书事》卷16:天授礼法延祚六年春正月,契丹来谕罢兵,令契丹使诣京师请和。 初,张元等虽显贵用事,而以穷绝沙漠饮食居处不如中国,常引符坚、刘渊及元魏故事,日夜说元昊攻取汉地,令汉人守之,则富贵功名、衣食嗜好皆如所愿。及兵数入边,得地不能据,军民死亡创痍过半,国中困于点集,财用不给,牛羊悉买契丹,饮无茶,一绢值八、九千钱。会契丹主遣同知析津府耶律敌烈,枢密院都承旨王惟吉如夏,谕令罢兵。元昊令使者诣京师,言北朝曾封德明夏国王,许令自	

续表

公元纪年	辽朝文献	宋朝文献	清代文献	辨　正
		11《仁宗本纪》） 富弼使契丹报聘，再立盟约。时吕夷简方在相位，命弼讽契丹谕元昊使纳款，宗真当是其言，谓可指麾立定。退遣使诣元昊，谕以朝廷之意。元昊但依随而已。及杨守素至延州道元昊语曰：朝廷果欲议和，但当下谕本国，何泛转求契丹。（《儒林公议》卷下）	置官属，自元昊袭爵，遣人进奉，其封册典礼，能如北朝，以优礼怀来之，彼以洗心自新矣。	

续表

公元纪年	辽朝文献	宋朝文献	清代文献	辨　正
	(二月)己酉,夏国以加上尊号,遣使来贺。 甲寅,耶律敌烈等使夏国还,奏元昊罢兵,即遣使报宋。(《辽史》卷19《兴宗本纪》、卷115《西夏外纪》)	其答书云:"梁适口陈夏台之事,已差左金吾上将军耶律祥、彰武军节度使王唯吉?诏谕元昊令息兵。况其先臣德昭,北朝曾封夏国王,仍许自置官署。至元昊,亦容袭爵,自来遣人进奉,每辞见燕会,并坐于矮殿。今两朝事同一家,若元昊请罪,其册封礼待亦宜一如	《西夏书事》卷16:三月,献俘契丹,且贺尊号。 定川之役获巡检李良臣,至是献于契丹。时契丹上兴宗及后萧氏尊号,元昊贡献称贺。	《西夏书事》时间误。

续表

公元纪年	辽朝文献	宋朝文献	清代文献	辨　正
		北朝。"臣观邵良佐贼中语录，乃云："贼言，朝廷议和，何必往问契丹？昨昊贼先遣人至保安军言：'为朝廷差梁适往北朝，令本国议和；北朝亦差耶律祥等至本国，故遣贺从勉等持书而来盟。'是昊贼因北虏达意而来。"及与良佐语，反不承纳。又所求称号，即与北		

续表

公元纪年	辽朝文献	宋朝文献	清代文献	辨　正
		虏书中事体相违,此事固有疑。若朝廷且务休兵,许其不臣,契丹闻之,必然别索名分。(《安阳集家传》卷3)		
	(夏四月)庚子,夏国遣使进马、驼。(《辽史》卷19《兴宗本纪》、卷115《西夏外纪》))		《西夏书事》卷16:夏四月,献马、驼以谢契丹。 曩霄以中国许和,遣使进马、驼诣契丹谢。时集贤校理余靖奉使在北,契丹主示以曩霄表状,以见夏国畏服之意。	

续表

公元纪年	辽朝文献	宋朝文献	清代文献	辨正
	(秋七月)庚寅,夏国遣使上表,请伐宋,不从。(《辽史》卷19《兴宗本纪》、卷115《西夏外纪》)		《西夏书事》卷17:天授礼法延祚六年秋七月,请契丹兵入寇,契丹不许。曩霄迎契丹旨议和,及劭;良佐来议,反不承纳。至是,如定等奉使未还,意为中国羁留。潜令点集兵马,遣使契丹,请出师南伐,契丹主不许。	
		(庆历三年六月戊午)枢密副使富弼言:伏见朝廷以契丹发兵会元昊讨岱尔族,路出河东境外,疑其变诈,恐为河东之患,遂遣参知政事范仲淹宣抚,此陛	《西夏书事》卷17:八月,从契丹伐呆儿族。契丹夹山部落呆儿族,不顺命,契丹讨之,不克,命曩霄会兵讨击,破其众,掳获颇多,契丹主专之,不以分给。	《辽史》失载伐呆儿族事。

续表

公元纪年	辽朝文献	宋朝文献	清代文献	辨　正
		下忧劳爱民之深也。……臣前岁奉使契丹，颇见情状，又自去岁至京日，见河北、河东探报，契丹与岱尔族相持事宜，参验得实，契丹必不寇河东决矣。(《长编》卷150)		
	(冬十月)壬子，以夏人侵党项，遣延昌宫使高家奴让之。(《辽史》卷19《兴宗本纪》、卷115《西夏外纪》、卷70《属国表》)		《西夏书事》卷17：冬十月，侵党项，契丹遣使来诘，不听。曩霄建官置兵，不用禄食，每举兵犯边，一毫之物，皆出其下，故风集云散，未尝聚养。然抄掠所得，亦尽以给众，兵力虽盛，用度时	

续表

公元纪年	辽朝文献	宋朝文献	清代文献	辨　正
			窘,辄侵党项边,资以自给。契丹使遣延昌宫使高家奴诘让,曩霄不听。	
1044		时边奏契丹修天德城及多建堡寨。况意其蓄奸谋,(《宋史》卷292《田况传》)	《西夏书事》卷17:天授礼法延祚七年春正月,献于契丹。因契丹筑威赛城,借是以觇喜怒也。	《辽史》失载。
	南院大王耶律高什奏党项等部叛附西夏。丙辰,西南面招讨使罗汉奴、详稳斡鲁母等奏,山西部族节度使屈烈以五部叛入西夏。(《辽史》卷19《兴宗本纪》)		《西夏书事》卷17:夏四月,契丹山西五部来降。 北方黑水之西为连山,亦曰"夜来山"。其西有五大族,各自为部,胡人谓之山西族。北与黑水胡、南与塔坦接境,最为劲悍,素属契丹。曩霄自臣中国,数以诏命临之,其节度使屈烈	

续表

公元纪年	辽朝文献	宋朝文献	清代文献	辨　正
			等举五部来投，契丹主遣使责还，曩霄不遣。	
	(重熙十三年秋七月)庚辰，夏国遣使来朝。(《辽史》卷19《兴宗本纪》、卷70《属国表》)			《西夏书事》失载。
	八月乙未，以夏使对不以情，羁之。丁巳，夏国复遣使来，询以事宜，又以不实对之。(《辽史》卷19《兴宗本纪》、卷115《西夏外纪》)	(庆历四年八月甲午)弼退而上言曰：……契丹始与元昊相约以困中国，前年契丹背约，与中国复和，元昊怒契丹坐受中国所益之币，因此有隙，屡出怨辞。契丹恐其侵轶，于是压元昊境	《西夏书事》卷17：秋八月，使如契丹，契丹执之，以兵窥唐隆镇。夏国唐隆镇所居嘉舒、克顺等七族，旧属府州，逃入西界。曩霄入寇时，又掠麟、府人户，安置其地，生齿日繁，分为十四族。是时，曩霄虽与契丹异，犹遣使朝贡。契丹主责以纳判背盟罪，使抗对不屈，羁之弗留。曩霄复使入贡，询以事宜，不肯实告，契丹主执而	

续表

公元纪年	辽朝文献	宋朝文献	清代文献	辨　正
		筑威塞州以备之,而岱尔族累杀威塞役兵,契丹又疑元昊使来,遂举兵西伐,验之非诈。(《长编》卷151)	之,发兵屯宁仁、静寇俩镇,待河冻即过唐隆掠取户口。曩霄知其谋,遣兵沿河严备执。	
	(冬十月)己亥,元昊上表谢罪,欲收集叛党以献,从之;进方物,命北院枢密副使萧革迓之。元昊亲率党项三部来降,诘其纳叛背盟,元昊伏罪。丁巳,元昊遣使以先被执者来归,诏所留夏使亦还其国。(《辽史》卷115《西夏外纪》、卷19《兴宗本纪》、卷93《萧惠传》、	庆历中,契丹举兵讨元昊,元昊与之战,屡胜,而契丹至者日益加众。元昊望之,大骇曰:"何如此之众也!"乃使人行成,退数十里以避之,契丹不许,引兵压西	《西夏书事》卷17:冬十月,诱契丹兵至河曲击败之,遣使请和。曩霄既败,率残众谨守贺兰,见契丹兵日益,遣使至军中奉表谢罪请降。契丹主遣右夷离堇萧滴冽来诚伪,滴冽为陈祸福,曩霄请退师十里,俟收叛党以献,且进方物。契丹主命北院枢密副使萧革迓	

续表

公元纪年	辽朝文献	宋朝文献	清代文献	辨　正
	卷70《属国表》、卷69《部族表》)	师而阵，元昊又为之退舍。如是者三，凡退百余里，每退必尽焚其草莱，契丹之马无所食，因其退乃许平。元昊迁延数日，以老北师，契丹马益病，亟数军攻之，大败契丹于金肃城，获其伪乘舆、器服、子婿、近臣数十人而还。(《梦溪笔谈》卷25) 是月，……契丹夹山部落岱尔	之，进军次于河曲，曩霄亲率党项诸部待罪，契丹主命革诘以纳叛背盟故，赐之酒，许以自新。萧惠进曰："夏人忘奕世恩，萌奸计，今车架亲临，大军并集，天诱其衷，使彼来迎，天与不图，后悔何及。"契丹主忧郁未决。 曩霄以未得之，言退三十里候之。凡三退，将三百里。每退必其地，契丹马无食，因许和。曩霄又迁延数日，度其马饥士疲，潜立拒马于河西，突蔽盾前搏。萧惠督数路兵掩击，杀数千人。曩霄走，惠诱麾先锋为左右翼邀之。曩霄以残卒千余溃围出，忽大风起，飞沙眯目，契	

续表

公元纪年	辽朝文献	宋朝文献	清代文献	辨　正
		族八百户归元昊，契丹主责还，元昊留不遣，契丹主遂亲将至境上，各据山，严兵相持。元昊奉酒为寿，大合乐，折箭为誓乃罢。契丹夜以兵劫元昊，元昊有备，反以兵拒之，大败契丹主，入南枢密院萧孝友寨，擒呼图克驸马，契丹主从数十骑走，元昊纵其去。寻复与契丹解仇如	丹阵乱，纵兵急攻，惠军败，蹂践死者不可胜计。复攻南壁，契丹主亦败。入萧孝友寨，执鹘突驸马萧胡及近臣数十人，尽获契丹主器服乘舆。已，遣使请和，愿归俘获，契丹主亦送还前所留使人。	

续表

公元纪年	辽朝文献	宋朝文献	清代文献	辨　正
		故。(《长编》卷152)		
	重熙间,累迁同知点检司事。(十三年十二月戊戌),驸马都尉萧胡睹为夏人所执,奉诏索之,三返以归,转永兴宫使、右候郎君班详稳。(《辽史》卷86《耶律袅履传》、卷115《西夏外纪》、卷19《兴宗本纪》)又遣使来贡。(《辽史》卷115《西夏外纪》)		《西夏书事》卷17:十二月,归契丹俘萧胡归。曩霄获契丹兵,必鼻示辱,故契丹国中每以无鼻为诟诮。胡贵戚,曩霄不欲与契丹绝,独免其刑。契丹主遣同知点检耶律袅履持诏索之,经三返,乃放归。	
1045	(重熙十四年春正月)甲申,夏国遣使进鹘。(《辽史》卷19《兴宗本纪》)		《西夏书事》卷18:天授礼法延祚八年春正月,贡鹘于契丹。契丹自西征败,山前后困弊甚。又女真、渤海所在扰乱。曩霄知其衰,常以兵略其境。契丹主怒,欲起倾国兵讨之,曩霄因以白鹘贡。	

续表

公元纪年	辽朝文献	宋朝文献	清代文献	辨　正
	(六月)庚辰,夏国遣使来贡。(《辽史》卷19《兴宗本纪》、卷70《属国表》) 按:表曰朝。		《西夏书事》卷18: 六月,贡于契丹。 曩霄虽臣中国,犹倚契丹为援。闻其君臣谋议,通报丁口,简募甲兵,日夜教阅,思雪前耻,惧其报复,故贡献倍勤。	
1048	(重熙十七年二月辛巳)夏国王李元昊薨,其子谅祚遣使来告,即遣永兴宫使耶律裹里,右护卫太保耶律兴老,将作少监王全慰奠。(《辽史》卷20《兴宗本纪》、卷115《西夏外纪》)		《西夏书事》卷18: (天授礼法延祚十一年)二月,献遗于契丹。 初,曩霄卒,使人至契丹告哀。契丹主遣遣永兴宫使耶律裹里,右护卫太保耶律兴老,将作少监王全慰奠,至是,讹庞以曩霄遗物献。	
	(三月)丙午,夏国李谅祚遣使上其父元昊遗物。(《辽史》卷20《兴宗本纪》、卷115《西夏外纪》)			《西夏书事》失载。

续表

公元纪年	辽朝文献	宋朝文献	清代文献	辨　正
1049	(重熙十八年正月)戊戌,留夏国贺正使不遣。(《辽史》卷20《兴宗本纪》、卷115《西夏外纪》)		《西夏书事》卷18:(延嗣宁国元年)二月,契丹留贺正使。 曩霄临终遗言,曰:"异日力弱势衰,宜附中国,不可专从契丹。盖契丹残虐,中国仁慈,顺中国则子孙安宁,又得岁赐、官爵;若为契丹所胁,则吾国危矣。"是时,契丹以南壁旧怨,不肯行封册。及遣使贺正迟期,遂羁使者。会集诸道兵,遣北院枢密使萧惟信以伐夏告中国。	
	(夏六月)辛巳,夏国使来贡,留之不遣。(《辽史》卷20《兴宗本纪》、卷115《西夏外纪》)		卷115《西夏书事》卷18: 夏六月,复遣使如契丹贡。 没藏氏以前使未还,闻契丹将兴兵,再遣使贡,以觇动静。契丹主复留之。	

续表

公元纪年	辽朝文献	宋朝文献	清代文献	辨　正
1050	(重熙十九年正月)辛丑,遣使问罪于夏国。(《辽史》卷20《兴宗本纪》、卷115《西夏外纪》)			《西夏书事》失载。
	(冬十月)辛未,夏国主谅祚母遣使乞依旧称藩。使还,诏谕别遣使臣诣阙,当徐思之。(《辽史》卷20《兴宗本纪》)		《西夏书事》卷19:天祐垂圣元年冬十月,使如契丹通好。没藏氏数不得志于契丹,使请依旧称藩。契丹主不允,使还,谕别遣信臣至,当徐思之。	
	(十二月)壬子,夏国李谅祚遣使上表,乞依旧臣属。(《辽史》卷19《兴宗本纪》、卷115《西夏外纪》)		《西夏书事》卷19:十二月,奉表乞臣于契丹,不答。没藏氏复为谅祚表请和,言遵母训,乞依旧称藩,契丹主不答。	

续表

公元纪年	辽朝文献	宋朝文献	清代文献	辨　正
1051	（重熙二十年）二月甲申，遣前北院都监萧友括等使夏国，索党项叛户。（《辽史》卷20《兴宗本纪》、卷115《西夏外纪》）		《西夏书事》卷19：天祐垂圣二年春三月，契丹来索降户。曩霄时党项降户数千。河曲之役，请率诸部待罪。至是契丹遣北院都监萧友括来索，没藏氏不与。	
	夏五月，萧爻括（萧友括）等使还，进谅祚母表：乞代党项权进马、驼、牛、羊等物。 己巳，夏国复遣使求唐隆镇及乞罢所建城邑，以诏答之。（《辽史》卷115《西夏外纪》、卷20《兴宗本纪》、） 按：友括即爻括也，音写不同而已。		《西夏书事》卷19：夏四月，契丹使还，表请代党项进献。没藏氏既留降户不遣，萧友括还，恐契丹诘责，奉表乞代党项权献马、驼、羊等物，契丹主许之。	

续表

公元纪年	辽朝文献	宋朝文献	清代文献	辨　正
1052	(重熙二十一年冬十月)丁亥,夏国李谅祚遣使乞驰边备,即遣萧友括奉诏谕之。(《辽史》卷20《兴宗本纪》、卷115《西夏外纪》)		《西夏书事》卷19:(天祐垂圣三年)秋九月,请契丹驰边备。 契丹以谅祚幼弱,强臣用事,常置重兵诸边,戒饬封堠。没藏氏遣近臣吃多已贡物契丹,乞驰边备。契丹主使萧友括慰谕之。	
1053	(重熙二十二年)三月癸亥,李谅祚以赐诏许降,遣使来谢。(《辽史》卷20《兴宗本纪》)		《西夏书事》卷19:(福圣承道元年)三月,使入契丹谢。以契丹赐诏许降也。	
	九月壬辰,李谅祚遣使进降表。甲午,遣南面林牙高家奴等奉诏抚谕。(《辽史》卷20《兴宗本纪》、卷115《西夏外纪》) 按:《外纪》记时间为七月。		《西夏书事》卷19:九月,进降表于契丹。 表不如式,契丹主遣南面林牙高家奴持诏谕意。	

续表

公元纪年	辽朝文献	宋朝文献	清代文献	辨　正
1054	(重熙二十三年春正月)戌子,夏国遣使贡方物。(《辽史》卷20《兴宗本纪》、卷115《西夏外纪》、卷70《属国表》)		《西夏书事》卷19:福圣承道二年春正月,遣使契丹贡方物。 契丹以谅祚降非诚心,谕使者曰:"尔主若念国威,不忘姻亲,当心怀恭顺,不在贡献勤怠间也。"却其物不受。	
	五月己巳,李谅祚乞进马、驼,诏岁贡之。 壬辰,夏国遣使贡方物。(《辽史》卷20《兴宗本纪》、卷115《西夏外纪》、卷70《属国表》)		《西夏书事》卷19:夏五月,奉表契丹,请进马、驼。 契丹主令岁贡无缺,没藏氏寻遣使献。	
	秋七月己巳,夏国李谅祚遣使来求婚。(《辽史》卷20《兴宗本纪》、卷115《西夏外纪》)		《西夏书事》卷19:秋七月,请婚于契丹。 契丹主以没藏氏反覆,不许。	

续表

公元纪年	辽朝文献	宋朝文献	清代文献	辨 正
	(冬十月)丙辰,李谅祚遣使进誓表。(《辽史》卷20《兴宗本纪》、卷115《西夏外纪》)		《西夏书事》卷19:冬十月,进誓表于契丹。 没藏氏遣使上誓表,并请誓诏。契丹主赐以车服,而不许誓诏。	
1055	(重熙二十四年二月)甲寅,夏国遣使来贺。(《辽史》卷20《兴宗本纪》、卷115《西夏外纪》) 按:《西夏外纪》曰:清宁元年,道宗即位,遣使来贺。		《西夏书事》卷19:福圣承道三年春二月,使贺契丹尊号。契丹主上太后尊号,已受群臣尊号,大赦国中。没藏氏遣使贺。	《辽史·西夏外纪》误会,夏国实际上来贺正旦,非道宗即位也,那时道宗尚在。
	八月(癸巳),兴宗崩,(王观)充夏国报哀使;还,除给事中。(《辽史》卷97《王观传》、卷21《道宗本纪》、卷115《西夏外纪》)		《西夏书事》卷19:八月,契丹遣使告哀。 兴宗崩,契丹遣使王观至国,寻赐遗物。	
	(清宁元年九月壬午),以先帝遗物赐夏国。(《辽史》卷115《西夏外纪》、卷21《道宗本纪》)			《西夏书事》失载。

续表

公元纪年	辽朝文献	宋朝文献	清代文献	辨　正
			《西夏书事》卷19：十一月，使如契丹会葬。 契丹葬兴宗于庆陵，夏与中国、高丽使并会。	《辽史》卷21《道宗本纪》：只言高丽与宋使会葬，没有夏使。
1058	清宁四年春正月壬申朔，遣使如夏告太皇太后哀。（《辽史》卷21《道宗本纪》）		《西夏书事》卷20 䄏都二年春正月，契丹使来报哀。 仪天太后崩也。	
	（五月癸酉），夏遣使如辽会葬。（《辽史》卷115《西夏外纪》、卷21《道宗本纪》） 按:《外纪》作四月。		《西夏书事》卷19：五月，使至契丹会葬。 契丹葬仪天太后于庆陵，夏使与高丽使并会。	
1065	（咸雍元年五月）辛巳，夏国遣使来贡。（《辽史》卷22《道宗本纪》、卷115《西夏外纪》）		《西夏书事》卷21：（拱化三年）夏五月，献于契丹。 谅祚与契丹较疏，朝贺、丧葬外不遣泛使。时与中国构兵，遣使献，告以国有兵事，契丹主不问。	

续表

公元纪年	辽朝文献	宋朝文献	清代文献	辨　正
1067	（咸雍三年）冬十一月壬辰，夏国遣使进回鹘僧、金佛、梵觉经。（《辽史》卷22《道宗本纪》、卷115《西夏外纪》）		《西夏书事》卷21：（拱化五年）十一月，献金佛、梵觉经于辽。 经系回鹘僧所演，历二十年乃成。	
1068	（咸雍四年二月）壬子，夏国主李谅祚子秉常遣使告哀。（《辽史》卷22《道宗本纪》、卷115《西夏外纪》）			《西夏书事》失载。
	三月丙子，遣使如夏吊祭。 乙未，夏国李秉常遣使献其父谅祚遗物。（《辽史》卷22《道宗本纪》、卷115《西夏外纪》）			《西夏书事》失载。
			《西夏书事》卷22：乾道元年夏四月，献遗于辽。 梁氏遣使告哀于辽，辽使吊祭，因表献谅祚遗物。	《辽史》失载。

续表

公元纪年	辽朝文献	宋朝文献	清代文献	辨　正
	(冬十月)戊辰,册李秉常为夏国王。(《辽史》卷22《道宗本纪》、卷115《西夏外纪》)		冬十月,辽遣使册为夏国王。 梁氏寻遣使往贡,谢封册。	
	十二月辛亥,夏国遣使来贡。(《辽史》卷22《道宗本纪》、卷115《西夏外纪》)			
1069	咸雍五年七月夏遣使来谢封册。(《辽史》卷22《道宗本纪》)			《西夏书事》失载。
	闰十一月戊申,夏国王李秉常乞赐印绶。(《辽史》卷22《道宗本纪》、卷115《西夏外纪》)		《西夏书事》卷22:闰十二月,遣使如辽,求印绶。 辽自圣宗封李氏王爵,虽有西平、夏国之号,并未赐以印绶。梁氏因罔萌讹言,遣使求之,辽主不与。	

续表

公元纪年	辽朝文献	宋朝文献	清代文献	辨　正
1071		(熙宁四年二月庚午)又诏枢密院云:昨李复圭擅易诏命,出师侵敌,遂至西鄙用兵,……前日又据河东边吏奏,北敌聚兵,虽未测虚实,恐边臣有以启之者。…… 先是,宣抚使奏,夏人点集不起,或云往仇赛西蕃。上曰:此何意也?王安石曰:彼或先并力讨西蕃,弹压已定,乃	《西夏书事》卷23:(天赐礼盛国庆二年)二月,遣使请援于辽,辽人许以兵助。 罗兀之失,国中点兵不集,遣使辽国乞援,辽主许发腹里兵三十万助之,于是国中气复振。	《辽史》失载。

续表

公元纪年	辽朝文献	宋朝文献	清代文献	辨　正
		来与中国争。……冯京又言:或闻就契丹借兵士,疑契丹不肯。安石曰:夏贼若果借兵与契丹,即不为得计。恐其不至如此。及是探报:契丹阴发腹里兵三十万往西界,不令中国知。上曰:果有此否?安石曰:虽有此,不足怪。陛下即位,即经营绥州,又取银州,破其唇齿之		

续表

公元纪年	辽朝文献	宋朝文献	清代文献	辨　正
		势。彼以为中国若已复夏国，当觇幽燕；若乘中国有事之时能挠我权，则其庸多矣。夏国主幼，妇人用事，忿而无谋，或请师于契丹，则为契丹计，虽许之何为不可？可以挠中国而无损于我。契丹忧为之，但恐其远略不能出此。上曰：果及此则奈何？安石曰：陛下诚以静重		

续表

公元纪年	辽朝文献	宋朝文献	清代文献	辨　正
		待之。虽加一契丹，于边事亦不至于狼狈；果欲进取，非臣所知。且我坚壁清野，积聚刍粮以待敌，则敌未能深为我患。而彼两国于境上，其刍粮何以持久？我所患者在于刍粮难继而已。爱惜刍粮，无伤民力，而以静重待敌之衅，则外患非所恤也。（《长编》卷220）		

续表

公元纪年	辽朝文献	宋朝文献	清代文献	辨　正
			《西夏书事》卷 23：秋八月，遣使贺辽天圣节。 夏使与中国兵部郎中楚建中、陕西转运使沈起同至。廷见时，两使者位著相等，起争曰："夏使陪臣尔，岂得与王人齿。"独升东朝，夏使不敢并。	《辽史》失载。
1073	咸雍九年十二月壬辰，夏国遣使来贡。（《辽史》卷 23《道宗本纪》、卷 115《西夏外纪》）		《西夏书事》卷 24：（天赐礼盛国庆四年）冬十一月，遣使如辽贡。与高丽使会。	
1076	（大康二年三月）癸亥，皇太后崩，遣使报哀于夏。 戊寅，以皇太后遗物遣使遗宋、夏。（《辽史》卷 23《道宗本纪》、卷 115《西夏外纪》） 按：《外纪》作正月。		《西夏书事》卷 24：（大安元年）三月，辽史来告哀。 辽仁皇太后崩，使来告哀，并赐遗物。	

续表

公元纪年	辽朝文献	宋朝文献	清代文献	辨　正
	（六月）戊子，宋及高丽、夏国各遣使吊祭。（《辽史》卷23《道宗本纪》）		《西夏书事》卷24：五月，遣使如辽吊祭。 辽主询夏国事宜，使者以国主亲政告。	
1079	（大康五年）冬十月戊戌，夏国遣使来贡。（《辽史》卷24《道宗本纪》、卷115《西夏外纪》）			《西夏书事》失载
1081		（元丰四年四月丙子）鄜延路兵马军副总管兼第一将种谔言：……况此西人叛乱，邻国孰不动心？契丹自数年来岁尝三四以拜礼佛塔为名，欲假道兴	《西夏书事》卷25：（大安七年）八月，遣使乞援于辽。 辽国数年来，岁常三、四以拜礼佛塔为名假道兴州，窥阚径路，梁氏患之。至是，恐其夹攻，遣使贡驮马结好，因告宋肇兵端，志在荡夷西北，乞赐应援。	《辽史》失载。

续表

公元纪年	辽朝文献	宋朝文献	清代文献	辨正
		州,而意在吞并其国。(《长编》卷312)		
1082		(元丰)五年正月,辽使涿州遗书云:"夏国来称,宋兵起无名,不测事端。"(《宋史》卷486《夏国传》)。	《西夏书事》卷26:大安八年春正月,辽人为国请和。辽燕京留守司委涿州牒雄州云:"夏国来称,南朝兵起无名,不测事端,请全两国之欢,言寻旧好。"神宗报以"夏国主受宋封爵,昨边臣言秉常见为母党囚辱,比令屡遭败,遣使诡情陈露,意在间贰,想彼已悉察。"辽得此移,遂不复言。	《辽史》失载。
	(大康八年二月)己巳,夏国获宋将张天一,遣使来献。(《辽史》卷24《道宗本纪》、卷115《西夏外纪》)	元丰五年七月壬辰),河东路经略司言:宁府寨监押、三班	二月,献俘于辽。鸣沙之战,获宁远寨监押张天益,遣使并军需献之。富曰:"灵州之战,中国竭公私之力以	

续表

公元纪年	辽朝文献	宋朝文献	清代文献	辨　正
	按:《外纪》作天一。	奉职张天翼随高遵裕攻灵州战没,缘边觇知西贼已送天翼与契丹。诏王居卿羁縻天翼家属,具人数以闻。(《长编》卷328)	事诛讨,未能大创西人,而使其得吾士马,取吾器械,收吾金帛、粮食以北敌,借兵求援,共为边患,岂非反增强悍乎?”	
			夏四月,复因辽人请和于董毡。 梁氏虑西蕃与中国合,累使请和不获,邀辽国使者同至青唐说之。董毡“荷宋厚恩,义不敢负”辞。	
	(六月)丙辰,夏国遣使来贡。(《辽史》卷24《道宗本纪》)		六月,遣使贡于辽。 梁氏谋侵中国,遣使进奉于辽,必以兵事告。	

续表

公元纪年	辽朝文献	宋朝文献	清代文献	辨　正
1083		(元丰五年八月)己卯,诏:闻契丹遣人使夏国及总葛尔,虑是西人干求于契丹,欲因和解董戬。可下李宪选使臣开谕董戬、鄂凌特古,以契丹与总葛尔相去极远,利害不能相及。令坚守其后要约,攻讨西贼。(《长编》卷338)	(大安九年)八月,环庆兵来袭。复因辽人求和于董毡,不许。 伤两溜人马,掳孳畜无数,把口小首领冬至讹乘乱走入保安军,秉常索之不得。复奉表辽主,请与董毡通好,以为声援。辽再使至青唐言之,董毡终不听。	《辽史》失载。
1085	(大安元年冬十月)戊辰,夏国王李秉常遣使报其母梁氏哀。(《辽史》卷24《道宗本纪》、卷115《西夏外纪》)		《西夏书事》卷27:(大安十一年)十一月,使告哀于辽。辽遣使吊祭。	

续表

公元纪年	辽朝文献	宋朝文献	清代文献	辨　正
1086	（大安二年十月）丁亥，以夏国王李秉常薨，遣使诏其子乾顺知国事。（《辽史》卷24《道宗本纪》、卷115《西夏外纪》）		（天仪治平元年）冬十月，始遣使告哀于辽。 秉常卒已三月，乙方遣使至辽告哀。辽主怒，不行吊祭，命乾顺先知国事。	
	（十二月）己亥，夏国王乾顺遣使上其父遗物于辽。（《辽史》卷24《道宗本纪》、卷115《西夏外纪》）			
1088			《西夏书事》卷28：(天仪治平三年)二月,辽使节来诘贺正。 梁乙逋以辽不颁封册，遂不遣贺正使人。辽使参知政事王维来诘其故。	《辽史》失载王维使夏事。 《宋史》、《长编》也无此人。
	（大安四年七月）丙辰，遣使册乾顺为夏国王。（《辽史》卷25《道宗本纪》、卷115《西夏外纪》）		秋七月，辽始遣使授封册。 乙逋以辽使诘责，复遣使贡。辽主乃使册乾顺为夏国王。	

续表

公元纪年	辽朝文献	宋朝文献	清代文献	辨　正
1089	（大安五年）六月甲寅，夏国遣使来谢封册。（《辽史》卷25《道宗本纪》、卷115《西夏外纪》）		（天仪治平）四年夏五月，遣使如辽。亦谢封册也。时辽主猎鱼儿，驻赤勒岭，使人候五十日方见。	
1091			《西夏书事》卷29：（天祐民安二年）六月，遣使请兵于辽。 初，梁乙逋寇通远，右厢种落尽趋河外。熙河范育三疏，请乘此时进筑龛谷寨，与胜如、定西相照，可东接陇诺城，全据形胜，以制夏国。朝仪从之。役将将兴，乙逋闻之惧，使乞兵于辽。辽主以南北通好久，难编允从，辞焉。	《辽史》失载。

续表

公元纪年	辽朝文献	宋朝文献	清代文献	辨　正
1092			《西夏书事》卷29：天祐民安三年春正月，辽人来援，梁乙逋出兵攻绥德城，转掠泾源。 梁乙逋遣使如辽，以宋侵乞援。辽主命大将萧海里驻兵北境，以张声势。乙遂攻绥德，以重兵压泾源境，大掠五十日而还。	
	（大安八年）六月乙丑，夏国为宋侵，遣使乞援。（《辽史》卷25《道宗本纪》、卷115《西夏外纪》）	（元佑七年八月己巳）辽国令涿州移牒雄州，称奉辽主旨：夏使告乞应援，缘南北两朝通好年深，难便允从，委涿州牒雄州闻达南朝，相度施行。	《西夏书事》卷29：秋七月，复遣使请援于辽。 乾顺母梁氏愤韦州之败，将图大举，复使乞兵于辽，辽主不许。	

续表

公元纪年	辽朝文献	宋朝文献	清代文献	辨　正
		诏雄州回牒涿州，具夏国犯边事状闻达照会。（《长编》卷476）		
			《西夏书事》卷29：十一月，复遣使乞援于辽。 辽主因夏国叠次求援，拟遣枢密使牛温仁泛使中国，诘问兵端。已闻乙点集频数，部族疲于奔命，议者谓“其非中国敌，岂可因之弃吾旧盟”，罢温仁不遣，止令涿州移牒雄州遣之。	
1095	（寿隆元年十一月）甲辰，夏国进贝多叶佛经。（《辽史》卷26《道宗本纪》）		《西夏书事》卷30：（天祐民安六年）冬十一月，进《贝多叶经》于辽。 经，回鹘僧所译。	

续表

公元纪年	辽朝文献	宋朝文献	清代文献	辨　正
1096	（寿昌二年十二月）乙亥，夏国献宋俘。（《辽史》卷26《道宗本纪》）		《西夏书事》卷30：（天祐民安七年）十一月，献金明俘于辽。中国自金明破，哲宗命缘边诸路相度要害，增严守备。熙河将王文郁等筑汝遮为安西城，以通秦风援师。梁氏惧中国声讨，遣使献俘辽国，以为声援。	
1097	（寿隆三年六月）辛丑，夏人来告宋城要地，遣使之宋，谕与夏和。（《辽史》卷26《道宗本纪》、卷115《西夏外纪》）		《西夏书事》卷31：（天祐民安八年）五月，遣使以宋城要地告于辽。梁氏遣使告于辽曰："夏国与南朝历年交和，忽于诸路齐发人马，大行杀掠。今则深入近里地分，及于朝廷边界相近诸要害处多修壁垒，侵取不息。伏望计会南朝，却令还复所夺疆土、城寨，尽毁所修城壁。"	

续表

公元纪年	辽朝文献	宋朝文献	清代文献	辨　正
		（绍圣四年十月壬辰）是日，三省、枢密院同呈涿州牒雄州，称：西夏本当朝建立，两曾尚主。近累遣使奏告被南朝侵夺地土，及于当朝侧近要害处修城寨，显有害和好，请追还兵马、毁废城寨，尽归所侵地土，如尚稽违，当遣人别有所议。众深讶其不逊，章惇笑曰：元丰中牒亦如	《西夏书事》卷31：八月，夏州被围，复遣使如辽乞援。梁氏自七月点集河南、北诸路人马，谋犯鄜延路白波流诸处。都监刘安将兵入界，梁氏遣众御于浪沁沙，败绩。安进薄夏州，梁氏令城中谨守。复遣使求援于辽，言："自被南宋侵图约二十年，于诸要害进筑城寨不少。今岁以来，又多修筑。夏国疆宇日更削，频受侵陵，乞发大兵援助。"辽主令涿州牒雄州云："西夏本当朝建立，两曾尚主。近累使奏告，被南朝侵夺地土，纵兵杀掠，有害和好。请追还兵马，毁废城堡，悉归所侵。如尚稽违，	

续表

公元纪年	辽朝文献	宋朝文献	清代文献	辨　正
		此,一牒便已。上亦深骇其牒语太峻,遂退检元丰中牒,首尾语言大约相类,当时回一牒,更不复来。其后数因国信往还诘问,然亦不甚力。又,韩忠彦使虏,接伴韩资睦但云:不得已,深恐贵朝疑断,不敢以小国害大国和好。(《长编》卷492)	当遣人别有所议。"	

续表

公元纪年	辽朝文献	宋朝文献	清代文献	辨　正
1098	(寿隆四年)六月戊寅朔,夏国为宋所攻,遣使求援。(《辽史》卷26《道宗本纪》、卷115《西夏外纪》)	(绍圣五年三月癸酉)雄州言:涿州牒称夏国告,计会南朝,却令还复旧所夺疆土城寨。诏枢密院定牒本付雄州,回牒涿州。(《长编》卷496)	《西夏书事》卷31:(永安元年)六月,梁氏乞兵于辽,辽集兵次境上。 乾顺屡次乞援,辽主但牒雄州,令还复夏国疆土,不肯发兵。两氏乃自为表请之,多怨望语。辽主不悦,声言点集人马应援夏国,仍次境上不出。	
	(十一月)辛酉,夏复遣使求援。(《辽史》卷26《道宗本纪》、卷115《西夏外纪》)		《西夏书事》卷31:十一月,复遣使乞援于辽。 初,梁氏围平夏,恐诸路赴援,遣驸马都尉罔罗屯罗萨岭,御熙河路;大首领布心屯台,嵬名济驻白池,御鄜延、秦风诸路。攻城蒲十二日,闻熙河王愍入界斩罔罗,鄜延刘安、张诚入界	

续表

公元纪年	辽朝文献	宋朝文献	清代文献	辨　正
			败布心、嵬名济等，军中遂无斗志。及还，检丧人马二万余，牛、羊、马、驼数万，数百里族帐。蓄积焚毁殆尽，国中夺气。乃遣首领嵬名咩不至辽乞兵，犹恐汉兵深入，于诸州分掘窖粟，点集诸监军司兵，践踏沿边食用，为清野计。	
1099			《西夏书事》卷31：(永安二年)春正月，辽杀夏主母梁氏。乾顺年已成立，梁氏专恣，不许主国事。辽主素恶之，故请援辄不应，及表辞怨慢，遣人至国，鸩杀梁氏，命乾顺视国政。乾顺不敢违，遣首领勿也宥州至鄜延，称"国母于本月二十日	《辽史》无鸩杀夏国主母梁氏事迹。

续表

公元纪年	辽朝文献	宋朝文献	清代文献	辨　正
			薨”。已令大使令逊嵬名济、副使谟程田快庸诣阙赴告，并附谢罪表状。令逊、谟程，皆蕃官也。哲宗令保安军却勿受。	
	(寿隆五年春正月)已酉，诏夏国王李乾顺伐拔思母等部。(《辽史》卷26《道宗本纪》、卷115《西夏外纪》、卷70《属国表》)		《西夏书事》卷32：二月，为辽人攻拔思母部。 拔思母部，辽国西南招讨使所辖。大安末，与达里底部频为辽难，杀四捷军都监特末等。左金吾将军萧阿鲁带击降之，已而复叛，辽屡讨不，命乾顺举兵伐之。	《西夏书事》时间不符。
	夏主李乾顺为宋所败，求解，帝命药师奴持节使宋，请罢兵通好，宋从之。(《辽史》卷91《药师奴传》) 宋攻夏，李乾顺遣	元符二年正月十四日，高阳关路走马承受公事曰：访闻北界人言，差下	《西夏书事》卷32：三月，辽遣使为请和，银州钤辖令王皆保以兵掠府州。 乾顺遣使讣告及修贡俱不纳，用嵬名济等谋，使人至辽	

续表

公元纪年	辽朝文献	宋朝文献	清代文献	辨　正
	使求和解,帝命俨如宋,奏宋罢兵。(《辽史》卷98《耶律俨传》)	泛使萧德崇等,于二十四日已离京,上节中带夏国二人同行,要作照明。诏令河北沿边安抚司密切体问诣实闻奏。雄州言:涿州牒:称夏国差人使告奏,称南宋兴兵侵讨,合有计会公事,已差定国信使、副。缘自庆历二年至嘉佑二年,北界泛使一行只于白沟驿交割,至熙	国请之。辽主遣签枢密院事萧德崇、礼部尚书李严入献玉带,持书为夏解和,略曰:……	

续表

公元纪年	辽朝文献	宋朝文献	清代文献	辨　正
		宁七年，萧禧将牵马担擎人等于雄州交割，当日接伴为不依久例，差人说谕，其萧禧不肯依从，遂至本州城下永安亭前交换。虑今人使亦要依上件体例，于北亭子交换驼驮，乞指挥接伴使、副于白沟交割。诏接伴使副计会雄州密切商量，从长施行。（《长编》卷505）		

续表

公元纪年	辽朝文献	宋朝文献	清代文献	辨　正
	(十一月)乙酉,夏国以宋罢兵,遣使来谢。(《辽史》卷26《道宗本纪》、卷115《西夏外纪》)		《西夏书事》卷32:冬十月,遣使如辽谢。 以中国许和故也。	
1100	(寿隆六年十一月)戊子,夏国王乾顺遣使请尚公主。(《辽史》卷26《道宗本纪》、卷115《西夏外纪》)		《西夏书事》卷32:(永安三年)十一月,请婚于辽。 乾顺以梁氏之死,恐辽国见疑,益思自结,故以尚主请,辽主不许。	
1101	(寿隆七年二月)乙未,道宗崩,遣使告哀于夏。(《辽史》卷115《西夏外纪》、卷27《天祚帝本纪》)		《西夏书事》卷32:贞观元年春二月,辽使来告哀。 道宗丧也。	
	乾统元年六月丙申,高丽、夏国各遣使慰奠。(《辽史》卷27《天祚帝本纪》)		《西夏书事》卷32:夏四月,遣使如辽奠慰。 乾顺遣御使中丞苏愈使辽,时与高丽使并至。愈礼节娴雅,馆伴耶律德伦特重焉。	

续表

公元纪年	辽朝文献	宋朝文献	清代文献	辨　正
	(十二月)丁酉,夏遣使来贺。(《辽史》卷115《西夏外纪》、卷27《天祚帝本纪》)		《西夏书事》卷32:冬十一月,遣使如辽,贺即位。天祚嗣位已十月,贺使始至。馆伴传辽主命,责之。	
1102	(乾统二年六月)丙午,夏国王李乾顺复遣使请尚公主。 壬子,李乾顺为宋所攻,遣李造福、田若水求援。(《辽史》卷27《天祚帝本纪》、卷115《西夏外纪》)		《西夏书事》卷32:(贞观二年)夏六月,复遣使如辽请婚。 乾顺使殿前太尉李至忠、秘书监梁世显如辽贡献请婚,辽主问乾顺为人,至忠对曰:“秉性英明,处事谨慎,守成令主也。”辽主善其对,命徐议之。 附:《辽史·天祚帝本纪》:乾统二年夏六月壬子,李乾顺为宋所攻,遣李造福、田若水求援。考《宋史·徽宗纪》,是年无用兵西夏事。	

续表

公元纪年	辽朝文献	宋朝文献	清代文献	辨　正
1103	(乾统三年)六月辛酉,夏国王李乾顺复遣使请尚公主。(《辽史》卷27《天祚帝本纪》、卷115《西夏外纪》)		《西夏书事》卷32:(贞观三年)夏五月,复乞婚于辽。辽主许之。 附:《辽史·天祚帝本纪》:乾统三年冬十月庚申,夏国复遣使求援。考是时,夏与宋尚未交兵,不知何以求援。《宋史·夏国传》不载。	
	(冬十月)庚申,夏国复遣使求援。(《辽史》卷27《天祚帝本纪》、卷115《西夏外纪》)			
1104	(乾统四年夏六月)甲寅,夏国遣李造福、田若水求援。(《辽史》卷27《天祚帝本纪》、卷115《西夏外纪》)		《西夏书事》卷32:(贞观四年)六月,战于灵州川,夏败。遣使求援于辽。 河南四十五州,夏国十有其四。东路由清远距罗山讫灵武不及百里,特以五监军统焉,而韦	

续表

公元纪年	辽朝文献	宋朝文献	清代文献	辨 正
			州又恃灵武为右臂。钟传欲断其要害,遣将折可适领锐骑出萧关薄灵州川。夏兵猝不备,大败。蕃民扶老挟稚,中夜入州城,被俘者甚。乾顺乃遣李造福、田若水至辽求援。	
1105	(乾统)五年正月乙亥,夏国遣李造福等来求援,且乞伐宋。(《辽史》卷27《天祚帝本纪》、卷115《西夏外纪》)	徽宗崇宁四年五月十一日,辽使萧良等欲辞,三省进呈答书,上曰:夷狄不足与较,当务含容,继好息兵,以生灵为念。闻斯戎主多行不道,国人怨之,不如洪基,若不	《西夏书事》卷32:贞观五年春正月,复乞援于辽。辽为之请罢兵。 乾顺遣李造福等如辽求援,且乞伐宋。辽主出兵千余屯塞上,遣枢密直学士高端礼入贡,以姻为言,请罢伐夏兵。	

续表

公元纪年	辽朝文献	宋朝文献	清代文献	辨　正
		答其意,恐遣使未已。今所筑萧关、银州,即是已正削地之罪,可于国书明言之。北虏于夏人唇齿相依,亦为己谋,非特为西夏故也。(《宋会要辑稿·蕃夷二》之三〇)		
	三月壬申,以族女南仙奉成安公主,下嫁夏国王李乾顺。(《辽史》卷27《天祚帝本纪》、卷115《西夏外纪》)	(崇宁)三年,辽以成安公主嫁乾顺。(《宋史》卷486《夏国传》)	《西夏书事》卷32:三月辽以宗女来归。 辽主封宗女南仙为成安公主,归于乾顺。	成安公主嫁乾顺,勘《辽史》,《宋史》时间疑误,当为崇宁四年。

续表

公元纪年	辽朝文献	宋朝文献	清代文献	辨　正
	六月甲戌，夏国遣使来谢，及贡方物。(《辽史》卷27《天祚帝本纪》)		《西夏书事》卷32：六月，遣使如辽谢。因赐婚也，且贡方物。	
	十二月己巳，夏国复遣使李造福、田若水求援。(《辽史》卷27《天祚帝本纪》)		《西夏书事》卷32：冬十二月，复使乞援于辽。辽使入请侵地。 乾顺复遣李造福、田若水趣辽赴救。辽使枢密副使萧良入朝言："朝廷出兵侵夏，今大辽以帝妹嫁夏国王，请早退兵，还所侵地。"徽宗遣翰林学士林摅报使。	
1106	(乾统六年)六月辛巳，夏国遣使李造福等来谢。(《辽史》卷27《天祚帝本纪》、卷115《西夏外纪》)		《西夏书事》卷32：(贞观八年)夏六月，遣使如辽谢。 中国既许夏和，废银州为银川城，罢五路经制使，徙陶节夫知洪州。乾顺遣李造福如辽谢解和之德。	

续表

公元纪年	辽朝文献	宋朝文献	清代文献	辨　正
1108	（乾统八年六月）壬寅，夏国王李乾顺以成安公主生子，遣使来告。（《辽史》卷27《天祚帝本纪》、卷115《西夏外纪》）		《西夏书事》卷32：贞观八年夏四月，世子仁爱生。世子，成安公主所生。乾顺遣使告于辽。	
1109	（乾统九年）三月戊午，夏国以宋不归地，遣使来告。（《辽史》卷27《天祚帝本纪》、卷115《西夏外纪》、卷70《属国表》）			
			《西夏书事》卷32：（贞观九年）夏四月，遣使如辽。使人焦彦坚归，乾顺与群臣谋曰："身膺社稷之重，不能复先朝故土，耻也。然宋恃兵威，非仗北朝之力，势且不能。"因使人告辽，请遣信使谕宋。	《西夏书事》所载时间与《辽史》不符。

续表

公元纪年	辽朝文献	宋朝文献	清代文献	辨　正
1110	(乾统十年六月)癸未,夏国遣李造福等来贡。(《辽史》卷27《天祚帝本纪》、卷115《西夏外纪》)		《西夏书事》卷32:(贞观十年)三月,遣使贡于辽。仍以李造福充供奉使,造福于是五使辽矣。	
1111			《西夏书事》卷32:贞观十一年夏六月,遣使贡于辽。辽主清暑散水原,将出猎,使人见于行在,命从行。	《辽史》失载。
1112	天庆二年夏六月戊戌,成安公主来朝。(《辽史》卷27《天祚帝本纪》)			《西夏书事》失载。
1113	(天庆三年六月)丙辰,夏遣使来贡。(《辽史》卷27《天祚帝本纪》、卷115《西夏外纪》)		《西夏书事》卷32:(贞观十三年)夏六月,使贡于辽。辽主好游猎,夏使入国,辽主尚在混同江,不得见。既闻清暑南崖,仍朝于行在。	

续表

公元纪年	辽朝文献	宋朝文献	清代文献	辨 正
1119		关右既困，夏人亦不能支，乃因辽人进誓表纳款。（《宋史》卷468《董贯传》）		《辽史》、《西夏书事》均失载。
1121			《西夏书事》卷33：元德三年，遣使约辽兵入寇。 北方女真部完颜氏，世居混同江之东，南接高丽，北邻室韦，西界渤海铁甸，东濒海，在夷狄最微。建隆中，尝献马。自天圣后，役属于辽，不复入贡。传至阿骨打，取江宁州，遂称帝，建国号“金”，更名“旻”。中国遣马政、赵良嗣浮海使金，约攻辽国，以复燕云。乾顺闻之，遣使如辽，约先举兵入寇，辽主不许。	《辽史》失载。

续表

公元纪年	辽朝文献	宋朝文献	清代文献	辨 正
1122	(保大二年秋七月)辛未,夏国遣曹介来问起居。(《辽史》卷29《天祚帝本纪》)		《西夏书事》卷33:(元德四年)秋七月,遣使问辽主起居。辽主既失西京及沙漠以南,遂由讹莎烈走石辇驿。金将蒲家奴追败之,辽主悉弃辎重走。乾顺遣大臣曹价奔问起居,馈以粮食。	
1123	保大三年五月,夏国王李乾顺请临其国。(《辽史》卷70《属国表》、卷115《西夏外纪》)	父慎思。天辅七年,宗望追辽主至天德,慎思来降,且言夏人以兵迎辽主,将渡河去。宗望移书夏人谕以福祸,夏人乃止。(《金史》卷132《完颜元宜传》)	《西夏书事》卷33:(元德五年)夏五月,复遣使迎辽主于云中。金都统斡鲁遣斡离不、银术可等袭辽主于阴山,诸王、妃、女悉被掳,辽主伪使乞降,而西走云内。乾顺知车驾濒河,遣使往迎,请临其国。	

续表

公元纪年	辽朝文献	宋朝文献	清代文献	辨　正
	六月，遣使册李乾顺为夏国皇帝。（《辽史》卷29《天祚帝本纪》、卷115《西夏外纪》、卷114《萧烈传》） 按：《外纪》记作保大二年。		《西夏书事》卷33：六月，辽使册为夏国皇帝。因征兵，不应。 先是，斡离不追辽主至天德，遣使谕夏国，许割地议和，以沮救辽之心。辽主左右颇有知其事者。及辽主谋奔河西，中军统萧特烈、同知检点司事耶律怀义等谏，不听，渡河次于金肃军北。金候人吴十等侦言夏国已迎护辽主渡大河矣。斡离不又遗乾顺书曰："奉诏有云'夏王，辽之所出，不渝终始，危难相救。今兹已举辽国，若能如事辽之旧以效职贡，当听其来，若辽主至彼，可令执送，割地酬勋。倘有疑贰，恐生后悔。'"书至，会	

续表

公元纪年	辽朝文献	宋朝文献	清代文献	辨　正
			辽主遣使册封乾顺为夏国皇帝,命益发兵来卫。乾顺不应。	

注　　释

1　参看向南主编:《辽代石刻文编》,第204、208页。

参考文献

原始资料

脱脱等:《宋史》,北京:中华书局,1977 年。

脱脱等:《辽史》,北京:中华书局,1975 年。

脱脱等:《金史》,北京:中华书局,1977 年。

薛居正:《旧五代史》,北京:中华书局,1976 年。

王溥:《五代会要》,北京:中华书局,1998 年。

宋敏求(编):《宋大诏令集》,北京:中华书局,1962 年。

赵汝愚(辑):《宋朝诸臣奏议》,上海:上海古籍出版社,1999 年。

李焘:《续资治通鉴长编》,北京:中华书局,1979 年。

徐松(辑):《宋会要辑稿》,北京:中华书局,1957 年。

王夫之:《宋论》,北京:中华书局,1975 年。

陈邦瞻:《宋史纪事本末》,北京:中华书局,1977 年。

叶隆礼:《契丹国志》,上海:上海古籍出版社,1985 年。

曾公亮:《武经总要前集》,北京:中华书局影印本,1959 年。

徐梦莘:《三朝北盟会编》,上海:上海古籍出版社,1987 年。

李心传:《建炎以来系年要录》,北京:中华书局,1984 年。

佚名:《大金吊伐录校补》,北京:中华书局,2001 年。

宇文懋昭:《大金国志校证》,北京:中华书局,1986 年。

吴广成(撰),龚世俊等(校):《西夏书事校正》,兰州:甘肃文化出版社,1995 年。

史金波、聂鸿音等(译):《天盛改旧新定律令》,北京:法律出版社,1998 年。

张鉴:《西夏纪事本末》,兰州:甘肃文化出版社,1995 年。

陈述(辑校):《全辽文》,北京:中华书局,1982 年。

韩荫晟:《党项与西夏资料汇编》,银川:宁夏人民出版社,1998 年。

阎凤梧(主编):《全辽金文》,太原:山西古籍出版社,1999 年。

向南(编):《辽代石刻文编》,石家庄:河北教育出版社,1995 年。

盖之庸(编著):《内蒙古辽代石刻文研究》,呼和浩特:内蒙古大学出版社,2002 年。

中文专著

张亮采:《补辽史交聘表》,北京:中华书局,1958 年。

傅乐焕:《辽史丛考》,北京:中华书局,1984 年。

冯家升:《辽史证误三种》,北京:中华书局,1964 年。

冯家升:《冯家升论著辑粹》,北京:中华书局,1987 年。

陈述:《契丹政治史稿》,北京:人民出版社,1986 年。

陈述:《契丹社会经济史稿》,北京:人民出版社,1978 年。

杨树森:《辽史简编》,沈阳:辽宁人民出版社,1984 年。

武玉环:《辽制研究》,长春:吉林大学出版社,2001 年。

何天明:《辽代政权机构研究》,呼和浩特:内蒙古大学出版社,2004 年。

张修桂:《辽史地理志汇释》,合肥:安徽教育出版社,2001 年。

陈述(主编):《辽金史论集》(第一辑),上海:上海古籍出版社,1987 年。

陈述(主编):《辽金史论集》(第二辑),北京:书目文献出版社,1987 年。

陈述(主编):《辽金史论集》(第三辑),北京:书目文献出版社,1987 年。

中国辽金史学会(编):《辽金史论集》(第四辑),北京:书目文献出版社,1987 年。

中国辽金史学会(编):《辽金史论集》(第五辑),北京:文津出版社,1989 年。

张畅耕(主编):《辽金史论集》(第六辑),北京:社会科学文献出版社,2001 年。

穆鸿利、黄凤岐(主编):《辽金史论集》(第七辑),开封:中州古籍出版社,1996 年。

干志耿、王可宾(主编):《辽金史论集》(第八辑),长春:吉林文史出版社,1994 年。

徐振清、贾云江(主编):《辽金史论集》(第九辑),开封:中州古籍出版社,1996 年。

历史研究编辑部(编):《辽金史论文集》,沈阳:辽宁人民出版社,1985 年。

宋德金、景爱等:《辽金西夏史研究》,天津:天津古籍出版社,1997 年。

中国社会科学院历史研究所宋辽金元史研究室(编):《宋辽金史论丛》(第一辑),北京:中华书局,1985 年。

中国社会科学院历史研究所宋辽金元史研究室(编):《宋辽金史论丛》(第二辑),北京:中华书局,1991 年。

陈佳华:《宋辽金时期民族史》,成都:四川民族出版社,1996 年。

刘凤翥、李锡厚、白滨:《二十五史新编:辽史·金史·西夏史》,上海:上海古籍出版社,1997 年。

李锡厚:《临潢集》,石家庄:河北大学出版社,2001 年。

韩茂莉:《辽金农业地理》,北京:社会科学文献出版社,1999年。

林荣贵:《辽朝经营与开发北疆》,北京:中国社会科学出版社,1995年。

漆侠、乔幼梅:《辽夏金经济史》,石家庄:河北大学出版社,1994年。

刘浦江:《辽金史论》,沈阳:辽宁大学出版社,1999年。

魏良弢:《西辽史研究》,银川:宁夏人民出版社,1987年。

杨若薇:《契丹王朝政治军事制度研究》,北京:中国社会科学出版社,1991年。

白滨:《党项史研究》,长春:吉林教育出版社,1988年。

王天顺:《西夏战史》,银川:宁夏人民出版社,1993年。

吴天墀:《西夏史稿》,成都:四川人民出版社,1980年。

白滨:《西夏史论文集》,银川:宁夏人民出版社,1984年。

陈炳应:《西夏文物研究》,银川:宁夏人民出版社,1985年

王天顺:《西夏地理研究》,银川:甘肃文化出版社,2002年。

李范文:《首届西夏学国际学术会论文集》,银川:宁夏人民出版社,1998年。

周伟洲:《早期党项史研究》,北京:中国社会科学出版社,2004年。

申友良:《中国北方民族及其政权研究》,北京:中央民族大学出版社,1998年。

黎虎:《汉唐外交制度史》,兰州:兰州大学出版社,1998年。

王静:《中国古代中央客馆制度研究》,哈尔滨:黑龙江教育出版社,2002年。

谭其骧:《中国历史地图集》,上海:地图出版社,1982年。

李孝聪:《中国区域历史地理》,北京:北京大学出版社,2004年。

杜建录:《西夏与周边民族关系史》,兰州:甘肃文化出版社,

1995 年。

陶晋生:《宋辽关系史研究》,台北:台湾联经出版事业公司,1986 年。

李华瑞:《宋夏关系史》,石家庄:河北人民出版社,1998 年。

曾瑞龙:《经略幽燕——宋辽战争灾难的战略分析》,香港:中文大学出版社,2003 年。

廖隆盛:《国策,贸易,战争——北宋与辽夏关系史研究》,台北:万卷楼图书股份有限公司,1992 年。

傅海波、崔瑞德(编),史卫民等(译):《剑桥中国辽西夏金元史》,北京:中国社会科学出版社,1998 年。

前田正明(著),陈俊谋(译):《河西历史地理学研究》,北京:书目文献出版社,1993 年。

长泽和俊(著),钟美珠(译):《丝绸之路史研究》,天津:天津古籍出版社,1990 年。

江上波夫(著),张承志(译):《骑马民族国家》,北京:光明日报出版社,1988 年。

甘怀真:《皇权、礼仪和经典诠释·中国古代政治史研究》,台北:台湾大学出版社,2004 年。

余英时(著),邬文玲(译):《汉代贸易与扩张》,上海:上海古籍出版社,2005 年。

金渭显:《契丹的东北政策——契丹与高丽女真关系史研究》,台北:华世出版社,1981 年。

勒尼·格鲁塞(著),魏英邦(译):《草原帝国》,西宁:青海人民出版社,1991 年。

拉铁摩尔(著),唐晓锋(译):《中国的亚洲内陆边疆》,南京:江苏人民出版社,2005 年。

王钟翰:《中国民族史》,北京:中国社会科学出版社,1994 年。

巴里·布赞、理查德、利特尔(著),刘德斌(主译):《世界历史中的国际体系——国际关系研究的再构建》,北京:高等教育出版社,2004 年。

中文论文

白滨:《论西夏与辽的关系》,载《中国民族史研究》,1987 年。

王颋:《辽的西南面经营及其与西夏的关系》,载《元史及北方民族史研究集刊》,1982 年第 6 期。

杨富学:《略论辽朝的西疆经营》,载《社会科学辑刊》,1988 年第 4 期。

汤开建:《契丹境内党项部落的分布》,载《宁夏社会科学》,1990 年第 2 期。

金渭显:《西夏与辽之关系(986—1048)》,载《首届西夏学国际学术会议论文集》。

李华瑞:《论西夏联辽吐蕃抗宋》,载《固原师专学报》,1998 年第 5 期。

朱莜新:《评辽在夏宋关系中的作用》,载《宁夏大学学报》,1988 年第 1 期。

陈炳应:《辽夏关系及其相互政策》,载《宁夏社会科学》,1991 年第 4 期。

林荣贵、罗贤佑:《辽圣宗实行善宋政策及其历史作用》,载《辽金史论丛》第一辑,中华书局,1987 年。

崔岩勤:《试析辽圣宗的对外政策》,载《内蒙古师大学报》,2000 年第 6 期。

李范文:《论西夏与辽金的关系》,载《固原师专学报》,1992 年第 2 期。

朱子芳:《论辽兴宗对西夏用兵》,载《首届西夏学国际学术会议论文集》。

宋乃平:《试论西夏分立的地缘条件》,载《中国历史地理论丛》,2001 年第 1 期。

杜玉冰:《西夏北部边防与古城》,载《首届西夏学国际学术会议论文集》。

冯继钦:《西夏援辽抗金述略》,载《辽金契丹女真史研究》,1986年第2辑。

刘建丽:《略论西夏与金朝的关系》,载《宁夏社会科学》,2005年第3期。

刘建丽:《西夏与辽朝关系述论》,载《辽宁大学学报》,2005年第2期。

刘建丽:《20世纪国内西夏与周边民族关系史研究》,载《宁夏社会科学》,2004年第1期。

林荣贵:《北宋与辽并立时期的疆域格局》,载《中国边疆史地研究》,1998年第3期。

林荣贵、罗贤佑:《辽圣宗实行善宋制夏政策及其历史作用》,载《民族史论丛》第一辑。

张国庆:《略论辽夏和亲与辽夏关系的变化》,载《史学月刊》,1988年第5期。

孟楠:《略论西夏与周边民族的联姻》,载《民族研究》,1998年第6期。

李晓:《西夏的和亲政策》,载《文史哲》,1996年第3期。

郭康松:《辽朝夷夏观的演变》,载《中国史研究》,2001年第2期。

崔明德:《辽朝和亲初探》,载《民族研究》,2004年第1期。

陆庆夫:《党项的崛起与对河西的争夺》,载《敦煌归义军专题研究续编》,兰州大学出版社,2003年。

樊文礼:《辽代的丰州、天德军和西南面招讨司》,载《内蒙古大学学报》,1993年第3期。

杨蕤:《历史上的夏辽疆界考》,载《内蒙古社会科学》,2003年第6期。

杨蕤:《西夏外来商品小考》,载《宁夏社会科学》,2002年第6期。

杨蕤:《关于西夏丝路研究中几个问题的再探讨》,载《中国历史地理论丛》,2003 年第 4 期。

彭向前:《论辽朝对西夏的遏制政策》,载《西北民族研究》,2003 年第 4 期。

彭向前:《试论辽宋夏金时期西北民族关系的主要矛盾》,载《内蒙古社会科学》,2004 年第 2 期。

鲁人勇:《西夏监军司考》,载《宁夏社会科学》,2001 年第 1 期。

前田正明(著),张鉴衡(译):《西夏时代河西南北的交通路线》,载《西北史地》,1983 年第 1 期。

藤之晃:《李继迁的兴起与东西交通》,载《日本学者研究中国史论著选译》第九卷,中华书局,1993 年。

姚大力:《中国历史上的民族关系与国家认同》,载《中国学术》,2002 年第 4 期。

许倬云:《近古史研究三题拟议》,载《许倬云自选集》,上海教育出版社,2002 年。

外文论著

冈崎精郎:《党项古代史研究》,《东洋史研究刊》之二十七,中村印刷株式会社,1972 年。

田村实造:《辽与西夏的关系——侧重于政治史的考察》,载《东亚学》9 号,1944 年第 6 期。

Rossabi, Morris. ed. *China among Equals. The Middle Kingdom and Its Neighbors, 10th—14th centuries.* University of California Press, 1983.

Dunnell, Ruth Wilton, *Tanguts and the Tangut state of Ta Hsia*, unpublished PhD thesis, Princeton, 1983.

Dunnell, Ruth Wilton, *The Great State of White and High. Buddhism and State Formation in eleventh—century Xia*, Honolulu. University of Hawaii Press, 1996.

Karl A. Wittfogel and Feng Chia—sheng, *History of Chinese society Liao* (916—1125), Lancaster Press, inc. Reprinted 1961.

后　记

本书是在我的博士论文《辽夏关系史研究》(复旦大学,2006年)基础上修改、增补而成的。我要向支持和帮助此项工作的师友和机构奉上诚挚的谢忱。书中若有些许可观之处,那么多半是受赐于他们的指导和批评;至于其间的错误疏漏,则完全肇因于个人的愚钝与寡闻。

感谢导师姚大力先生。毫无疑问,最近几年我的进步与本项课题的开展,深受先生教学认真、治学严谨、为学坦诚的影响。他常告诫我们:"在作出每一项具体的结论之前,一定要看看证据是否充分,论证是否合理,尽量避免华而不实的废话。"以这个标准去检阅本书,我感觉自己距离学问的境界还有很大的距离。记得我进入复旦后的第一篇习作《评大白高国》,在最终定稿之前,在先生的督促和指导下,前前后后几乎是斟字酌句地修改了六次之多。这每一次的修改实际上都是先生根据学生的文章和自己阅读的文本提问的结果。先生给我们的印象并不总是严肃的一面。事实上,他更是一位和蔼可亲的长辈。记得毕业前的那个春节,我因为论文进度缓慢而不得不留在学校赶工。那时,先生为了让我舒缓压力、排遣思乡之情,还特意邀请我和舍友去他家小聚。在学习的空暇,他也会安排同学们郊游或聚餐,荡漾其间的笑声使得大家学业上的劳累一扫而空。

感谢业师韩昇先生、周振鹤先生。记得在韩先生的隋唐史课堂上,我曾经很冒失地向他提出过一个要求:"作为不是这个方向的学生,可不可以少点把不同史籍放在一起的对读训练?毕竟我们没有那么多精力和时间。"韩先生当时很严肃的回答说:"这里不存在专业和非专业的问题,打算上这门课的学生必须接受这样的训练!"我庆幸自己坚持了这门课程的学习,毕业论文中的很多问题恰好就是在先生提倡的对读中得以发现的。周先生授课属于比较受学生欢迎的那种,甚至经常会发生因为听众太多而不得不临时调换教室的"事故"。周先生与我近距离接触的事迹只有一件。有一次在电梯里碰见他,他问我做的什么题目的毕业论文。我先是轻声回答说:"是辽夏关系史",接着又底气不足的补充道:"是老题目了。"先生点点头说:"其实老题目好,老题目作出新意学术才能有进步的。"这句话对我的鼓励是很大的,每当我写作面临思维的困顿时,我常常就拿这句话来自勉。

感谢华东师范大学的王家范先生,上海复旦大学的吴松弟先生师范大学的虞云国先生、严耀中先生,南京大学的刘迎胜先生以及其他几位我还不知道名字的先生。本书的很多改进都得益于他们在我的学位论文审阅和答辩期间提出的宝贵意见和建议。

感谢宁夏大学的王天顺先生、霍维洮先生、王迎春先生、王亚勇先生、刘志虎先生,陕西师范大学的韩小忙先生、宁夏考古研究所的牛达生先生。他们都是引导我走上学术道路的启蒙者和栽培者。尤其是王天顺先生,从书稿主旨的升华到出版方向的推介再到拨冗赐序,无一不凝结着先生对我的关爱和期望。

感谢人民出版社的张秀平先生。她和她的团队为本书的立项、修改和编辑付出了大量的心血。特别是在书稿清样修订过程中,她们细致入微的示范,使我进一步提高了对学术技术规范的认识和觉悟。另外,还需要指出的是书名即来自张先生的建议,显示了她对后学的鼓励和鞭策。

感谢孙静师姐、温海清师弟、姚建根师弟、李辉师姐、杨蕤学兄、张新军学兄、马红艳学妹。在同学的日子里,他们给予了我热情的关照和无私的帮助。本书中的若干构思,就来自于他们的不吝赐教。

感谢舍友陈春雷同学、何建木同学、邹怡同学和阎盛国同学。春雷的持稳平重、建木的勤奋健谈、邹怡的聪慧思辨、盛国的敦厚老实,都是我记忆当中值得回味的一些珍藏。有的时候,我觉得我所在的寝室很像一个温馨的家庭。

特别感谢我所在的单位西夏学研究院的杜建录院长和各位同事。十多年以来,这个集体始终是我学业和事业的母港,无论成功和失败,继续前行的动力总少不了他们的鼓励和支持。

特别感谢我的家人。他们为我的学业和工作提供了竭尽所能的情感和经济支持。在我最困难的时刻,他们总是鼓励我坚持下去,不要半途而废。我至今还记得残疾母亲的一句话:“宁可牛趴倒,车也不能翻。”真是很朴实的期待。妻子宁莉在我改稿期间承担了育儿工作和全部家务,辛劳之至。

最后,需要说明的是本书的出版得到了教育部省属人文社会科学重点研究基地宁夏大学西夏学研究院重点科研项目、宁夏大学优秀学术著作出版基金项目的资助,在此一并致谢。

本书付梓之际,周岁女儿瑞雪开始呀呀学语。是为记。

杨　浣

2009 年 11 月 28 日

图书在版编目（CIP）数据
辽夏关系史 / 杨浣著.
–北京：人民出版社，2009
ISBN 978-7-01-008550-0
Ⅰ. 辽… Ⅱ. 杨 Ⅲ. ①中国–古代史–研究–辽代 ②中国–古代史–研究–西夏(1038~1227) Ⅳ. K246.07
中国版本图书馆 CIP 数据核字（2009）第 229017 号

辽夏关系史

LIAOXIA GUANXI SHI

作　　者：杨　浣
责任编辑：张秀平
封面设计：徐　晖

人民出版社 出版发行
地　　址：北京朝阳门内大街 166 号
邮政编码：100706　www.peoplepress.net
经　　销：全国新华书店
印刷装订：永恒印刷有限公司
出版日期：2010 年 4 月第 1 版　2010 年 4 月第 1 次印刷
开　　本：880 毫米×1230 毫米　1/32
印　　张：12.375
字　　数：315 千字
书　　号：ISBN 978-7-01-008550-0
定　　价：35.00 元

人民东方图书销售中心电话：(010)65250042　65289539